# 인간의 역사 1

# 인간의 역사 1

미하일 일린 지음 | 동 완 옮김

# 머리말

《인간의 역사》의 원제는 《인간은 어떻게 해서 거인이 되었는가》이다. 전편(前篇)인 〈선사편〉은 1940년에, 후편인 〈고대편〉은 1946년에 각각 발표되었는데, 통틀어 10년이라는 세월이 소요된 노작(勞作)이다. 전편은 일린이, 후편은 부인인 엘레나 알렉산드로프나 세갈이 쓴 공저이다. 부인 세갈은 병약한 그를 도와 대작을 완성시킨 재능 있는 여성이자 그의 훌륭한 협력자였다.

이 책의 진정한 목적에 부합되는 제목은 '인간의 걸음'이라고 해야 옳을 것이다. 즉 일린은 평소에 우리와 친숙한 인간 세계의 사물 하나하나가 아득한 옛날을 향해 저마다 뻗고 있는 사실을 이 책에서 더듬어 보여 주고 있다.

이렇게 해서, 비틀거렸다가는 일어서고 길을 잃었다가 찾아

내며 오늘날까지 더듬어 내려온 우리 선조들의 발걸음이 생생하게 되살아날 수 있었다.

《인간의 역사》는 인류의 문화가 어떻게 발생하고 어떻게 발전해 왔는지를 전체적인 흐름에서 바라보았다. 학문과 기술의 탄생과 성장뿐 아니라, 노동이 인류를 어떻게 바꾸고, 교육시키고, 완전한 것으로 만들었는지, 또 사람들의 사고에 있어서 주위 세계에 대한 이해가 얼마나 확실해지고 광범해지고 깊어졌는지에 대해 말해 주고 있다.

이제 비로소 우리는 인간으로서 자랑스럽게 여길 일과 부끄러워해야 할 일을 분별할 수 있게 되었다. 이 책에서는 이를 표징적(標徵的)인 사건과 인물을 교묘하게 취급함으로써 흥미있게 논하고 있다.

자칫하면 진보나 발전만을 중시하고, 도구를 가지고 생산만을 위해 진화하는 인간의 역사에 중점을 두기 쉬우나, 일린은 이러한 가치관에서 벗어나 진실로 인간적인 '거인의 걸음'을 소재로 이 책을 썼기 때문에 오늘날 진정한 명저로서의 진가를 발휘하고 있다.

그런 의미에서 원제의 '거인'은 단순히 '몸집이 큰 인간'을 뜻하는 것이 아니다. 여기에는 '모든 것에 우월한 존재'라는 의미가 들어 있다. 어떻게 인간이 원숭이들의 종족과 헤어져 거인, 즉 우월한 존재가 될 수 있었는가 하는 것이다.

이 책 속에 나타나는 일린의 사고방식은 우리가 역사적으로 사물을 생각할 때 그대로 적용할 수 있다. 그리고 우리가 무심히 사용하고 있는 여러 가지 도구가 인간의 진보에 있어 얼마나 큰 의미를 지니고 있었는가 하는 것을 알게 된 것만 해도 우리에게 얼마나 커다란 발견인가.

이러한 발견은 지금까지 우리가 평소 대수롭지 않게 생각하고 있던 여러 가지 사실에 대해 주의를 돌리게 하는 동기가 될 것이다. 또한 이것은 우리가 앞으로 역사 공부를 하는 데에 커다란 구실을 할 것이다.

# 차 례

**제1부 숲으로부터의 해방 · 11**

1장 보이지 않는 우리 속에 · 13

2장 인간과 그 친척 · 32

3장 손의 자취를 따라 · 62

4장 종말과 시작 · 87

5장 수천 년 동안의 학교 · 116

**제2부 신세계로의 발돋음 · 149**

1장 버려진 집을 돌아보며 · 151

2장 조상들과의 대화 · 184

3장 위대한 봄 · 205

4장 문명의 새벽 · 242

5장 세계의 투쟁 · 263

6장 살아 있는 도구 · 280

7장 확대되는 세계 · 315

# 제1부 숲으로부터의 해방

# 1장 보이지 않는 우리 속에

그 옛날, 인간은 거인처럼 힘센 존재가 아니라 한낱 난쟁이와 같은 보잘것없는 동물이었다. 그때의 인간은 자연을 지배하는 자가 아니라 자연에 무조건 복종하는 노예에 불과했다.

인간은 숲 속에 사는 짐승이나 하늘의 새처럼 자연 앞에서는 너무나 미약한 존재였고 조그마한 자유밖에 갖지 못했다.

그런데 짐승이나 새들이 자유롭지 못하다는 말은 과연 정말일까? 나뭇가지 위를 날쌔게 건너다니는 다람쥐는 숲 속에서 자유롭게 살고 있는 것이 아니라, 어떤 우리 속에 갇혀 있다는 말인가? 자작나무 줄기를 열심히 쪼고 있는 딱따구리는 그 자작나무에 사슬로 묶여 있다는 말인가?

참으로 믿을 수 없는 일이다. 아무도 아직 딱따구리가 사슬에 묶이고, 다람쥐가 우리 속에 갇혀 있는 것을 본 사람이 없지 않은가.

물론 그 누구도 본 적이 없을 것이다. 아니, 처음부터 볼 수가 없었다. 눈에 보이지 않는 우리와 사슬이니 당연한 일이다.

인간도 한때는 이와 같은 보이지 않는 우리 속에, 보이지 않는 사슬로 묶여 있었다.

따라서 어떻게 인간이 그 사슬을 끊고 우리 속에서 빠져나올 수 있었는지를 우리가 알고자 한다면, 우선 숲 속으로 들어가 의지(意志)가 속박된 채 자유롭지 못한 생활을 하고 있는 인간의 동족(同族)들을 살펴보아야 할 것이다.

인간의 역사를 말하는 이 책이 먼저 숲 속의 이야기부터 시작하는 이유가 여기에 있다.


'자유로운 새' 에 대해서

'새처럼 자유롭다' 는 말이 있다.

그러나 딱따구리가 정말 자유롭다고 말할 수 있을까?

만약에 딱따구리가 자유로운 새라면 어디든 마음대로 날아갈 수 있으며, 원하는 곳에서 살 수도 있을 것이다. 그러나 그렇게 될 수는 없다.

딱따구리를 광대한 벌판에 놓아 보라. 틀림없이 죽고 말 것이다. 딱따구리야말로 숲 속에서밖에는 살 수가 없다.

다람쥐도 마찬가지다. 끊을 수도 없고 보이지도 않는 사슬로 나무에 묶인 것이나 다름없다.

그렇다면 다른 새들, 이를테면 전나무 열매를 쪼아먹는 잣새류는 어떨까?

이 새도 딱따구리와 마찬가지로 숲 속에서만 살 수 있다. 뿐만 아니라 딱따구리보다 더 자유롭지 못하다. 어떤 숲이든 가리지 않고 살 수 있는 것이 아니라 전나무 숲에서만 살 수 있기 때문이다.

이 새의 가장 가까운 동족인 소나무 열매를 쪼아먹는 솔잣새류 역시 살아갈 수 있는 유일한 곳은 소나무 숲 속일 뿐, 다른 숲에서는 생존이 불가능하다.

다시 말해 전나무 숲 속에서 사는 잣새는 눈에 보이지 않는 새장 속에 갇혀 있는 것이나 마찬가지며, 결코 그 새장 밖으로는 날아갈 수 없다.

솔 씨를 쪼아먹는 솔잣새 또한 어떤 일이 있어도 소나무 숲을 떠나지 못하는 만큼, 마치 사방이 눈에 보이지 않는 벽으로 둘러싸인 곳에서 사는 것이나 마찬가지다.


## 숲 속의 산책

숲을 산책하고 있을 때의 여러분은 언제나 눈에 보이지 않는 벽을 뚫고 지나가는 것이다. 나무에 오를 때의 여러분은 보이지 않는 천장을 머리로 뚫어 부수는 것이다. 비록 여러분의 눈에는 보이지 않아도, 어떤 숲이든 동물원처럼 크고 작은 여러 가지 우리와 새장으로 구분되어 있다.

숲 속을 산책하다 보면 아마도 여러분은 숲이 여러 가지 모습으로 변한다는 사실을 알게 될 것이다. 즉 전나무 숲은 소나무 숲으로 변하고, 소나무는 키 큰 것과 작은 것으로 나뉘며, 어떤 곳에서는 발밑에서 흰 이끼가 밟히고, 다른 곳에서는 무성하게 자란 풀을 보는가 하면 그 다음에는 다시 푸른 이끼가 발에 밟힌다.

숲 속 별장에 살고 있는 사람이라면, 이것은 단순한 숲일 뿐이다. 그러나 삼림 학자에게 물어보자. 이것은 단순한 하나의 숲이 아니라 전부 네 개의 숲으로 이루어져 있다고 말할 것이다. 즉 축축하고 낮은 지대에는 새털 이불처럼 부드럽고 두툼한 이끼에 덮인 전나무 숲이 있기 마련이다. 그리고 약간 둔덕진 모래땅에는 흰 이끼가 덮인 침엽수의 숲이 있고, 더 습한 곳에는 잡초가 무성하다.

자기도 모르는 사이에 벌써 세 개의 벽을 지나온 셈이다. 그 세 개의 벽은 숲을 네 개의 다른 세계, 즉 네 개의 다른 우리로 형성하고 있다. 그리하여 그 각각의 우리 속에는 여러 가지 동물들이 갇혀 있다.

만일 숲 속에도 동물원처럼 그 속에 있는 동물들의 이름을 쓴 표찰이 걸려 있다면, 전나무 숲 근처에서 여러분은 다음과 같은 표찰이 나무에 걸려 있는 것을 볼 수 있을 것이다.

'잣새, 검은 방울새, 멋쟁이새, 박새, 세발딱따구리, 굴뚝

새, 다람쥐, 담비, 들쥐'

　침엽수림의 둔덕진 곳에서 여러분은 또 앞의 것과는 매우 다른 종류의 이름을 쓴 표찰을 볼 것이다.

　'쏙독새, 방울새, 크고 잡색인 딱따구리, 딱새, 꾀꼬리, 꿩'

　또 자작나무 숲 속에도 전나무나 소나무 숲에서는 전혀 볼 수 없는 동물들이 갇혀 있다. 예를 들면 자작나무산새다. 이 새는 이름으로 익히 짐작되듯이 자작나무 숲에서밖에는 살지 못한다. 즉 그 이름이 주소를 나타내는 것이다.

　숲이라는 숲은 제각기 모두 하나의 우리다. 그런데 이 우리가 또 몇 개의 크고 작은 우리로 나뉜다. 어떤 숲이든, 커다란 집처럼 여러 층으로 나뉘어 있다. 2층집 숲도 있고, 3층집 숲도 있고, 7층집의 숲까지도 있다.

　소나무 숲은 보통 2층집이지만 때로는 3층집이다. 그 1층에는 이끼나 풀, 2층에는 관목(灌木), 3층에는 소나무가 있다.

　떡갈나무 숲은 7층으로 되어 있다.

　맨 위의 7층에는 떡갈나무, 물푸레나무, 단풍나무, 참피나무 따위의 우듬지가 하늘을 찌른다. 그것들의 무성한 가지는 여름에는 녹색, 가을에는 온갖 빛깔로 숲의 지붕을 형성한다.

　그 아래쪽의 6층인 떡갈나무 허리께에는 마가목, 야생 능금, 배나무 가지가 뻗어 있다.

　좀더 아래인 5층에는 호두나무, 모과나무, 향나무 따위의 관목이 우거져 있다.

　관목 아래쪽으로는 각양각색의 풀과 꽃들이 깔려 있다. 그런데 그것들 또한 몇 층으로 나뉜다. 맨 위쪽으로는 둥근 이파리가 자라고 있는데, 이것이 숲의 4층이다. 3층에는 비비추, 버들여뀌 따위의 꽃들이 양치류 사이에서 피어난다. 2층에는 제비꽃과 나무딸기가 나 있다. 1층인 땅에는 온통 이끼들로 무성하다.

그리고 그 밑, 즉 땅 밑에는 또 지하실이 있어 거기서 풀과 나무들의 뿌리가 나온다.

어느 층에나 각각의 거주자가 있다. 7층 어딘가에는 가지와 가지 사이의 둥우리 속에 매가 살고 있으며, 조금 아래쪽의 나무 둥치 구멍 속에는 딱따구리가 산다.

5층 관목 속에는 유달리 시끄러운 무리들이 살고 있어, 휘파람과 노랫소리로 숲을 온통 떠들썩하게 만든다. 바로 꾀꼬리류, 박새류, 굴뚝새, 연작류(燕雀類 : 제비와 참새류) 등이다.

1층인 땅에는 도요새가 어슬렁거린다. 그 밑의 지하실에는 두더지가 자기들의 통로와 거처할 방들을 파고 있다.

이 거대한 건물 속에 있는 저마다의 방들은 각양각색이다. 위쪽의 각 층은 따뜻하고 건조하며 밝다. 아래쪽은 축축하고 서늘하다. 또한 건물 속에는 여름에만 살 수 있는 추운 방도 있고, 연중 내내 살 수 있는 따뜻한 방도 있다.

낭에 판 굴은 겨울용 방이다. 지상이 영하 18도인 겨울에 깊이 8.5미터쯤 되는 굴속의 온도를 재니 영상 8도였다. 증기 난방 장치도 없는데 말이다.

나무 둥치 속의 굴은 훨씬 춥다. 겨울에는 이 굴속에서 얼어

죽을지도 모른다. 그 대신 여름에는 무척 편리하다. 올빼미나 박쥐에게는 더더욱 그렇다. 그들은 밤에는 '야간 근무'를 위해 그 우리에서 나가는데, 낮에는 햇빛이 들지 않는 어두운 구석에서 자는 것을 좋아하기 때문이다.

인간들은 자주 주거지를 옮긴다. 이 집에서 저 집으로, 또는 이쪽 층에서 저쪽 층으로 옮긴다.

하지만 숲 속에서는 다르다. 숲 속에서는 일단 어느 층에 자리잡고 살면 서로 층을 바꿔 가며 살 수는 없다. 숲 속에서는 거주자가 아니라 포로이고, 방이 아니라 우리이기 때문이다.

언제나 1층에만 살고 있는 도요새는 그 축축한 방을 건조하고 양지바른 위층 방과 바꿀 수가 없다.

그런데 지붕 밖에 살고 있는 매 또한 그런 얼빠진 환상이 머리에 떠올랐다 할지라도 1층으로 옮겨 살 수는 없다. 절대로.

이것은 어떻게 된 일일까? 숲을 몇 개의 우리나 새장으로 나누고 있는 이 보이지 않는 벽이나 천장은 도대체 무엇 때문에 있는 것일까?

자유롭게 살아가야 할 짐승이나 새들을 무엇이 이렇게 부자유하게 만든 것일까? 도대체 무엇이 어떤 잣새는 전나무 숲에, 어떤 솔잣새는 소나무 숲에, 도요새는 1층에, 그리고 매는 지붕 층에 가둬 두는 것일까?

### 잣새 집의 손님이 되어

우선, 전나무 열매를 쪼아먹는 잣새의 손님이 되어 이 새가 어떻게 살아가고, 무엇을 하는지 살펴보자. 아침밥을 먹을 때나 점심때의 모습을 볼 수 있다면 더욱 안성맞춤이다. 그런데 잣새가 어디서 조반을 끝내고 어디서 점심을 시작하는지를 알기란 무척 힘들다. 잣새는 먹는 데만도 우리보다 훨씬 더 많은 시간을 소비한다.

잣새에게는 식사할 때, 나이프나 포크와 같은 도구가 필요 없다. 아주 교묘하게 전나무 열매 송이를 벌리고 씨를 파낼 족집게 같은 것만 있으면 되기 때문이다. 잠잘 때에도 잣새는, 그 도구를 몸에서 떼는 일이 없다. 부리가 그 도구 역할을 하기 때문이다.

잣새의 부리는 전나무 열매를 까먹기에 아주 편리하게 되어 있다. 호두를 쪼개는 연장이 호두를 깨기에, 또 병따개가 병마개를 따기에 알맞게 생긴 것과 꼭 같다.

다만 차이가 있다면, 호두 깨는 연장은 인간이 호두를 쉽게 깨게끔 교묘하게 고안해서 만든 것이지만, 잣새의 부리는 전나무 숲 속에서 전나무 씨를 파내는 데에 가장 편리하도록 몇 천 년 동안의 오랜 세월에 걸쳐 잣새 스스로 변형하여 왔다는 점뿐이다.

지금에 와서는 전나무가 잣새에게 있어 없어서는 안 될 존재인 것처럼, 잣새도 전나무에게 있어 없어서는 안 될 존재이다. 전나무와 잣새는 서로 공생 관계이다.

전나무 열매를 먹고 난 후 잣새는 전나무 씨를 땅에 내던져 헤쳐 놓음으로써 다음 시대의 잣새를 위해 새로운 전나무가 자라나게 한다.

이 일이 잣새와 전나무와의 '동맹'을 무엇보다도 공고한 것으로 만든다.

전나무 열매를 먹는 잣새는 가장 가까운 동족인 솔잣새와도 결코 그 주거 구역을 바꿀 수가 없다.

전나무 열매를 쪼는 잣새의 부리는 전나무 씨를 파내는 데 적합한 연장이지만, 단단한 솔방울을 깨뜨리기에는 너무나 약하다. 솔방울에서 그 씨를 파내려면 다시 그에 알맞은 부리가 필요하다.

이런 사실이 소나무 열매를 쪼아먹는 솔잣새를 소나무 숲에, 전나무 열매를 쪼아먹는 잣새를 전나무 숲에 가둬 두는 요인이다.

전나무 열매를 쪼는 잣새가 전나무 숲의 포로가 되고 그 동맹자로 되어 있는 것은 우연이 아니라 어쩔 수 없는 필요에 의해서다. 그러므로 비록 자유는 없다 할지라도 굶지는 않는다. 전나무 숲 속에 있는 열매들은 여름이든 겨울이든 부족함이 없다.

잣새는 겨울에도 그 숲을 떠나지 않는다.

한겨울에도 전나무 씨를 먹을 수 있기 때문이다.

### 숲 속의 포로

숲 속의 다른 동물들의 생활도 잘 관찰해 보면, 모든 동물들이 쉽사리 끊을 수 없는 사슬로 그들이 살고 있는 숲이나 그 숲 속의 어느 층에 매여 있음을 알게 될 것이다.

예를 들면 도요새는 그 먹이가 지하층에 있으므로 숲의 제일 아래층인 1층에 살고 있다. 도요새의 긴 부리는 흙 속의 벌레를 잡아먹는 데 매우 적합하다.

도요새는 나무 위에서는 좋아하는 먹이를 잡을 수가 없다. 여러분이 나무 꼭대기에 앉아 있는 도요새를 보지 못하는 이유가 바로 이것이다.

그런데 딱따구리는 땅 위에서는 아무것도 하지 못한다. 그래서 하루 종일 전나무나 자작나무 줄기 둘레를 빙빙 돌고 있는 것이다.

도대체 이 새는 무엇을 쪼고, 또 나무 껍질 겉이나 그 속에서 무엇을 찾고 있는 것일까?

제일 처음 눈에 띄는 전나무의 껍질을 벗겨 보면, 여러분은 그 나무 껍질 아래 꼬불꼬불한 통로가 나 있는 것을 보게 될 것이다.

이 길은 어느 나무에나 기생하고 있는 나무 벌레가 쏟아서 만든 것이다. 그 길들의 끄트머리에는 어느 것에나 모두 작은 벌레집이 달려 있다. 그 속에서 유충은 번데기가 되고, 마침내 성충이 된다. 벌레는 전나무에 적응하고, 딱따구리는 또 그 벌레에 적응하는 것이다.

딱따구리는 단단한 부리를 가지고 있어서 쉽게 나무 껍질을 뚫을 수 있다. 또 길고 부드러운 혀를 가지고 있어서 나무 껍질 속에 숨어 있는 유충을 혀로 핥아서 잡아먹을 수 있다.

여기서의 사슬은 세 개인 셈이다. 즉 전나무와 그 나무 벌레, 그리고 딱따구리와의 끊을 수 없는 관계다. 학자들은 이와 같은 사슬을 '먹이 사슬'이라 부른다.

숲 속의 동물들은 모두가 이러한 상호 관계로 얽혀 있다.

숲 속에 살고 있는 담비를 예로 들어 보자. 이 담비는 왜 숲 속에서 사는 것일까?

그것은 같은 숲 속에 있는 다른 동물, 즉 다람쥐가 그의 식량이기 때문이다.

그렇다면 다람쥐는 왜 숲에서 살고 있는 것일까?

그것은 숲 속에서라야만 자기가 좋아하는 먹이를 구할 수 있기 때문이다. 시베리아 밀림에서 사냥꾼에게 잡힌 몇 마리의 다람쥐 위(胃)를 조사해 보았더니, 그 속에는 버섯이며, 전나무 열매 등이 들어 있었다. 그러니까 '담비 〉 다람쥐 〉 버섯 〉 전나무 열매'라는 사슬의 관계가 밝혀진 셈이다.

그런데 이 사슬을 좀더 길게 끌고 나갈 수도 있다.

우리는 이미 담비나 다람쥐가 왜 숲에서 살고 있는지를 알고 있다. 그러나 버섯은 왜 숲 속에서 자라는 것일까?

우리는 누구나 버섯을 즐겨 먹는다. 그러나 한 번도 버섯은 왜 숲 속에서만 자라고, 들이나 바닷가에서는 생겨나지 않는 것일까 하고 의문을 품은 적은 없었을 것이다.

버섯이 숲에서 생겨나는 것 또한 어쩔 수 없는 필요성에 의해서다. 숲이 버섯을 키워 주기 때문이다. 버섯은 모든 조건이 완전하게 갖춰진 곳에서만 자란다. 즉 다른 식물의 저장물로 자기를 기른다.

숲 속의 대지는 썩은 풀과 나뭇잎과 이끼 따위의 찌꺼기들로 가득하다. 버섯은 이들 찌꺼기를 먹고산다. 그렇기 때문에 버섯이 자라고 있는 데서는 언제나 썩은 냄새나 곰팡냄새 같은 것이 물씬 풍기기 마련이다.

담비 〉 다람쥐 〉 버섯 〉 부패한 식물

이와 같이 몇 개의 고리로 사슬은 연결된다.

담비는 결코 버섯을 먹는 일이 없다. 하지만 담비와 버섯은 하나의 먹이 사슬로 결합되어 있다.

먹이 사슬이란, 이 사슬에 의하여 어떤 생물로부터 다음 생물로 태양 에너지를 전달하는 것이다.

그렇다고 숲의 동물들이 이 사슬만으로 숲에 구속되어 있는 것은 아니다. 이 밖에도 얼마든지 여러 가지 사슬이 존재한다.

캘리포니아의 딱따구리는 두 개의 사슬로 숲에 매여 있다. 그 하나는 딱따구리에게 아낌없이 도토리를 공급하는 떡갈나무이고, 다른 하나는 소나무다. 딱따구리는 소나무 열매를 먹지 않지만, 소나무는 딱따구리에게 식량의 공급이 아닌 전혀 다른 일 때문에 필요하다.

소나무는 식품 창고 역할을 해준다. 딱따구리는 소나무 줄기의 깊은 곳에 도토리를 넣어 두고 비상시에 대비한다.


### 출입을 금함

숲이라는 세계는 이 우주를 형성하고 있는 수많은 작은 세계 중 하나다.

지구 위에는 숲뿐만 아니라 초원도 사막도 산도 툰드라도 바다도 호수도 있다. 어느 초원에나 숲과 마찬가지로 눈에 보이지 않는 몇 개의 벽이 있어, 그 초원 세계를 다른 세계와 구분하고 있다.

어떤 바다라도 물속은 많은 층으로 나뉘어 있다. 흑해 연안에는 이와 같은 층이 여덟 개나 있다. 다만 이들 층은 아래에서 위로 올라가는 것이 아니라 위에서 아래로 내려간다는 것뿐이다.

그 1층은 바닷가의 바위로, 거기에는 말미잘과 게와 만각류(蔓脚類)가 살고 있다.

그 아래 2층에는 소라, 게 등 갑각류(甲殼類)가 모래 땅 위를 어슬렁거리거나 모래 속에 몸을 파묻기도 한다.

좀더 아래쪽의 4층에는 굴과 조개가 살고 있다.

제일 아래층에는 유독 가스와 유회 수소(硫化水素)로 꽉 차 있다. 이곳에도 생물체가 있다. 이 가스 때문에 유화 박테리아가 살고 있다. 이것은 그 특유한 화학적 조건 아래서만 살아갈 수 있는 축들이다. 다른 생물에게는 독이 되지만 이 축들에게는 생활의 원천이다.

이 세계에는 대략 100만 종 가량의 동물이 있다. 그리고 그 하나하나는 제각기 적합한 자기의 세계에서 산다. 어떤 것은 물속에 살고, 어떤 것은 땅 위에 산다.

어떤 것은 빛을 싫어하지만, 어떤 것은 어둠을 좋아하지 않는다. 건조하고 뜨거운 모래에 몸을 파묻고 있는 생물이 있는가 하면, 늪을 살기 좋은 곳이라고 느끼는 생물도 있다.

어떤 것에 대해서는 '들어오지 마시오'라고 써 붙인 곳이라도, 다른 것에 대해서는 '어서 들어오시오'라고 쓰여 있는 경우도 있다.

만일 물고기가 늪에서 산다면 생명의 위협을 받겠지만, 새에게는 그곳이 가장 아늑한 보금자리다. 무성한 수목에 점령된 곳은 이끼류의 자유로운 주거지가 된다. 왜냐하면 수목에는 빛이 필요하지만 이끼류는 그늘을 필요로 하기 때문이다.

이 지상에는 아무리 텅 빈 곳이라 할지라도 생명이 깃들어 있지 않은 곳이 없다. 어떤 생물에게는 도저히 살지 못할 곳이라도 다른 생물에게는 살 수 있는 조건이 갖춰진 곳일 수도 있다.

북극과 남극에서도, 적도에서도, 또는 산꼭대기에서도, 바다 밑에서도, 어디에나 그곳이 아니면 살지 못하는 생물이 있기 마련이다.

시험삼아 백곰을 열대 지방 삼림 속에 데려다 놓아 보라. 아마 한증막에 갇히기라도 한 것처럼 질식할 것이다. 백곰은 벗을 수 없는 매우 두꺼운 모피 외투를 입고 있기 때문이다. 하지만 열대 지방에 살고 있는 코끼리 같은 무리는 북극 지방의 얼음 지대에서는 얼어 죽을 것이다. 코끼리는 한증막에서 살기에 알맞는 벌거숭이기 때문이다.

이 지상에서 단 한 군데, 백곰과 코끼리가 함께 살 수 있는 곳이 있기는 하다. 그곳에서는 모든 위도(緯度)상의 동물들을 볼 수 있다. 숲의 짐승들로부터 조금 떨어진 곳에 초원의 짐승이 있고, 초원에 사는 것과 나란히 산에서 사는 짐승이 함께 있을 수 있다. 그곳이 바로 동물원이다.

동물원에는 남아프리카가 오스트레일리아와 나란히 있고, 또 오스트레일리아가 북아메리카에서 몇 걸음 떨어진 곳에 있다. 각각의 동물들은 전세계에서 동물원으로 모여들었다. 물론 동물들 스스로가 그곳을 찾아든 것은 아니다. 인간이 몰아온 것이다.

그 대신 인간은 이 살아 있는 수집물들을 위해 무한한 정성과 공을 들인다. 모든 짐승들은 자기들의 특수한 환경 속에서 살도록 보장되어 있지 않은가. 인간은 모든 짐승들을 그들의 세계와 흡사한 환경으로 에워싸기 위해 끊임없는 보살핌과 주의를 기울인다.

어떤 것에게는 저수조(貯水槽)로 바다를 만들어 주어야 하고, 어떤 것에게는 20제곱미터 정도의 사막을 만들어 주지 않으면 안 된다. 어느 짐승이나 배부르게 먹이고, 동시에 서로 물어뜯지 않도록 주의를 기울이지 않으면 안 된다. 백곰에게는 뒤집어쓸 찬물을 마련해 주어야 하고, 원숭이는 따뜻하게 해주어야 하며, 사자는 가끔 날고기를 먹을 수 있도록 해주어야 한다. 또 독수리에게는 날개를 펴고 날갯짓할 수 있는 장소를 마련해 주어야 한다.

초원·삼림·산악·평야 그 밖의 모든 곳의 모든 동물들을 인공적으로 한곳에 모아 놓은 인간은, 그 동물들이 죽지 않도록 제각기 알맞은 자연을 인공적으로 만들어 주고 감싸 주어야만 한다.

그러면 대체 인간 자신은 어떤 동물일까? 초원성일까, 삼림성일까, 산악성일까?

삼림에 살고 있는 인간을 '삼림성 인간'이라 부르고, 소택지(沼澤地)에 살고 있는 인간을 '소택성 인간'이라고 이름할 수 있을까?

물론 안 된다.

숲에서 살고 있는 인간은 초원에서도 살 수 있지 않은가. 소택지에서 살고 있는 인간은 건조한 토지로 옮겨 갈 수만 있다면 기뻐할 것이다.

인간은 어디서나 살고 있다. 이 지상에는 인간이 들어갈 수 없는 장소, '인간은 들어오지 못함'이라고 붙여 놓을 만한 장소는 한 군데도 없다.

북극을 탐험한 파파닌이라는 사람과 그 일행은 9개월 동안이나 얼음 위에서 살았다. 그들은 가장 뜨거운 사막 지방을 여행했더라도, 북극에 못지않은 성공을 거두었을 것이다.

　인간은 어디든지 자유롭게 뚫고 들어간다. 고산 지대나 깊은 바다 밑이나 사하라 사막이나 북극의 눈벌판이나 땅속 깊은 곳이나 성층권의 높이까지도.

　그러나 이처럼 놀라운 능력을 가진 인간에게도 아직 그런 힘이나 자유가 거의 없었던 시대가 있었다는 것을 잊지 말아야 한다.


　인간의 조상을 만나다


　몇백만 년 전의 그 옛날에는 지금의 떡갈나무나 물푸레나무, 너도밤나무 등이 즐비하게 들어선 곳에 전혀 다른 숲이 들어서 있었다. 지금과는 전혀 다른 나무와 풀이 나 있었으며, 동물들이 살고 있었다. 그 숲에는 자작나무·보리수·단풍나무가 월계수·목련나무와 나란히 서 있었다. 호두나무 옆에 포도나 머루 덩굴이 우거지고, 느티나무나 수양버들 가까이에 장뇌(樟腦)와 용연향나무가 꽃을 피우고 있었다. 떡갈나무의 거목조차도 거대한 미송(美松)의 곁에서는 난쟁이처럼 보였다.

　만약 현대의 삼림을 빌딩에 비유한다면, 이 태곳적 숲은 단순한 빌딩 정도가 아니라 진짜 마천루라고 하지 않을 수 없다.

　마천루 위쪽은 밝고 떠들썩했다. 눈이 부시게 고운 커다란 꽃들 사이를 날개 빛깔도 각양각색인 새들이 지절거리며 날아다녔다. 원숭이도 이 나무에서 저 나무로 가지를 흔들며 건너다녔다.

그런데 여기 원숭이 한 떼가 마치 다리를 건너듯이 나뭇가지를 타고 돌아다닌다. 어미 원숭이는 가슴에 껴안은 새끼 원숭이의 입에 제 이빨로 곱게 씹어 잘게 부순 과일이나 호두를 밀어 넣어 준다. 조금 큰 새끼 원숭이들은 어미 원숭이의 다리를 붙잡고 있다. 나이 먹은 한 털북숭이 원숭이가 날쌔게 나무둥치 위쪽으로 기어올라가는 것을 보니 대장인 듯하다.

그럼 이것은 도대체 어떤 종류의 원숭이일까?

이것은 지금의 어느 동물원에서도 찾아볼 수 없는 그런 종류다.

이것은 침팬지나 고릴라와 같은 종족의 하나로, 바로 이 종족에서 인간이 생겨났다. 우리는 이제야 삼림성(森林性)의 우리 조상과 마주친 것이다.

우리의 조상은 딱따구리 등속과 마찬가지로 숲의 위쪽에 살고 있었다. 과거의 인류는 숲 속 수십 미터의 높은 곳을 교량이나 회랑(廻廊)이나 발코니에서처럼 건너뛰어다녔다.

숲은 그들의 집이었다. 밤에는 작은 나뭇가지로 굵은 나무줄기 사이에다 만들어 놓은 둥우리에서 휴식을 취했다.

숲은 그들의 요새이기도 했다. 숲의 높은 곳에서는 그들이 가장 무서워하던 마하이로드 호랑이라는 고대(古代) 호랑이의 단검 같은 긴 이빨로부터 몸을 숨길 수 있었기 때문이다.

숲은 그들의 창고이기도 했다. 높은 나뭇가지 사이에 과일이나 호두 등의 식량을 저장해 둘 수 있었기 때문이다.

그러나 숲의 위층에서 살기 위해서는 가지에 매달리고, 나무줄기를 따라 달리는 것이 수월해야 한다. 이 나무에서 저 나무로 건너뛰기도 하고, 과실을 따거나 단단한 열매를 깨뜨리기도 하며, 호두를 능숙하게 깰 수 있는 능력이 있어야 한다. 즉 무엇이든 단단하게 거머쥘 수 있는 손가락과 날카롭고 억센 이빨 등을 갖고 있지 않으면 안 된다.

우리 조상은 하나만이 아닌, 세 개의 사슬에 의해 숲에 매여 있었다. 그저 단순한 숲이 아니라 숲의 위층에 매여 있었다. 그러면 어떻게 해서 인간이 그러한 사슬을 끊어 버릴 수 있었을까? 어떻게 해서 이 숲의 동물이 자기의 우리에서 빠져나올 수 있었을까? 어떻게 숲의 세계 밖으로 뛰쳐나가는 모험을 했을까?

## 2장 인간과 그 친척

### 인간의 할머니와 사촌 형제들

 옛 작가들이 인간의 일생이나 모험을 상세히 이야기하려고 할 때, 우선 그 제1장에서 주인공의 여러 일가 친척에 대해 자세히 독자에게 소개하는 것이 통례였다. 두서너 페이지를 읽으면, 독자는 주인공의 할머니가 아직 젊었을 무렵 어떤 의상을 입고 있었다든가, 그 어머니가 결혼 첫날밤에 어떤 꿈을 꾸었다든가 하는 것들은 알게 된다.

 그리고 주인공의 이가 처음 났을 때에 대해서, 태어나 최초로 배우고 쓴 말에 대해서, 처음으로 걸음마를 한 데 대해서, 최초의 장난질에 대해서 소상하게 이야기해 나간다. 제10장쯤에 가서는 주인공이 학교에 가고, 제2권의 끝에쯤 가면 주인공이 연애를 하며, 제3권에서는 온갖 난관을 극복하고 결혼을 한다. 그리고 그 이야기는 이미 백발이 된 주인공과 그의 아내가 뺨이 능금같이 빨간 손자가 처음으로 걸음마 하는 것을 흐뭇하게 바라보고 있다는 식의 에필로그로 끝나곤 한다.

  이 책에서도 역시 우리 인간의 일생과 모험에 대해서 이야기하고자 한다. 존경하는 옛 작가들이 그랬듯이 나도 우리 주인공의 아득히 먼 조상에 대해서, 그리고 그 가까운 친척에 대해서 이야기하고자 한다. 주인공이 처음으로 이 세상에 나타난 곳은 어디였는가에 대해서, 어떤 모양으로 걷고, 이야기하고, 생각하고, 일을 배웠는가에 대해서, 또 그 생존 경쟁에 대해서, 그 슬픔이나 기쁨에 대해서, 그 승리나 패배에 대해서 이야기하고자 한다. 그러나 우리는 처음부터 큰 난관에 부딪힌다.

  우리 주인공의 할머니의 일을, 즉 우리 종족의 조상이 된 할머니에 대한 이야기를 도대체 어디서부터 어떻게 시작하면 좋을까?

  그 할머니는 벌써 아득한 옛날에 이 세상에서 사라지지 않았는가. 물론 그 초상도 남아 있지 않다. 말할 필요조차 없는 일이지만, 원숭이들은 그림을 그릴 줄 모른다. 그러니까 앞에서 말한 조상과 만날 수 있는 곳은 오직 박물관뿐이다. 그런데 그 박물관에서도 우리의 조상을 완전하게 볼 수는 없다. 유물로 남아 있는 것이라곤 겨우 아프리카나 아시아, 유럽 각처에서 발견된 몇 조각의 뼈와 몇 개 되지 않는 이빨뿐이기 때문이다.

 그래서 우리 주인공의 다른 친척들, 즉 그 사촌 자매나 형제들로부터 이야기를 진행시킬 수밖에 없다.

 아주 오랜 옛날에 인간이 열대 숲 속에서 빠져나와 발로 섰을 때도, 그 가장 가까운 친척인 고릴라나 침팬지나 오랑우탄이나 긴팔원숭이 등은 여전히 원시적인 숲의 동물에 지나지 않았다.

 그러나 인간은 가련한 자신의 친척들을 언제까지나 생각하고 있지는 않았다. 인간은 때때로 그런 동물들과 친척이라는 사실에 대해 분노하고, 또 부인하기도 했다. 인류의 할머니와 침팬지의 할머니가 같다는 사실이 조금이라도 암시되기만 하면 사람들은 터무니없는 비방이라고 몰아붙이기도 했다.

 바로 최근의 일이지만, 미국에서는 이것이 재판으로까지 번진 일이 있었다. 어떤 학교 교사가 학생들에게 인간과 원숭이가 친척이라고 가르쳤는데, 이것이 너무 심한 일이라 하여 법정에서 재판을 받았다.

 법정에는 숱한 사람들이 몰려왔다. 어떤 선량한 시민은 '우리는 원숭이가 아니며, 원숭이로 돌아갈 수도 없다'고 쓴 완장을 팔에 두르고 나오기도 했다.

 이 초등학교 교사는 이 어리석은 작자들이 원숭이로 되돌아가기를 바란 적은 단 한 번도 없었기 때문에 빗발치는 비난에 정신을 차리지 못했다. 재판관의 엄한 심문에 대답하며, 교사는 틀림없이 이렇게 생각했을 것이다.

'재판관은 혹시 미친 것이 아닐까? 구구단과 같이 명확한 일에 대해 이렇게 분개하고 비난하다니!'

법정은 규칙대로 소송 절차를 진행시켰다. 증인이 불려 오고, 피고는 최후 진술을 했다. 그리고 마침내 재판관은 선고를 내렸다.

첫째, 인간과 원숭이와의 사이에 친척 관계가 성립된다는 것을 인정하지 않는다.

둘째, 교사는 200달러의 벌금형에 처한다.

이리하여 미국의 재판관은 다윈이나 그 밖의 사상가들이나 연구가에 의해 수립된 바 있는 인류의 기원에 대한 과학적 근거를 모두 파기해 버렸다. 그러나 진리가 법정의 판결로써 파기될 수는 없다.

만약 그 법정에 학자들이 불려 나왔다면, 몇백 가지라도 예를 들어 그 교사가 한 말이 옳았다는 것, 그리고 어떤 재판관도 문제가 과학에 관한 것인 만큼 마음대로 다룰 수는 없다는 것을 증명했을 것이다.

우리는 이 책의 모든 내용을 인간과 원숭이가 친척이라는 증거로 가득 채울 수 있다. 아마 일체의 학문적 고찰이나 증명이 없다 하더라도 침팬지나 오랑우탄 사이에서 단 한 시간 정도만 같이 지내보면 인간과 원숭이의 동물적인 유사점을 누구라도 쉽게 알아볼 수 있을 것이다.

## 우리의 친척 – 로자와 라파엘

몇 년 전의 일이지만, 레닌그라드 주(지금의 상트페테르부르크)의 콜트이슈 마을(지금의 파블로프 마을)에 있는 유명한 이반 페트로비치 파블로프 박사의 연구소에 두 마리의 침팬지가 도착했다.

대개의 사람들은 자기들의 가엾은 숲 속 친척들과 얼굴을 대할 때면 몹시 냉정한 태도를 보인다. 그리고 곧바로 우리 속에 가두었을 것이다. 그러나 아프리카의 숲에서 온 이 손님들은 실로 극진한 대우를 받았다.

침실은 말할 것도 없고 식당, 목욕탕, 오락실, 공부방까지 마련되었다. 이 침팬지들은 로자와 라파엘이라는 이름까지 받았다. 침실에는 폭신한 침대가 놓여 있었고, 그 옆에는 조그만 탁자도 한 개 놓여 있었다. 식당의 식탁에는 새하얀 식탁보가 씌워져 있었고, 찬장에는 여러 가지 맛있는 음식물들이 가득 들어차 있었다.

하여튼 이 살기 좋은 집은 누가 봐도 사람이 사는 집과 조금도 다를 바가 없었다. 때를 맞춰 식탁에는 접시와 스푼도 놓여졌다. 밤에는 침대에 이불을 나 주고, 베개까지 폭신한 것으로 마련해 주었다. 물론 이 손님들은 가끔 이상한 짓을 했다. 잘 때도 베개 위에 머리를 올려놓는 대신 머리 위에 베개를 올려놓기도 했다.

인간과 완벽하게 똑같이 행동하지는 않았지만, 로자와 라파엘은 인간과 거의 비슷하게는 행동했다.

 예를 들면 이렇다. 로자는 찬장 열쇠 꾸러미를 어느 안주인 못지않게 다루었다. 열쇠 꾸러미는 언제나 수위가 가지고 있었지만, 로자는 수위의 호주머니에서 어느새 열쇠를 꺼내서는 눈 깜짝할 사이에 의자 위로 기어올라가 조심스럽게 찬장 문을 열었다. 찬장 속에는 살구며 탐스러운 포도송이가 가득 들어 있었기 때문이다.

 그리고 라파엘은 로자보다 더 영리했다. 그가 공부하고 있는 광경을 여러분에게 보여 주지 못하는 것이 유감일 따름이다. 어느 날, 살구가 든 바구니와 각각 크기가 다른 집짓기 나무를 그에게 주어 보았다. 집짓기 나무라고는 하지만, 아이들이 가지고 노는 것보다는 훨씬 큰 나무토막들이었다. 제일 큰 것은 의자만큼이나 높았고, 제일 작은 것은 10센티미터 정도의 높이였다. 살구가 들어 있는 바구니는 천장에 매달아 놓았다. 어떻게 하면 이 살구 바구니에 손을 뻗쳐 살구를 꺼내 먹을 수 있을까 하는 것이 라파엘에게 주어진 문제였다.

 처음 얼마 동안 라파엘은 좀처럼 이 문제를 풀지 못했다.

 숲 속에서 살 때에는 과일을 따기 위해 자주 나무 위에 기어오르곤 했었지만, 지금은 과일이 나뭇가지에 열린 것이 아니라 공중에 매달려 있다. 더구나 여기에는 집짓기용 나무토막 외에는 올라갈 데가 없다. 제일 큰 나무토막에 기어올라가 봐도 살구에는 손이 닿지 않는다.

 라파엘은 이리저리 나무토막을 만지다가 나무토막 위에 다른 나무토막을 포개면 살구가 훨씬 가까워진다는 것을 알아냈다. 마침내 라파엘은 셋에서 넷, 넷에서 다섯, 이렇게 집짓기 나무를 포개 올려 피라미드를 만들었다. 그로서는 이것 또한 쉬운 일이 아니었다. 왜냐하면 크기에 따라 차례대로 하나씩 하나씩 쌓아올려야 하기 때문이다. 몇 번이나 실수를 되풀이한 끝에 라파엘은 작은 나무 위에 큰 것을 포개 얹었다. 그 때문에 이 건조물(建造物)은 몹시 흔들렸다.

그 순간 피라미드는 라파엘과 함께 무너질 것만 같았다. 그러나 그렇게까지는 되지 않았다. 라파엘은 그래 봬도 민첩하다는 원숭이가 아닌가.

마침내 문제는 해결되었다. 라파엘은 일곱 개의 나무토막을 큰 것부터 차례로 포개 얹는 데 성공했다. 마치 그 집짓기 나무에 쓰여 있는 번호를 읽기라도 한 것처럼.

그는 완성된 피라미드 위에 올라가서 살구를 꺼내 맛있게 먹어 치웠다.

이렇게 인간처럼 행동할 수 있는 동물이 또 어디 있겠는가? 영리한 동물이라는 개도 나무토막으로 피라미드를 만들지는 못한다.

라파엘이 하는 행동을 보고 있으면, 실로 인간과 너무나 흡사하다. 나무토막을 손으로 집어 어깨에 메고는 한쪽 손으로 그것을 받치고 피라미드 쪽으로 운반한다. 그런데 운반한 나무토막의 크기가 잘 맞지 않는다. 다시 그 나무토막을 내려놓고 무엇을 생각하는 듯 그 위에 걸터앉는가 하면, 숨을 푹 내

쉬며 다시 일을 시작하기도 한다. 이것은 정말이지 사람과 조금도 다를 바 없다.


## 인간과 침팬지

그렇다면 침팬지를 인간처럼 걷게 하고, 이야기하게 하며, 생각하게 하고, 일하게 할 수는 없을까?

사실 유명한 조수(鳥獸) 조련사였던 V. L. 둘로프는 이러한 꿈을 가지고 있었다.

둘로프는 귀여워하고 있던 미무스라는 침팬지를 교육시키기 위해 무척이나 노력했다.

미무스는 영리한 침팬지였다. 미무수는 의자에 바로 앉은 채 냅킨을 두르고 스푼을 들고 식탁보에 아무것도 흘리지 않으며 수프를 먹었다. 또 썰매를 타고 산에서 미끄러져 내려올 수도 있었다. 물론 그렇다고 해서 미무스를 인간으로 만들 수는 없었다.

이것은 당연한 일이다. 침팬지의 몸뚱이는 인간과 같지 않기 때문이다. 손발과 뇌, 그리고 혀도 전혀 다르다.

침팬지의 입 안을 한번 들여다보라. 이럴 때 침팬지는 마구 깨무는 습성이 있으므로 주의해야 한다. 여러분은 침팬지의 입 안이 몹시 좁아 그 안에서는 혀가 자유롭게 움직일 수 없다는 것을 알게 될 것이다. 입 안이 좁다는 것은 별도로 하더라도 커다란 이빨이 방해가 된다.

  혀를 자유롭게 움직이지 못하면 말을 할 수 없다.

  인간의 혀는 이야기할 때 대단히 복잡한 운동을 하게끔 되어 있다. 동그랗게 꼬부라지기도 하고, 미묘하게 떨리기도 하며, 입천장에 붙었다가 목구멍에서 목소리가 나오는 것을 방해하지 않도록 뒤로 처지기도 한다. 또 그 반대로 이빨에 의지하여 앞으로 내밀기도 한다.

  인간에게는 혀를 어떤 모양으로 움직여도 불편하지 않은 장소가 있다. 그런데 침팬지의 입 안은 몹시 좁다.

  침팬지의 손 또한 인간의 손처럼 움직일 수는 없게 되어 있다. 그 손은 인간의 것과는 전혀 다르다. 침팬지의 엄지손가락은 새끼손가락보다 작고, 인간의 엄지손가락처럼 다른 네 개의 손가락과 따로 떨어져 있지 않다. 인간의 엄지손가락은 다른 네 손가락보다도 제일 중요한 구실을 하고 있지 않은가. 그것은 다른 어느 손가락과 따로 떨어져 마음대로 움직일 수 있으며, 다른 손가락과 함께 같이 움직일 수도 있다. 그 때문에 인간의 손은 어떠한 도구라도 마음대로 다룰 수가 있는 것이다.

  침팬지의 손은 바로 인간의 발을 연상케 하고, 그 발은 바로 손을 연상케 한다. 침팬지는 나무에서 과실을 따려고 시도할 때, 흔히 그 손으로 가지를 휘어잡고 발로 딴다. 땅 위를 걸을 때는 꼬부린 손가락에 의지한다.

  다시 말해, 항상 그 발을 손처럼 쓰고, 그 손을 발처럼 쓰는 것이다.

만약에 인간의 손과 발이 그 자리를 서로 바꾼다면 이렇게 여러 가지 일을 해낼 수 있었겠는가.

그런데 혀나 손발의 구조 외에도 침팬지를 인간으로 만들어 보려고 애쓰는 조수 조련사들이 완전히 잊고 있는 또 하나의 매우 중요한 사실이 있다.

침팬지의 뇌〔腦髓〕는 인간의 뇌와 비교해 볼 때 부피가 훨씬 작으며, 구조의 복잡성도 전혀 다르다. 조련사들은 이 사실을 잊고 있다. 원숭이가 인간으로 진화하기까지에는 몇십만 년이라는 세월을 필요로 했다. 이 이유만으로도 침팬지에게 인간과 같이 생각하도록 가르칠 수는 없다.

오랫동안 인간의 뇌의 작용을 연구해 온 이반 페트로비치 파블로프 박사는 손님으로 온 로자와 라파엘이 어떠한 행동을 하는지를 비상한 흥미를 가지고 관찰했다. 그들을 연구하기 위해서 때로는 몇 날 며칠을 그들과 같이 지내기도 했다. 그러나 그들이 하는 짓은 정말 어처구니없었다. 그들은 한 가지 일을 시작했는가 싶으면 금방 또 다른 일을 시작했다.

라파엘은 자못 진지한 얼굴로 열심히 피라미드를 만든다. 그런데 갑자기 시야에 공이 들어오면 집짓기는 내동댕이쳐 버리고 털북숭이의 긴 손으로 그 공을 던지기 시작한다. 그러나 다시 공은 까맣게 잊어버리고 방바닥에 앉은 파리에게 관심이 쏠린다.

침팬지의 정신없는 행동을 지켜보면서, 파블로프 박사는 몇 번이나 입 밖으로 중얼거렸다.

"엉망진창이군! 모든 게 엉망이야!"

이 무질서한 행동 속에는 정연하게 통일된 인간의 두뇌 작용에서는 전혀 볼 수 없는 침팬지의 무질서한 두뇌 작용이 뚜렷하게 반영되었다. 그러나 사실 이들은 영리하며 그 신체 구조 또한 숲 속의 생활에 알맞도록 되어 있다. 몇백만 년이라는 긴 세월에 걸쳐 그 속의 생활에 적응해 왔었으니까.

어느 날, 로자와 라파엘의 집에 그들을 촬영하기 위해 영화 감독이 왔다. 그는 준비한 시나리오에 따라 그들을 잠시 밖으로 내놓지 않으면 안 되었다. 그런데 자유의 몸이 되자 그들은 이내 나무에 기어올라가더니 나뭇가지에 매달려 기분 좋게 그네를 타기 시작했다. 그들에게는 더없이 훌륭한 설비를 갖춘 방보다 역시 나무 위가 훨씬 더 좋았던 것이다.

고향인 아프리카에서, 침팬지는 숲의 높은 층에 살고 있다. 그들은 나뭇가지 사이에 둥우리를 만든다. 적을 피하기 위해 나무 꼭대기로 기어오르며 나무 위에서 먹을 것, 즉 과실이나 호두를 딴다.

나무에는 대단히 잘 적응되어 있으므로 평평한 지상보다는 수직의 나무줄기를 타는 편이 훨씬 수월하다. 너러분은 숲이 아닌 곳에서는 침팬지를 찾지 못할 것이다. 동물원을 제외하고 말이다.

어떤 학자가 침팬지들이 그들 고향에서는 어떻게 살고 있는가를 관찰하기 위해서 서부 아프리카로 간 일이 있다.

그 학자는 열 마리 남짓한 침팬지들을 잡아 그들에게 그들 집에 있는 것과 완전히 똑같은 환경을 만들어 주기 위해 숲 속의 농장 근처에 풀어 주었다.

물론 도망치지 못하게끔 눈에 보이지 않는 울타리도 쳐 놓았다. 그 울타리는 단 두 가지 연장, 즉 도끼와 톱만으로 만든 것이었다.

학자의 지시에 따라 나무꾼들은 숲의 일부만을 남겨 놓고 그 둘레의 나무를 모조리 잘라 냈다. 그래서 그 장소는 휘히 트인 평원 속에 있는 숲의 고도(孤島)처럼 보였다. 그리고 학자는 그 고도에 원숭이를 놓아주었다.

그 학자의 짐작은 틀리지 않았다. 침팬지는 숲의 동물이다. 때문에 그들은 숲에서 함부로 도망치려고 하지 않았다. 백곰이 사막에서 살 수 없듯이 챔팬지는 나무 없는 들판에서는 살 수 없기 때문이다.

이와 같이 침팬지가 숲에서 빠져나올 수 없는데, 그 친척뻘인 우리 인간은 어떻게 그것을 감행할 수 있었을까?


걸음을 배워 익힌 인간

숲 속에 살고 있던 우리의 조상이 '우리' 속에서 빠져나온 것은 하루아침에 이루어진 일이 아니다. 그들이 숲에서 초원으로, 그리고 나무가 없는 평원으로 빠져나올 수 있을 정도로 자유롭게 되기까지는 몇십만 년이란 세월이 소요되었다.

나무 위에 사는 동물이 숲에 묶인 사슬을 끊기 위해서는 무엇보다도 먼저 나무에서 내려와 땅 위를 걷는 일을 익히지 않으면 안 된다.

오늘날에도 인간이 걸음을 익히기란 여간 어려운 일이 아니다. 탁아소를 방문하면 유아(幼兒)들의 특별한 무리, 즉 '기어다니는 아기'들을 볼 수 있다. 기어다니는 아기들이란 이미 한자리에 가만히 있기를 원하지 않는, 그러나 아직 걸을 줄 모르는 유아를 말한다. 하지만 몇 달이 지나는 동안 아기는 자연스레 '걷는 아기'가 된다. 그런데 이처럼 두 손을 땅에 의지하지도 않고 주위에 있는 것을 붙잡지도 않은 채 땅 위를 걷는다는 것은 과연 쉬운 일일까?

그것은 자전거 타기를 익히는 것보다 훨씬 더 어려운 일이다. 유아들이 걷는 것을 익히는 데는 불과 몇 달밖에 걸리지 않지만, 우리의 조상은 그것 때문에 몇 달이 아니라 수천 년의 세월을 필요로 했다.

사실 우리의 조상이 아직 나무 위에서 살고 있었을 때에도, 가끔씩은 지상으로 내려올 때가 있었다. 그때 두 손을 지상에 의지하지 않고 더러는 침팬지가 하듯이 뒷발로 두서너 걸음씩 떼어 놓을 수도 있었을 것이다.

그러나 두서너 걸음을 떼어 놓는다는 것과 오십 보 백 보를 걷는다는 것은 전혀 다른 문제다. 그렇게 걷기 위해서는 끈질기고 오랜 연습이 필요하다.

물론 우리의 조상이 네 발 짐승 그대로 있으려 했다면 그럴 수도 있었다. 그러나 그렇게 했더라면 인간이 될 수는 없었을 것이다. 걸을 때 손으로 땅을 짚는다는 것은 인간에게 실로 거북한 일이다. 두 손은 다른 일을 하는 데 필요하기 때문이다.

### 어떻게 손이 자유로워졌는가

우리 조상들은 아직 나무 위에서 살고 있을 때에도 두 손을 발과 구별하여 사용할 줄 알았다. 즉 손으로 열매와 호두를 따고, 손으로 나무줄기 사이에 둥우리를 만들었다.

호두 열매를 따는 손은 돌이나 막대기도 움켜잡을 수 있었다. 그러나 돌이나 막대기를 움켜잡은 손은 같은 손이라도 더 길어지고 좀더 힘이 세진 손이라고 할 수 있다.

돌을 손에 쥐면 이빨로 깰 수 없는 단단한 호두 껍질을 깨뜨릴 수 있었고, 막대기를 쥐면 땅속에서 먹을 수 있는 뿌리들을 캐낼 수 있었다.

이리하여 점차 우리 조상들은 전과는 다른 먹이를 얻게 되었는데, 그것은 작은 새라든가 땅쥐나 두더지 같은 것들이었다.

처음에는 기근(飢饉)이 들었을 때, 숲 속이나 주위 사방이 온통 원숭이 떼에게 쑥밭이 되었을 때만 그와 같은 먹이들을 구했다.

이윽고 그와 같은 진귀한 먹이에 점차 맛을 들인 우리 조상들은 그것을 얻기 위해 지상으로 내려오는 일이 더욱 빈번해졌다.

지상으로 떼지어 내려와 막대기로 뿌리를 파헤쳐 일구기도 하고, 오래된 나무 그루터기를 돌로 치고 두들기기도 하여 그 속에서 곤충의 유충(幼蟲)을 얻기도 했다.

그런데 손을 움직이기 위해서는 다른 일, 즉 걷는 일에서 해방되지 않으면 안 되었다. 손이 여러 가지 일로 바빠지면 바빠질수록 발은 더욱더 스스로 혼자 걷는 일을 익힐 필요성이 있었다. 이처럼 손은 발로 하여금 걸음을 익히지 않을 수 없도록 움직여 나갔고, 발은 손이 다른 일을 하도록 해방시켜 주었다.

이 지상에 뒷발로만 돌아다니고 앞발로 여러 가지 일을 하는, 이전에는 보이지도 않았던 새로운 생물이 나타난 것이다.

언뜻 보아 이 생물은 아직도 짐승과 다를 것이 없었으나, 만일 여러분이 돌이나 막대기를 다루는 그 생물을 살펴본다면 당장에 "야, 이건 인간이 다 된 짐승이구나!"라고 할 것이 틀림없다.

문제는 인간만이 연장을 쓰는 일을 익혔다는 데에 있다. 다른 짐승은 연장이라는 것을 갖지 못했다.

땅쥐나 두더지가 땅을 팔 때는 자기의 발로 하지 삽으로 하지 않는다. 쥐가 나무를 갉아먹거나 쏠거나 할 때는 자기의 이빨로 하지 주머니칼을 쓰지 않는다. 딱따구리가 나무껍질을 쪼아 댈 때도 자기의 부리로 하지 끌을 쓰지 않는다.

우리의 조상은 끌과 같은 부리, 삽과 같은 발, 주머니칼과 같은 예리한 앞니도 갖고 있지 않았다.

그러나 어떤 앞니나 부리보다도 좋은 것을 갖고 있었다. 그것은 다름 아닌 손이었다. 그 손은 지상에서 앞니 대신에 쓸 수 있는 돌도, 발톱 대신 쓸 수 있는 막대기도 마음대로 집어 들 수 있었다.


땅 위로 내려온 인간

이상과 같은 일이 일어나고 있는 동안에 지상의 기후는 조금씩 변해 갔다. 북쪽의 얼음이 움직여 남쪽으로 미끄러져 내려갔으며, 산기슭은 두텁게 눈으로 뒤덮였다.

우리의 조상이 살고 있던 숲은 밤이 되면 기온이 내려갔고, 겨울에는 더욱더 추워졌다. 아직 따뜻한 기후였으나 덥다고는 할 수 없었다.

언덕의 북쪽 경사면에서는 상록수인 목련 속(屬)이나 월계수 속 등이 어느새 자취를 감추고, 그 대신 추위와 싸울 수 있는 떡갈나무나 보리수가 자라기 시작했다. 나무들은 봄이 되면 소생하기 위해서 겨울에는 온순하게 복종하며 잠시 죽은 듯이 있었다.

오늘날에 이르기까지 연안층(沿岸層)에서는 그 어느 때인가 범람한 강물을 타고 떠내려온 고대의 떡갈나무나 보리수 잎사귀의 화석이 발견되고 있다.

무화과와 포도나무는 추운 바람을 피하기 위해서 남쪽 경사면이나 저지(低地)로 옮겨 갔다. 그곳에 살고 있던 것들은 더욱더 남쪽으로 옮겨 갔다. 코끼리의 조상인 마스토돈도 사라졌다. 칼 같은 이빨을 가진 마하이로드 호랑이도 어느새 자취를 감추었다.

전에는 울창하게 우거졌던 숲도 어느새 훤한 평원이 되었고, 거기에서 거대한 사슴이나 코뿔소가 풀을 뜯었다. 원숭이 종족들 중에서도 어떤 것은 딴 곳으로 옮겨 갔고, 또 어떤 것은 멸종되었다. 다만 이미 인간이 되려고 한 원숭이 종족만이 새로운 숲 속 생활에 적응해 나갔다.

그러나 그것은 결코 쉬운 일이 아니었다. 숲의 먹이는 점차 적어졌다. 포도도 적어졌고, 무화과나무를 찾기도 점점 어려워졌다. 숲 속을 돌아다니는 일조차 쉬운 일이 아니었다. 나무들은 드문드문 서 있어 하나의 나무 무더기에서 다른 무더기로 가기 위해서는 땅 위를 달리지 않으면 안 되었다. 그런데 나무 위에서 살고 있던 자가 땅 위를 달려간다는 것은 쉬운 일이 아니었다. 꾸물거리다가는 날쌘 맹수의 밥이 되어 버리기 때문이다. 그러나 달리 어떻게 할 도리도 없었다.

우리의 조상은 굶주림 때문에 나무 위에서 지상으로 내려와야만 했고, 그것도 더욱 빈번히 내려와 땅 위를 돌아다녀야 했다. 먹이를 찾아야만 했기 때문이다.

그렇다면 오랫동안 살아온 우리 속에서, 모든 것이 자기들에게 적합했던 숲의 세계에서 나간다는 것은 짐승에게 있어 무엇을 뜻하는 것일까?

그것은 숲의 규칙을 위반하는 것을 뜻한다. 그 생물을 본래의 장소에 묶어 놓았던 사슬을 끊는 것을 의미한다.

숲에서 초원으로 거주지를 옮겨야만 하는 다람쥐를 상상해 보라. 초원에서는 전나무 열매나 버섯 대신에 풀을 먹이로 하지 않으면 안 된다. 그러기 위해서는 그에 알맞은 새로운 이빨이 필요하다. 또한 맹수를 피하기 위해 구덩이를 파야만 한다. 그러기 위해서는 좀더 새로운 발톱이 필요하다. 숲에서는 나무에서 서서히 내려오는 데 필요했던 그 두드러진 꼬리가, 탁 트인 초원에서는 방해가 될 뿐만 아니라 오히려 몸에 해를 끼치게 된다. 펄럭이는 빨간 깃발 같은 그 꼬리는 다람쥐를 배신하고 아마도 그를 적의 손에 넘겨 버리고 말리라.

즉 다람쥐는 초원으로 나가기 전에 자기의 낙하산 대용의 꼬리와 작별하고 땅쥐나 들쥐 같은 발톱이나 이빨을 장만해야만 한다. 다시 말해 다람쥐일 것을 그만두지 않으면 안 되는 것이다.

다시 한 번 전나무 열매를 쪼아먹는 솔잣새를 생각해 보자. 이 잣새는 떡갈나무 숲으로 옮겨 가서 도토리를 먹으며 살 수 있을까? 솔방울을 까먹기에는 매우 편리한 그 부리도 도토리를 깨물어 먹기에는 아주 불편하다.

솔잣새가 다른 먹이를 찾아 먹기 위해서는 우선 그 부리를 고치지 않으면 안 된다.

물론 짐승도 새도 변해 간다. 이 세상에서 변해 가지 않는 것은 하나도 없지만, 무엇이 변해 간다는 일은 결코 쉽고 간단한 일이 아니다. 어떤 동물의 세계라도 그 양친들과 비교할 때 극히 조금씩밖에 변하지 않는다. 전의 것과는 전혀 비슷하지 않은 새로운 종족이 생기기 위해서는 몇천 년, 몇만 년이라는 세월이 필요하다.

그런데 우리의 조상은 어떻게 했을까?

만일 그때까지 그 모든 습성이나 습관을 바꾸지 못했다면 다른 원숭이들과 함께 남쪽으로 가야 할 상황이었다. 그러나 이때 벌써 우리의 조상은 다음과 같은 점에서 다른 원숭이들과는 상당히 달랐다. 즉 우리 조상들은 먹이가 없는 곳에서도 먹이를 발견할 줄 알았다. 그리고 이빨이나 발톱 대신 돌이나 나무를 이용해 다른 식량을 구할 수 있었다. 숲 속에서 점차 수가 줄어들어가는 물기 많은 남방(南方)의 과실 같은 것들을 구할 수 없어도 견디어 냈다. 숲의 나무들이 줄어들어도 두려울 것은 없었다. 우리 조상들은 이미 땅 위를 걸어다니고 있었으므로, 나무가 없는 평야도 두려워할 게 못 되었다. 적을 만났을 때도 이 '반(半)인간'의 무리는 힘을 합하여 돌과 몽둥이로 방어했다.

혹독한 시대도 아직 원숭이를 닮은 우리의 조상을 멸망시키지는 못했으며, 열대성 숲과 함께 그들을 퇴각시키지 못했다. 오히려 우리 조상이 인간이 되도록 촉진시켰을 뿐이었다. 한편 우리의 친척인 다른 원숭이들은 어떻게 했을까?

그들은 열대성 숲과 더불어 퇴각하면서 여전히 숲 속에서 살았다. 그 원숭이들은 퇴각하지 않을 수 없었다.

그들은 우리의 조상에 비해 발달도 뒤지고 연장도 쓸 줄 몰랐기 때문이다. 영리한 것들은 숲의 위층에 계속 살면서 나무 위를 올라다니는 재주만 늘어 갔다.

인간이 되는 대신에, 다시 말해 손으로 일하고 발로 걸어다니는 일을 익히는 대신에 그 원숭이들은 더욱더 원숭이다운 원숭이가 되어 갔으며, 나무 위의 생활에 잘 적응해 갔다. 현재의 침팬지가 하듯이 앞발뿐만 아니라 뒷발로도 가지를 휘어 잡고, 앞발에 몸을 의지하면서 걷는 일을 익혔다. 벌써 이것만으로도 그 원숭이들은 인간이 될 수가 없었다. 인간의 손이라면 다른 일을 하기 위해 자유로워야 하지 않겠는가.

그러나 이들처럼 나무 위의 생활에도 제대로 잘 적응해 내지 못한 다른 원숭이들은 또다른 운명을 맞이해야만 했다.

그런 원숭이들은 가장 크고 가장 센 것만이 살아남았다. 그런데 몸이 무거워지면 무거워질수록, 커지면 커질수록 나무 위에서 살아가기란 점점 더 곤란해졌다. 그들 큰 원숭이들은 싫어도 나무에서 지상으로 내려오지 않으면 안 되었다.

가령 고릴라의 경우 지금은 숲의 가장 아래층인 지상 가까이에서 살고 있다. 그리하여 돌이나 몽둥이가 아닌 크고 사나운 어금니로 적을 막고 있는 형편이다.

이렇게 인간과 그 친척들은 각각 다른 길을 걸었다.

인간은 어느 친척보다도 앞으로 전진했다. 걷거나 일을 하게 된 것은 결코 헛된 일이 아니었다.


### 없어진 사슬 고리

 인간이 하루아침에 두 다리로 걷는 일에 익숙해진 것은 아니다. 아마도 처음 얼마 동안은 보기에도 위태롭게 뒤뚱거렸을 것이다.
 그 무렵 인간은, 아니 좀더 정확하게 말한다면 원인(猿人, 가장 원시적인 최고(最古)의 화석 인류)은 어떤 모습을 하고 있었을까?
 물론 그것은 이미 본래의 모습으로는 아무 데도 남아 있지 않다. 벌써 옛날에 인간이 되어 버렸기 때문이다. 그러나 이 지상 어딘가에 그 뼈라도 남아 있지는 않을까?
 그 뼈만 발견되면 인간이 원숭이에게서 생겨났다는 결정적 증거가 되는 것이다. 원인은 원숭이로부터 인간으로 이어지는 사슬의 고리가 아닌가.
 그런데 이 고리는 하천의 침전층(沈澱層), 즉 진흙과 모래와의 지층이나 강바닥 속에 흔적도 없이 묻혀 버리고 말았다.
 고고학자는 땅을 파면 된다는 것을 알고 있다. 그런데 땅을 파기 전에 어디를 파야 하는지, 사라져 버린 고리를 어디서 찾아야 하는지를 결정하지 않으면 안 된다. 지구 위를 샅샅이 뒤진다는 일은 결코 쉬운 일이 아니다. 땅속에서 고대 인간을 찾는 것은 아마도 모래 속에서 잃어버린 바늘을 찾기보다 훨씬 어려운 일일 것이다.

16세기 말에 헤켈이라는 유명한 인류학자는 원인, 즉 학술어로 말해 피테칸트로푸스(이를 직역하면 '원인'이 되며, 일찍부터 이 명칭이 널리 쓰여 왔으나, 오늘날에는 오스트랄로피테쿠스류(類)를 원인이라 하고, 피테칸트로푸스류(類)는 원인(原人)으로 구별한다)의 뼈가 남아시아에서 발견될 수 있지 않을까 하고 생각했다. 그리고 헤켈은 피테칸트로푸스의 뼈가 남아 있을 것으로 생각되는 장소를 지도상에 정확하게 지적하기도 했다.

그곳은 순다 열도(Sunda Is. 말레이 반도에서 몰루카 제도까지 뻗어 있는 열도)였다. 헤켈의 이 생각을 세상 사람들은 믿으려 하지 않았다.

그러나 그것을 옳다고 믿고, 그것에 대한 확고한 신념으로 자신이 순다 열도로 탐험의 길을 떠나겠다고 결심한 사람이 나타났다. 그는 가상의 피테칸트로푸스의 뼈를 찾기 위해서 일체의 일을 내던지고 순다 열도로 떠났다.

그는 다름 아닌 암스테르담 대학에서 해부학 강의를 하고 있던 마리 뒤부아 박사였다.

그의 많은 동료들은 머리를 흔들며, 정상적인 사고방식을 가진 인간이라면 결코 그런 행동은 하지 않을 것이라고 단언했다. 그들은 모두 훌륭한 인격을 갖춘 사람들로서, 그들이 한 유일한 여행은 날마다 손에 우산을 들고 조용한 암스테르담의 거리를 집에서 학교로, 학교에서 집으로 왕복하는 일뿐이었다.

뒤부아 박사는 자기의 대담한 계획을 실천에 옮기기 위해 대학을 그만두고 군대에 들어갔다. 그리고 네덜란드 군대의 군의관 자격을 얻어 암스테르담을 떠나 먼 수마트라 섬을 향해 출발했다.

수마트라에 도착한 뒤부아 박사는 대단한 열성을 가지고 곧바로 그 일에 착수했다. 박사의 지시에 따라 인부들은 그 지방의 산들을 종횡으로 파헤쳤다. 그리고 한 달이 지났다. 다시 두 달이 지나고 석 달이 지났다. 그러나 피테칸트로푸스의 뼈는 나오지 않았다.

무엇이든 잃어버린 것을 찾을 때는, 적어도 그 잃어버린 물건이 어느 근방에 있는지는 대강 짐작이 가는 법이다. 그러나 피테칸트로푸스의 경우는 그렇지가 않았다. 그것은 오직 하나의 가상에 지나지 않았으므로, 피테칸트로푸스의 뼈가 실제로 존재한다고 볼 수도 없었다. 그러나 뒤부아 박사는 불굴의 투지로써 그 탐색을 계속했다. 이렇게 하는 동안 1년, 2년, 3년이 지나갔다. 그러나 '잃어버린 사슬 고리'는 여전히 찾아낼 수 없었다.

다른 사람이라면 벌써 오래 전에 이 가망도 없는 탐색을 집어치웠을 것이다. 물론 때로는 뒤부아 박사 역시 실의에 빠지기도 했다.

수마트라의 늪 주변이나 열대 지방을 방황하면서, 견딜 수 없이 우울했던 그는 때때로 암스테르담의 개천을 옆에 낀 조용한 자신의 옛집이라든가, 튤립이 만발한 아늑하고 상쾌한 정원이라든가, 연구실의 깨끗한 방 등을 그리기도 했다.

그러나 뒤부아 박사는 한번 계획한 일을 중도에 포기하는 그런 사람이 아니었다.

수마트라에서 피테칸트로푸스의 뼈가 발견되지 않자, 그는 순다 열도의 다른 섬, 즉 자바 섬에서 다시 발굴 작업을 하기로 했다. 마침내 박사는 그곳에서 행운을 잡았다.

박사는 솔로 강변에서 피테칸트로푸스의 이빨 두 개와 대퇴골, 그리고 두개골을 발견했다.

뒤부아 박사는 자기의 조상을 관찰하고, 아직 입수하지 못한 부분의 골격을 상상으로 그려 내기 위해 고심하면서 자기 앞에 있는, 낮고 뒤로 미끄러져 내려가듯이 깎인 이마와 그 아래 움푹 들어간 눈 위의 굵은 눈썹 위에 나타난 반달꼴 선을

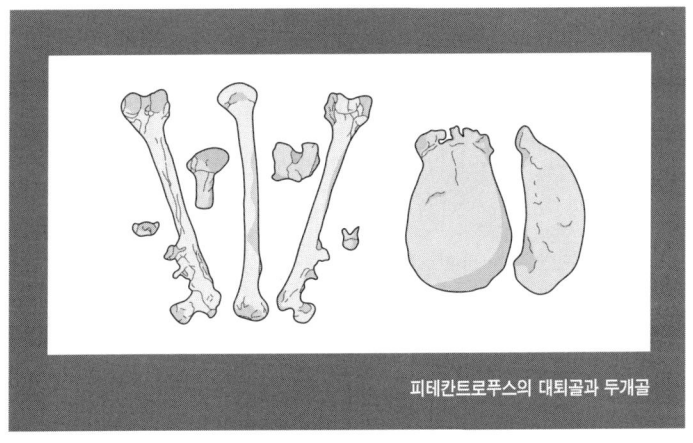

**피테칸트로푸스의 대퇴골과 두개골**

바라보았다. 이 얼굴은 인간보다는 원숭이의 얼굴에 더 가까웠다. 그러나 뒤부아 박사는 그 두개골의 내부를 보고는 피테칸트로푸스가 원숭이보다 훨씬 더 지능이 발달했다는 것을 확신했다. 그 뇌의 부피는 인간에 가장 가까운 원숭이보다도 훨씬 컸기 때문이다.

두개골과 두 개의 이빨, 그리고 대퇴골만으로는 아무래도 충분한 자료가 될 수 없었다. 하지만 그것들만 가지고 연구한 결과, 뒤부아 박사는 많은 추정을 할 수 있었다. 대퇴골과 그 밖에 남아 있는 보일락말락하는 근육의 흔적을 조사하던 박사는 피테칸트로푸스는 이미 두 발로 걸을 줄 알았으나 그렇다고 기어다니는 일을 잊어버린 건 아니었다고 결론지었다.

그리하여 뒤부아 박사는 우리 조상들의 모습을 쉽게 머릿속에서 그려 냈다. 엉거주춤한 자세로 무릎을 구부리고, 긴 두 팔을 늘어뜨린 채 숲 속의 풀밭을 흔들흔들 걷고 있는 생물의 모습을 말이다. 경사진 눈썹 밑의 눈은 아래쪽만 내려다보고 있다. 먹이를 찾는 것일까?

이것은 이미 원숭이가 아니다. 그러나 아직은 인간이라고 할 수도 없다. 뒤부아 박사는 자신이 발견한 것의 작명자(作名者)가 되어, 여기에 서서 걷는 원인이린 뜻에서 '피테칸트로푸스에렉투스(Pithecanthropus erectus)' 라는 이름을 붙였다. 이들은 벌써 원숭이보다는 꼿꼿이 걷고 있지 않은가.

목적은 달성된 듯했다. 피테칸트로푸스가 발견된 것이다. 그러나 오히려 이때부터 뒤부아 박사로서는 가장 쓰라린 나날이 시작되었다. 두꺼운 지층을 파는 일은 인간의 미신이나 편견의 두꺼운 층을 뚫기보다 수월했다. 뒤부아 박사는 인간이 원숭이에서 비롯되었다는 것을 완강하게 부인하는 사람들로부터 빗발치는 공격을 받아야 했다. 프록코트를 입은 고고학자나 가사(袈裟)를 두른 고고학자들은 뒤부아가 발견한 두개골은 긴팔원숭이의 것이고, 대퇴골은 현재의 인간의 것이라고 주장하기 시작했다. 뒤부아 박사의 반대자들은 이렇게 하여 원인을 원숭이와 인간을 보탠 것 같은 것으로 만들려고 했다. 그러면서도 아직은 안심이 되지 않는 모양이었다.

그들은 뒤부아 박사의 발견물이 그렇게나 고대의 것이라는 사실을 의심하기 시작했다. 그리하여 발견된 뼈는 몇십만 년은커녕 불과 쌓인 지 얼마 되지 않은 지층(地層)에 속한 것이라고 주장했다.

말하자면 피테칸트로푸스를 도로 땅속에 묻고 전처럼 흙으로 덮어 버림으로써 깨끗이 잊게 하려고 서슴지 않고 온갖 짓을 감행했다.

뒤부아 박사는 그의 반대자들과 용감하게 싸웠다. 그러나 그의 발견이 과학적으로 얼마나 중요한 것인지를 깨닫고 있던 사람들은 모두 그를 지지했다.

뒤부아 박사는 반대자의 의견을 반박했다. 피테칸트로푸스의 두개골은 긴팔원숭이와 같은 것일 수 없다, 왜냐하면 긴팔원숭이는 이마에 홈이 없지만 피테칸트로푸스에게는 있다고 주장했다.

그러나 온갖 반대를 타파하기 위해서는 피테칸트로푸스의 골격 전부를 찾는 일이 우선이었다.

솔로 강 기슭의 탐색은 계속되었다. 그리하여 5년 동안 그 지방에 살고 있었던 고대 동물의 뼈가 무려 300상자나 유럽으로 보내졌다. 그 뼈를 분류하고 연구하는 일이 시작되었다. 그러나 그 오랜 조사 끝에 몇천 개의 뼈 중에서 피테칸트로푸스의 뼈라고 생각되는 것은 겨우 세 개밖에 발견되지 않았다. 그것은 모두 허리뼈 조각이었다.

다시 몇 해가 지났지만 피테칸트로푸스는 아직도 의혹 속에 남아 있었다.

그런데 돌연 어떤 학자에 의해서 피테칸트로푸스와 인간과의 중간에 존재했을 것으로 추정되는 새 원인, 즉 사슬의 다음 고리가 발견되었다.

약 50여 년 전에 한 학자가 베이징(북경) 거리를 돌아다니다가, 한약재에 대해 알아보기 위해 어떤 약방으로 들어갔다.

그 가게에는 인간의 몸처럼 생긴 인삼이며 동물의 뼈와 이빨, 만능적인 부적(符籍) 등 여러 가지 진귀한 것들이 진열되어 있었다. 학자는 그것들 중에서 짐승의 것은 결코 아니며 그렇다고 해서 현재 인간의 것과는 완연히 다른 이빨을 발견했다.

학자는 그 이빨을 사서 유럽의 어느 박물관에 보냈다. 그 박물관에서는 여러 가지로 생각한 끝에 '중국의 이빨'이란 이름을 붙여 카탈로그 속에 수록해 두었다.

그로부터 20년 후, 실로 뜻밖에 베이징 근방의 어느 석회 동굴 속에서 그와 동일한 모양의 이빨 두 개가 발견되었다. 그리하여 학자들은 그 이빨을 가졌었다고 생각되어지는 동물을 '시난트로푸스(Sinanthropus)'라고 이름지었다.

물론 그것은 완전한 모양이 아니라 여러 종류의 뼈의 집합체 비슷한 형체로 발견되었다. 50개 남짓한 이빨과 세 개의 두개골, 열 한 개의 악골(顎骨)과 대퇴골 조각, 쇄골(鎖骨)과 팔뼈, 그리고 척골(蹠骨) 등이 있었다.

물론 이 사실은 그 동굴에 살고 있던 동물이 머리가 셋 달리고 다리가 하나뿐이었다는 것을 뜻하는 것은 아니다.

문제는 간단하게 설명된다. 즉 그 동굴에는 하나의 시난트로푸스만이 아닌 여럿이 무리 지어 살고 있었다는 것을 뜻한다.

몇십만 년이라는 세월이 흐르는 동안 숱한 뼈들은 어디론가 흩어져 버렸다. 더러는 들짐승이 끌고도 갔을 것이다. 그러나 동굴의 모습을 상상하고 그려 보기에는 충분했다. 학자들은 단 하나의 손가락만으로도 그 인간의 전모를 짐작한다.

그러면 우리의 조상들은 그 아득한 옛날에는 어떤 모습을 하고 있었을까?

솔직히 말해 그리 아름다운 모습이었다고는 할 수 없다. 만약 여러분이 갑자기 어딘가에서 그를 만난다면 아마도 무서운 나머지 뒷걸음질칠지도 모른다. 앞으로 툭 튀어나온 얼굴, 털북숭이 긴 팔, 즉 그것은 사람이라기보다는 원숭이에 가까운 모습을 하고 있기 때문이다.

그러나 그것을 원숭이라고 생각하는 순간, 여러분은 곧 그 생각을 부인할 것이다. 원숭이가 그렇게 인간처럼 똑바로 서서 걸을 수 있단 말인가. 원숭이의 얼굴이 이다지도 인간과 흡사하단 말인가.

그리고 만일 여러분이 살금살금 동굴까지 이 시난트로푸스의 뒤를 따라가 보면 그 의혹은 깨끗이 사라질 것이다.

시난트로푸스는 그 구부러진 다리로 뒤뚱뒤뚱 강줄기를 따라 걸어간다. 그러다가 갑자기 모래밭에 주저앉아 그 눈으로 커다란 돌을 쏘아본다. 그리고 그 돌을 집어서 살펴보다가 이윽고 다른 돌에 대고 두들겨 본다. 그러다가 다시 일어나서 그 돌을 가지고 걷기 시작한다.

뒤를 따라가다 보면 여러분은 강가의 조금 둔덕진 곳에 이를 것이다.

그곳은 동굴 입구로, 지금 그의 동료들이 모여들고 있다. 수염이 더부룩한 늙은 털북숭이 시난트로푸스가 돌로 만든 연장으로 죽은 사슴의 몸을 찢고 있다. 그 옆에서는 여자들이 손으로 고기를 찢어서 아이들에게 먹여 주고 있다. 그리고 동굴 안쪽에서 타고 있는 모닥불이 이 광경을 비쳐 주고 있다.

여기서 여러분의 의혹도 깨끗이 풀렸을 것이다. 원숭이는 불을 피울 수도 없을 뿐 아니라, 돌로 연장을 만들어 낼 수도 없기 때문이다.

그러나 혹시 다음과 같은 질문을 던질지도 모른다.

"시난트로푸스가 돌로 된 연장을 쓰고, 불을 피울 줄 알았다는 것을 어떻게 알 수 있습니까?"

이 질문에 대해서는 그 중국의 동굴 자체가 대답해 준다. 그곳을 파 보았더니 뼈뿐 아니라 다른 여러 가지 것들이 발견되었다. 흙과 섞인 재의 두꺼운 층과 거친 돌 연장 더미가 그곳에 있었다.

연장은 2,000점 이상이나 발견되었으며 재의 층 두께는 7미터 이상이나 되었다.

이것으로 시난트로푸스는 대단히 오랫동안 동굴 속에 살고 있었으며, 또 계속해서 불을 피우며 생활하고 있었다는 것이 명백해졌다.

그들은 아마 스스로 불을 일으키지는 못했겠지만 식용(食用)이 되는 나무뿌리나 연장이 되는 돌을 주워 온 것처럼, 불도 주워 왔으리라는 것을 추측할 수 있다.

불은 자연 발화로 인해 산불이 난 자리에서 얻을 수 있었을 것이다. 시난트로푸스는 아직 타고 있는 나뭇가지 따위를 주워 조심스레 집으로 가지고 돌아와서, 비바람에 꺼지지 않도록 동굴 안에다 그 불씨를 소중하게 보존했을 것이 틀림없다.

# 3장 손의 자취를 따라




**자연의 법칙을 깨뜨리다**

　우리의 조상들은 돌과 막대기를 손에 쥐었다. 이것은 그들을 전보다 더욱 강하고 자유롭게 해주었다. 왜냐하면 이제는 가까이에 과실이나 호두가 있느냐 없느냐 하는 것은 그다지 중요한 문제가 아니었기 때문이다.
　즉 우리의 조상은 언제든지 먹을 것을 찾아 멀리까지 갈 수 있게 된 것이다
　또 이 숲에서 저 숲으로 갈 수도 있고, 온갖 숲의 법칙을 깨뜨리고 오랫동안 훤히 트인 평지에 머물러 있을 수도 있으며, 먹으려고는 생각지도 않았던 먹이를 다른 짐승에게서 빼앗을 수도 있었다.

이렇게 모험에 넘친 생활을 시작하면서부터 인간은 자연 속에 존재한 법칙의 파괴자가 되었다.

나무 위에서만 살고 있던 동물이 나무에서 내려와 지상을 돌아다니게 되었다. 뒷발로 서서 능숙한 걸음걸이로 돌아다니기 시작했고, 더욱이 여태까지와는 다른 방법으로 새로운 먹이를 구하게 되었다.

여기서 무엇보다도 중요한 것은, 이 법칙의 파괴자인 우리 조상들이 '먹이 사슬'까지 끊어 버렸다는 점이다. 우리의 조상들은 다른 음식물을 먹기 시작했을 뿐만 아니라, 몇십만 년 동안이나 그 칼날 같은 이빨로 우리 조상들을 먹어 온 호랑이 따위쯤은 이제 더이상 무서워하지 않았다.

그럼 우리의 조상들은 어떻게 해서 이처럼 강해졌을까? 어떻게 나무 위에서 맹수의 날카로운 이빨이 기다리고 있는 지상으로 내려올 결심을 한 것일까?

인간에게 이와 같은 대담성을 준 것은 다름 아닌 그들 자신의 손이었다. 그 손에 쥔 돌이나 먹이를 얻기에 편리한 몽둥이는 그 자체가 적을 방어하는 데 큰 역할을 했다. 즉 인간 최초의 연장이 인간의 무기가 된 것이다.

게다가 인간은 결코 단독으로는 숲 속을 돌아다니지 않았다. 언제나 몇 명씩 떼를 지어 다녔고, 위험이 닥치면 모두 한 덩어리가 되어 맹수에 대항했다.

그 밖에 불의 존재도 빼놓을 수 없다. 불의 도움으로 인간은 맹수를 위협하고 쫓아 버렸다.

### 손의 자취를 따라

나무에서 지상으로 내려온 인간은 숲을 나와, 강을 따라 골짜기 — 이것이 나무에 묶여 있던 사슬을 끊은 인간이 취한 침로(針路)였다 — 로 전진했다.

그런데 우리는 무엇으로 인간이 강을 끼고 골짜기로 빠져나왔다고 단정할 수 있는가?

그것을 가르쳐 주는 것이 바로 '흔적'이다.

그렇다면 어떻게 그와 같은 인간의 흔적이 현재까지 남아 있었던 것일까?

여기서는 일반적으로 일컫는 흔적을 말하는 것이 아니다. 즉 발자국이나 손이 남긴 자국을 말하는 것이 아니라는 이야기다.

지금으로부터 약 100년쯤 전에 프랑스의 솜 강변(Somme R.)의 골짜기에서 한 무리의 인부들이 일을 하고 있었다. 인부들은 옛 강의 충적토(沖積土) 속에서 모래와 자갈 같은 잔돌을 채취했다.

아득히 먼 그 옛날, 솜 강이 처음 생겼을 무렵에는 물살이 매우 빠르고 세차서 돌이란 돌들은 모두 떠내려갔다. 떠내려가는 도중에 돌과 돌들은 서로 부딪쳐 온갖 울퉁불퉁한 모습을 갈아 없애고, 커다란 바위를 깎아 자갈과 잔돌멩이를 만들었다. 이윽고 흐름이 조용하고 안정되자, 떠내려가던 잔돌멩이나 자갈은 모래나 개흙 속에 파묻혀 갔다.

그 충적층 속에서 인부들은 잔돌멩이들을 파냈다. 그런데 이상하게도 어떤 돌은 전혀 매끄럽지가 않았다. 아니, 오히려 마치 양쪽을 두들겨 깨 놓은 듯이 뾰족한 모양을 하고 있었다. 도대체 누가 이런 모양으로 만들어 놓았을까? 강은 아닐 것이다. 강은 이것을 둥글게 만들었을 테니까.

이 이상한 돌은 그 근방에 살고 있던 부셰 드 그레브쾨르 페르테라는 학자의 눈에 띄었다. 그의 집에는 솜 강에서 발견된 여러 가지 것들이 수집되어 있었는데, 그중에는 매머드의 이빨과 코뿔소의 뿔도 있었고, 동굴에 살고 있던 곰의 두개골도 있었다.

이 학자는 이런 괴상한 유물들을 즐겨 모아 연구하고 있었다. 그 옛날 이 짐승들은 지금 양이나 기러기 등이 강을 찾아오듯이 자주 강을 찾았다.

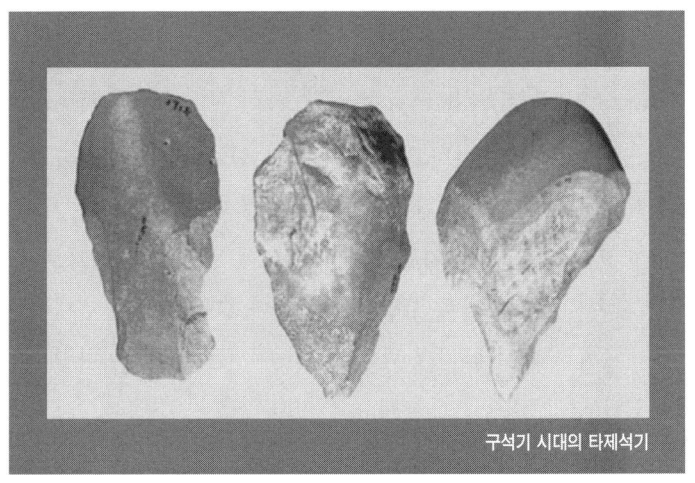

**구석기 시대의 타제석기**

그러면 그 당시 인간은 어디에 있었던 것일까? 부셰 드 그레브쾨르 페르테도 그 당시 인간의 뼈만은 발견하지 못했다.

그런데 때마침 이 학자는 모래 속에서 나온 이 이상한 돌을 보았다. 돌의 양쪽 끝을 이렇게 모두 뾰족하게 만든 것은 대체 누구였을까?

이 학자는 그런 것을 할 수 있는 자는 인간뿐이라고 결론지었다.

그는 몹시 흥분한 마음으로 이 발견한 돌들을 조사했다. 사실 이것은 고대 인간의 유품일 뿐 아니라 그 자취였다. 분명히 인간이 만진 흔적이었다. 이와 같은 일을 해낸 것은 강물이 아니라 인간의 손임이 분명했다.

부셰 드 그레브쾨르 페르테는 이 발견에 대하여, 《창조에 대하여 ─ 생물의 기원과 발달에 관한 논문》이라는 제목으로 저서를 출간했다.

그런데 여기서 또 학문상의 문제가 제기되기 시작했다. 뒤부아 박사에 이어 이 학자에게도 빗발치는 공격이 퍼부어졌다. 훌륭하다는 고고학자들은 이 시골 학자의 사고방식이 과학적이지 못하다고 비난했다. 그리고 그 따위 돌도끼는 가짜라고 비난하며, 그 학자는 인간의 창조에 관한 교회의 가르침을 훼손시켰다는 죄로 고발되어야 한다고까지 했다. 부셰 드 그레브쾨르 페르테와 그 반대자들의 논쟁은 15년간이나 계속되었다.

그러나 부셰 드 그레브쾨르 페르테는 완강하게 버티었다.

고대 인류의 기원을 증명하기 위해 그는 백발 노인이 될 때까지 제2, 제3의 책을 썼다.

한 사람과 다수의 대결이었으나, 마침내 부셰 드 그레브쾨르 페르테는 승리했다. 여기에는 지질학자인 라이엘과 프레스트비치의 도움이 컸다. 이 두 학자는 솜 강 골짜기까지 가서 그 채사장(採砂場)을 조사하고 수집품을 주의 깊게 연구했다.

이러한 조사 끝에 이 두 사람은, "부셰 드 그레브쾨르 페르테가 발견한 연장은 아직 코끼리나 코뿔소가 많이 서식하고 있던 무렵의 프랑스 땅에 살고 있었던 고대 인간의 연장임에 틀림없다."고 연구 결과를 발표했다.

라이엘의 저서 《고대 인간의 지질학적 논거》는 부셰 드 그레브쾨르 페르테의 반대자들을 한동안 침묵하게 했다. 그러나 얼마 뒤에 그들은 다시 "부셰 드 그레브쾨르 페르테는 별다른 새로운 발견을 한 것이 아니다. 그것은 아무것도 아니다. 그 따위 고대인의 연장이라면 이미 오래 전부터 많이 발견되고 있다."라고 주장하면서 부셰 드 그레브쾨르 페르테의 공적을 헐뜯기 시작했다.

그것에 대해 라이엘은 다음과 같이 신랄하게 답변했다.

"언제나 과학이 무슨 중대한 발견을 하면 사람들은 처음에는 그것이 종교에 위배된다고 비난하다가, 나중에 가서는 그런 건 벌써 오래 전부터 알려져 있던 것이라고 말하는 법이다."

오늘날에는 부셰 드 그레브쾨르 페르테가 발견한 것과 같은 석기가 세계 곳곳에서 발굴되고 있다. 특히 잔돌멩이나 자갈을 채취하는 강가의 채사장에서 많이 발견된다.

그러고 보면 오늘날 인부들의 삽은, 인간이 그것을 가지고 처음으로 일하기 시작한 시대의 연장과 자주 흙 속에서 만나는 셈이다.

그 돌 연장 중에서 가장 오래된 것은 다른 돌을 두들겨 양쪽 끝을 깨뜨린 돌이다. 또 그것과 더불어 돌이 산산조각이 났을 때에 생긴 단순한 파편도 발견된다.

이 돌 연장이야말로 인간이 손을 쓰게 되었다는 흔적이며, 그것에 힘입어 인간은 강을 끼고 있는 골짜기나 모래톱을 따라 나갈 수 있었다. 다시 말해 인간은 강기슭이나 모래톱에서 인공적인 발톱이나 부리에 알맞은 재료를 구했다.

이것이 바로 인간이 한 최초의 작업이었다. 물론 짐승도 먹이나 소굴을 만들기 위한 재료를 찾는 일을 한다. 하지만 짐승은 자기 자신의 발톱이나 이빨을 만들 재료를 찾는 일은 결코 하지 않는다.


살아 있는 삽과 항아리

우리는 여러 동물들의 기술 —— 건축사 · 석공 · 목수 · 직조공 · 재봉사 등등 —— 에 대해서 가끔 읽기도 하고 듣기도 한다.

가령 우리는 비버(beaver)가 그 강하고 날카로운 앞니로, 나무꾼이 나무를 쓰러뜨려 범람한 강의 제방을 만들듯이 줄기나 가지를 가지고 둑을 만든다는 것을 알고 있다.

가장 평범한 붉은 빛깔의 숲개미는 또 어떠한가? 지팡이나 막대기로 개미집을 파 보라. 제법 그럴듯한 고층 건물이 침엽수 잎사귀와 가지로 교묘하게 만들어져 있는 것을 발견할 수 있다.

여기서 이런 의문이 생긴다.

만일 우리 인간들이 비버나 개미들이 만들어 놓은 것을 헐어 버리지만 않는다면, 비버나 개미들도 언젠가는 우리 인간들과 어깨를 나란히 할 수 있는 날이 오지 않을까?

다시 말해 앞으로 몇백만 년이 지나면 개미들은 그들의 신문을 읽고, 그들의 공장에서 일하며, 그들의 비행기로 날고, 그들의 라디오로 음악을 즐길 수 있지 않을까?

그러나 몇억 년이 지나도 절대 그런 일은 있을 수 없다는 것을 우리는 알고 있다. 우리 인간과 개미와의 사이에는 하나의 커다란 차이점이 있기 때문이다.

그 차이점이란 무엇일까?

인간이 개미보다 비교도 되지 않을 만큼 크다는 점일까?

그렇지는 않다.

그럼 개미에게는 빌이 여섯 개 있는데, 인간에게는 둘밖에 없다는 점일까?

그것도 아니다. 그런 것과는 전혀 상관없는 차이점이다.

인간은 어떻게 일을 하고 있을까? 인간은 자기의 맨손이나 이빨을 사용하지 않고 도끼나 삽이나 망치를 사용하여 일을 한다. 그렇지만 개미집 속에는 아무리 찾아봐도 도끼나 삽 같은 것은 없다. 개미가 무엇을 잘라야 할 때는 자신의 머리에 달려 있는 살아 있는 가위를 연장으로 쓴다. 홈을 파야 할 때는 네 개의 살아 있는 삽으로 길을 개척한다. 개미의 살아 있는 가위란 입을 말하는 것이고, 삽이란 네 개의 발을 말한다. 즉 앞의 두 발로는 흙을 파고, 뒤의 두 발로는 그 흙을 뒤로 긁어낸다. 한복판의 두 발은 몸의 균형을 유지하는 구실을 맡고 있다.

 개미의 세계에서는 먹이를 넣어 두는 항아리조차도 살아 있다. 어떤 종류의 개미집 속에는 살아 있는 항아리로 가득 들어찬 창고가 있다. 지하의 낮고 어두컴컴한 천장 밑에는 똑같은 모양의 항아리가 죽 매달려 있다. 그것은 여느 때는 움직이지 않고 가만히 있지만, 개미가 그 지하에 기어들어가 촉각으로 두어 번 건드리면 항아리는 갑자기 살아 있는 것처럼 움직이기 시작한다.

 자세히 보면 그 항아리에는 머리도 있고 가슴도 있고 발도 있다. 즉 항아리가 아니라 천장에 거꾸로 매달려 있는 개미의 커다란 배(腹)다. 턱을 열면 입속에서 꿀물이 흘러나온다. 일개미는 기운을 돋우려고 거기 온 것이며, 꿀 방울을 핥고 나면 다시 일하러 간다. 항아리 구실을 하는 개미는 다른 항아리 개미들 사이에서 다시 잠을 자기 시작한다.

이와 같이 개미의 기술은 모두 '살아 있는 것'에 의지하고 있다. 그 연장도, 집기도 인간이 쓰는 것과 같은 인공적인 것이 아니라, 어떤 일이 있어도 떨어지거나 헤어지지 않는 천연물이다.

비버의 연장 또한 살아 있다. 비버는 도끼가 아니라 자기의 앞니로 나무를 잘라 쓰러뜨린다. 즉 개미나 비버나 모두 인간처럼 자기의 연장을 만드는 일은 할 수가 없다. 그들은 이미 만들어진 연장 한 벌을 가지고 태어날 뿐이다.

언뜻 생각하면 이것은 참으로 편리한 것 같다. 살아 있는 기구라면 잃어버릴 일은 없을 테니까.

그러나 좀더 잘 생각해 보면, 그것은 그다지 편리한 연장이 아니라는 것을 누구나 알 것이다. 그것은 수선할 수도 다시 만들 수도 없기 때문이다. 개미 역시 좀더 빨리 또 교묘하게 흙을 팔 수 있는 개량된 새 발을 공장에 주문할 수는 없다.

## 인간의 손

만일 인간이 다른 동물과 마찬가지로 살아 있는 연장, 즉 손만을 갖고 있고 나무나 무쇠나 강철로 만든 연장은 갖지 못했다고 싱싱해 보자.

인간은 새로운 연장을 발명하지도 못하고, 낡은 연장을 다시 고치지도 못할 것이다. 삽을 쓸 일이 생기면 삽처럼 생긴 손을 갖고 태어나야만 한다.

물론 이런 일들은 전혀 상상도 하지 못할 일이다.

가령 그와 같은 손을 가진 사람이 태어났다고 하자. 그 사람은 그 누구보다도 훌륭히 땅을 팔 수가 있을 것이다. 그러나 그 기술을 다른 사람에게 빌려 줄 수는 없다. 그것은 마치 좋은 눈을 가진 사람이 그 눈을 다른 사람에게 빌려 주지 못하는 것과 마찬가지다.

그 사람은 삽 모양의 손을 언제나 몸에 지니고 있어야 하고, 혹 다른 일을 하려고 하면 오히려 불편하다.

그 사람이 죽을 때는 그 삽도 죽어 버려 그 사람과 더불어 땅속에 묻히지 않으면 안 된다.

하지만 어쩌다가 이 삽은 그 손자나 증손이 머리카락 색이나 코의 형체를 이어받듯이 자손에게 전해질 수 있다.

또한 그것뿐만이 아니다. 그 삽은 생물에게 그것이 유해하지 않고 유익한 것일 때에만 그 종속(種屬) 속에 보존된다.

만약에 사람이 두더지처럼 땅속에서 산다면 물론 '그 손삽'은 필요할 것이다.

그러나 지상에서 살고 있는 생물로서는 그와 같은 모양의 손은 아무 소용 없는 것일 뿐이다.

다시 말하면 살아 있는 연장이 생기는 것은 그것이 절대적으로 그들 자신의 생활에 필요하기 때문이다.

이와 같이 인공적인 것이 아니라 살아 있는 자연의 새 연장이 태어나기 위해서는 많은 조건이 필요하다.

그러나 우리에게 있어서 다행한 일은 인간은 다른 길을 걸어왔다는 점이다. 인간은 자기 손에서 삽이 '생겨나는' 것을 기다리지 않았다. 인간은 삽뿐만 아니라 주머니칼, 도끼, 그 밖의 숱한 연장을 자기 자신이 직접 만들어 냈다.

조상에게서 물려받은 스무 개의 손가락과 발가락, 서른 두 개의 이빨 외에 인간은 길고 짧은 것, 굵고 가는 것, 예리하고 무딘 것, 그리고 뚫는 것과 자르는 것, 두드리는 것 등 몇천 가지의 다양한 손가락과 이빨과 어금니와 손톱과 주먹 등을 자기 것으로 만들었다.

그리하여 인간은 다른 동물과의 경쟁에서 그 무엇도 도저히 따를 수 없는 민활성을 얻었다.


인간의 일과 강물의 일

우리 조상들이 겨우 인간으로서의 면모를 갖춰 가기 시작한 그 당시에는, 그들 역시 '돌발톱'이나 '돌앞니'를 만들 줄 몰랐다.

그래서 우리가 버섯이나 딸기를 줍듯이 그저 주워 모을 뿐이었다. 즉 강가를 돌아다니며 오랜 시일에 걸쳐 자연의 작용으로 모서리가 깎이고 저며진 예리한 돌들을 찾았을 뿐이다.

이와 같이 알맞게 뾰족한 돌은 앞에서 이야기한 그 사납게 소용돌이치며 굽이쳐 흐르던 물가에 떨어져 있었다.

그 소용돌이치는 사나운 물줄기는 퇴적된 돌에 부딪쳐 큰소리를 내면서 돌들을 치고 깎고 했다. 이 사나운 물의 흐름은 그러한 자신의 작용으로 인해 앞으로 어떤 것이 생겨나는지에 대해서는 별로 마음을 쓰지 않았다. 그래서 자연적으로 가공된 많은 돌 중에서 인간에게 도움을 줄 만한 것은 겨우 몇 개에 불과했다.

거기서 인간은 돌로 자기가 필요한 것을 만들기 시작했다. 즉 자연 그대로의 것을 인공적으로 고쳐 자기들에게 알맞은 연장을 만들기 시작한 것이다.

이리하여, 그 뒤 인류의 역사 속에서 끊임없이 되풀이되는 일이 일어났다. 즉 인간은 자연 그대로의 것을 인공적인 것으로 바꾸기 시작했다. 인간은 자연의 위대한 작업장 한구석에 자연 속에는 없는 새로운 것을 만들어 내기 위하여 자기 자신의 작업장을 세웠다.

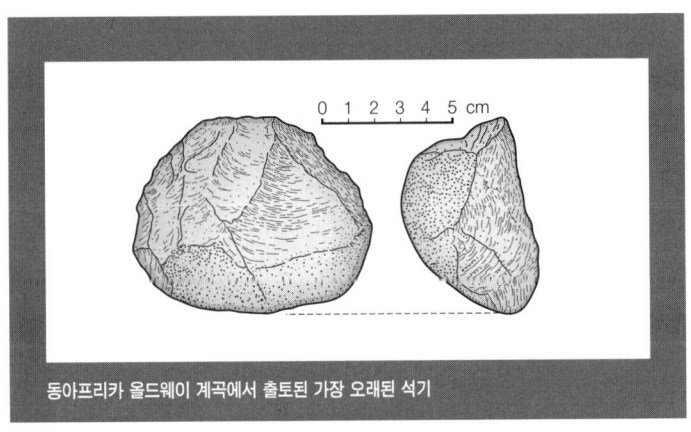

동아프리카 올드웨이 계곡에서 출토된 가장 오래된 석기

돌로 연장을 만드는 방법은 몇천 년 뒤 금속으로 된 연장을 만드는 데도 적용되었다. 즉 발견하기가 매우 어려웠던 천연 금속 대신 인간은 광석을 제련하여 쇠붙이를 얻는 방법을 생각해 냈다. 그리하여 인간은 자기 스스로 '발견한 것'이 자기 자신이 '창조한 것'으로 옮겨질 때마다 자유를 향한 새로운 한 걸음을 내딛었다. 거칠고 억센 자연의 힘에서 독립적인 새로운 한 걸음을 내딛은 것이다.

인간도 처음에는 연장을 만드는 재료를 스스로 만들 줄 몰랐다. 그것은 자연적으로 준비된 재료를 발견해, 거기에 새로운 형태를 보태는 일을 깨닫고 익히는 데서부터 시작되었다.

인간은 돌을 손에 쥐고 다른 돌을 두들겨 깸으로써 그것을 깎았다. 이런 연장은 무엇을 쪼갤 때에 편리했다. 그때 생기는 파편 또한 여러 가지 일에 이용되었다. 그것도 역시 깎고 뾰족하게 하고 부수는 데 사용되었다.

매우 깊은 땅속에서 발견된 고대의 연장들은 자연적으로 만들어진 돌과 매우 흡사하여, 이것을 만든 직공이 누구인지, 즉 인간인지 강물인지 아니면 물의 힘에 가세하여 함께 돌을 깨고 쪼개는 역할을 한 열기나 냉기인지 뚜렷이 구별해 말하기 힘든 것이 많다.

그러나 또 하나의 연장이 발견됨으로써 그것에 대한 의혹도 풀렸다. 지금은 진흙이나 모래의 두터운 층에 묻혀 있기는 하지만, 고대 강의 모래톱이나 둑을 파 보면 고대 인간의 작업장이 고스란히 발견되는 일이 있다. 그곳에서는 준비하고 보관해 두었던 돌의 파편이 원형 그대로 발견된다.

그와 같은 파편을 조사해 보면 인간이 돌을 쪼개기 위해 어디를 쳤는지, 보관하기 위해 크기를 어떻게 고르게 했는지 하는 것들을 확실히 알게 된다.

자연은 이와 같은 것을 만들지는 않는다.

그것을 할 수 있는 것은 오직 인간뿐이다.

자연이 목적도 계획도 없이 모든 일을 다만 저 스스로 되어 가도록 해 놓은 것은 명백한 사실이다. 강물의 소용돌이는 아무런 생각 없이 그냥 닥치는 대로 돌을 쳐서 깎는다.

하지만 똑같은 행위에도 인간은 의식적이고 목적이 있다. 이리하여 이 세상에 비로소 목적이나 계획이라는 것이 나타났다. 인간은 자연이 만들어 낸 돌을 개조함으로써 조금씩 자연 자체를 정정하고 변조시키는 일을 시작했다.

그리하여 이 일은 인간을 다른 동물보다 한층 더 높은 위치로 끌어올려 주었고 더욱 큰 자유를 안겨 주었다. 인간은 이제 자연이 적당한 돌을 떨어뜨려 주느냐, 주지 않느냐에 대해서는 관심도 갖지 않았다. 이제야말로 인간은 자기 자신을 위해서 자기 자신이 필요한 도구를 직접 만들게 된 것이다.


### 전기(傳記)의 시초

인간의 전기(傳記)는 언제 어디서 태어났는가 하는 것으로 시작되는 것이 보통이다.

가령, "이반 이바노비치 이바노프는 1879년 11월 23일에 탄보프의 거리에서 태어났다."고 하듯이.

때로는 같은 사연이 좀더 그럴듯한 말들로 쓰여지기도 한다.

"탄보프 변두리의 한 오막살이에서 이반 이바노비치 이바노프가 태어난 것은 1879년 11월의 어느 비 오는 날이었다. 그는 자기 이름과 자기 고향을 영광스럽게 할 운명을 지니고 태어났다."

우리는 이 책에서 이미 상당한 페이지를 소비해 왔지만, 우리의 주인공인 인간이 언제 어디서 태어났는가에 대해서는 아직 한 마디도 말하지 않았다.

뿐만 아니라 우리는 주인공의 이름조차 분명하게 말하고 있지 않은 형편이다. 어떤 페이지에서는 '원인(猿人)'이라 부르는가 하면, 다른 페이지에서는 '반인간'이라 부르기도 하고, 또다른 페이지에서는 좀더 흐리멍덩하게 '우리의 숲의 조상'이라고 불렀을 뿐이다.

여기에 대해서 약간의 변명을 하지 않으면 안 되겠다.

우선 주인공 이름에서부터 시작하자.

우리는 사실 주인공 이름을 분명하게 부르고 싶어도 부를 수가 없다. 너무나 많은 이름이 있기 때문이다.

어떤 전기라도 좋으니 한번 훑어보자.

첫 페이지에서부터 마지막 페이지에 이르기까지 주인공은

성장한다. 아이가 어른이 되고, 콧수염이나 턱수염을 길러도 그 이름은 대개의 경우 변하지 않는다. 태어났을 때에 이반이라는 이름이 붙여졌으면 한평생을 마칠 때까지 이반이라는 이름 그대로다.

우리 주인공의 경우는 사정이 좀더 복잡하다.

우리 주인공은 이 책에서 장(章)이 바뀔 때마다 변해 가므로, 싫든 좋든 간에 그 이름도 바꿔 가지 않으면 안 된다.

물론 맨 처음부터 '인간'이라는 이름이 주어졌으면 일은 간단할 것이다. 그러나 현재와 같은 인간과 아직 원숭이 쪽을 많이 닮은 피테칸트로푸스를 같은 이름으로 부를 수 있을까?

시난트로푸스에 이르면 원숭이와 닮은 점은 점차 적어진다. 그렇다고 '인간'이라 부를 수는 없다. '하이델베르크인'에 이르면 더욱 우리와 가까워진다. 하지만 이것은 하이델베르크 근처에서 발견된 한 개의 턱뼈에 지나지 않는 것으로, 대체 그 전모가 어떤 것이었는지 판단하기란 곤란하다.

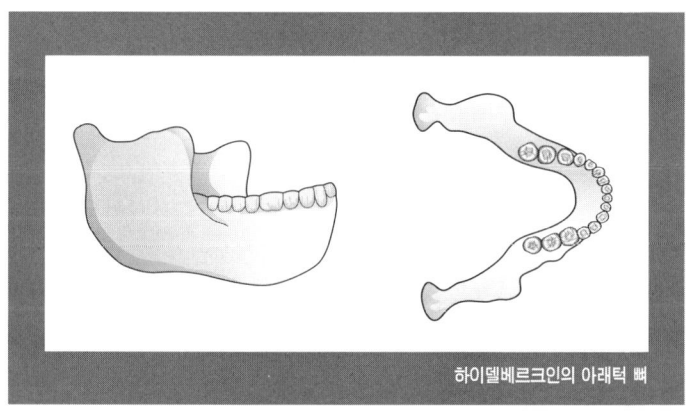

하이델베르크인의 아래턱 뼈

그러나 그 턱뼈를 살펴본 결과, '하이델베르크인'에게는 적어도 '인간'이라는 이름을 붙여도 괜찮겠다는 결론을 얻었다. 그 이빨은 짐승의 것이라기보다는 인간의 이빨이었고, 원숭이처럼 다른 이빨 위로 송곳니가 쑥 튀어나와 있지도 않았다.

그러나 이것도 아직 진짜 인간은 아니다. 그것은 밑으로 경사지게 내려간 원숭이 턱과 비슷한 선만 봐도 알 수 있다.

피테칸트로푸스, 시난트로푸스, 하이델베르크인, 이것만으로도 인간은 벌써 세 가지 이름을 갖고 있다.

그리고 이와 같은 이름의 행렬은 계속 이어진다.

'하이델베르크인' 뒤에는 '필트다운인'이 이어지고, 그 뒤로는 '네안데르탈인'이 이어지며, 또 그 뒤에는 '크로마뇽인'이 이어진다. 한 사람의 주인공에게 도대체 얼마나 많은 이름이 있는 것일까?

그러나 우리는 서두를 필요가 없다.

이 책의 이 장에서만은 우리 주인공의 이름은 '하이델베르크인'이다.

이들은 연장을 만들 재료를 찾아 강가를 돌아다니며, 돌로 돌을 깎아 간단한 도구를 만들었다. 이러한 석기는 지금도 고대 하천층(河川層)에서 발견된다.

여러분은 이제 우리의 주인공에게 이름을 붙인다는 일이 그리 쉬운 일이 아님을 깨달았을 것이다. 그러나 그보다 더욱 곤란한 것은 이들이 언제 태어났는가 하는 점이다.

우리 주인공이 언제 태어났는가를 정확하게 말할 수는 없다. 그도 그럴 것이 인간이 인간답게 된 것은 한 해 두 해의 일이 아니기 때문이다. 피테칸트로푸스와의 차이점이 생기는 데만도 몇십만 년이라는 세월이 걸렸으며, 시난트로푸스가 현재와 같은 인간이 되는 데도 역시 그만한 세월이 걸렸다. 만일 피테칸트로푸스가 약 100만 년 이전에 살았었다고 계산한다면 인간의 수명도 대략 100만 년 정도라고 할 수 있다.

무엇보다도 힘든 것은 우리 주인공이 태어난 장소다. 그것을 결정짓기 위해 우선 우리 주인공의 할머니 — 즉 이 할머니 원숭이로부터 인간도 침팬지도 고릴라도 태어났다고 했으므로 — 가 어디서 살고 있었는지를 분명하게 밝혀 보자.

학자들은 이 원숭이를 드리오피테쿠스라고 부른다. 그가 살고 있던 곳을 찾아보았더니 무척이나 많았다. 그 하나는 중부 유럽, 둘째 흔적은 북아프리카, 셋째 흔적은 남아시아 등지다.

그리고 또 피테칸트로푸스나 시난트로푸스의 뼈를 아시아에서, 하이델베르크인의 뼈를 유럽에서 발굴했다는 것을 상기해 보자.

이와 같은 고찰 후에, 태어난 고향이 어딘가를 말하려 해 보라! 그 나라는커녕 대륙을 정하기조차 곤란하지 않은가.

그러나 좀더 잘 생각해 보자.

고대 인간의 연장이 발견된 장소를 조사하면 어떨까? 인간은 그 도구를 만들기 시작했을 때에 비로소 인간이 된 것이 아닌가.

그 도구는 인간이 처음으로 나타난 곳이 어디였는지를 결정

짓는 데에 도움이 될지도 모른다.

세계 지도를 펼쳐 놓고 가장 오래된 고대의 도구인 '석기(石器)'가 발견된 장소에 표시를 해 간다. 지도 위에는 많은 표시가 드러난다. 그 표시는 유럽에 가장 많지만 아프리카나 아시아에도 있다.

그러나 이 일로 미루어 보아 인간이 처음 나타난 곳은 구대륙(아시아·유럽·아프리카)이며, 게다가 한 군데가 아니라 몇 군데나 된다는 결론을 얻게 된다.

그것은 당연한 결론이다. 인류는 단 한 쌍의 원숭이인 아담과 이브에게서만 나온 것이 아니기 때문이다. 원숭이가 진화하여 인간이 된 현상은, 한 무리의 원숭이나 한 장소에만 국한된 것이 아니었다. 즉 원숭이에서 인간이 될 수 있었던 것은, 인간이 될 만한 소지를 갖추고 있는 원숭이가 살고 있던 곳이라면 어디에서나 가능한 일이었다.


### 시간을 얻은 인간

철이나 석탄이나 불은 어떻게 해서 얻는지, 그것은 누구나 다 알고 있다.

그런데 시간이라는 것은 어떻게 얻는 것일까?

이것을 알고 있는 사람은 그리 많지 않을지도 모른다.

인간이 시간을 얻을 줄 알게 된 것은 꽤 오랜 옛날의 일이었다. 인간이 도구를 만들기 시작했을 때, 그 생활 속에는 새로운 일, 즉 참으로 인간다운 일은 노동이라는 개념이 생겼다. 그리고 이 노동이란 것은 시간을 필요로 했다. 돌 연장을 만들기 위해서는 우선 그것에 적합한 돌을 찾는 일이 필요하다. 그러나 그것은 그다지 쉬운 일이 아니다. 아무 돌이나 연장으로 쓸 수 있는 것이 아니기 때문이다.

연장을 만드는 데 가장 적합한 것은 단단하고 모진, 부싯돌이 될 만한 돌이다. 그런데 이런 부싯돌은 아무 데서나 뒹구는 것이 아니다. 부싯돌을 찾아내려면 그 탐색을 위해서만도 적지 않은 시간이 필요하다. 게다가 많은 시간을 들인 탐색이 때로는 헛수고로 돌아갈 때도 있다. 이럴 때는 결국 그다지 훌륭하지 않은 돌이라도 집어 들어야 했으며, 사암(砂岩)이나 석회암 같은 부실한 재료로 만족해야 했다.

마침내 알맞은 돌을 찾아냈다 하더라도 그 돌로 어떤 연장을 만들기 위해서는 다른 돌로 두들기고 문지르고 깎아야 한다. 이 일은 또 많은 시간을 필요로 한다. 당시 인간의 손가락은 아직 현재의 것과 같이 재주를 부리지 못했으며, 민활하지도 못했다. 단지 일하는 것을 익혔을 뿐이었다. 그래서 옛날 인간들이 간단한 석기 하나를 만드는 데도 현재 우리가 무쇠로 도끼를 만들어 내는 것보다 훨씬 많은 시간을 소비했으리라는 것을 미루어 알 수 있다.

그러나 인간은 시간이라는 것을 대체 어디서 얻어 왔을까?

원시 시대의 인간에게는 거의 자유로운 시간이 없었다. 그들은 현대의 가장 바쁜 사람들보다도 더 자유가 적었을 것이다. 아침부터 저녁까지 숲과 숲 속의 초지(草地)를 돌아다니며 먹을 것을 구해 자기 입에 넣기도 하고, 또 먹을 수 있는 것이라면 무엇이든 자식들에게 갖다 주지 않으면 안 되었다. 그리하여 인간은 잠자는 시간을 제외한 거의 모든 시간을 온통 먹이를 찾는 일에 소비했다. 그리고 그 먹이가 풍족하지 않으면 늘 곤란을 겪어야 했다.

사실, 먹이란 것이 딸기나 호두나 달팽이나 나무의 새싹이나 잎사귀나 애벌레 같은 자질구레한 것들뿐이었다면 얼마나 많이 먹어야 했을까?

인간의 무리는 오늘날 야생 사슴의 무리처럼 숲 속에서 생활하고 있었다. 사슴의 무리는 이끼를 먹고 씹기만 하면 된다.

이렇게 하루 종일 먹이를 찾아 돌아다니기만 했다면 도대체 노동은 언제 했을까?

그런데 이 노동이란 것은 이상한 성질이 있다. 즉 노동은 시간을 빼앗을 뿐만 아니라 오히려 시간을 만들어 주기도 한다.

예를 들어 여러분이 다른 사람이라면 8시간 걸렸을 일을 4시간에 해냈다고 치자. 그것은 4시간이라는 시간을 얻은 것과 같다. 만일 또 여러분이 일을 두 배로 빨리 할 수 있는 도구를 생각해 냈다면, 그것은 전에 그 일 때문에 필요했던 시간의 절반을 얻는 동시에 그것을 사유로이 쓸 수 있다는 것을 의미한다.

이렇게 해서 고대인들은 이미 시간을 얻는 방법을 발견했다.

 돌을 깎는 데는 많은 시간을 소비해야 했지만, 대신 깎은 날카로운 돌을 이용해 나무 껍질 밑의 애벌레를 파내는 일이 아주 쉬워졌다.

 돌로 나뭇가지를 다듬는 데도 오랜 시간을 일하지 않으면 안 되었다. 그러나 그 막대기가 다 다듬어지면 땅속에서 식용(食用)이 되는 나무뿌리를 캐내는 일도, 숲 속에 사는 작은 동물을 죽이는 일도 전보다 아주 수월해졌다.

 그리하여 이 때문에 먹이를 모으는 일이 전보다 훨씬 빨라졌다. 즉 인간은 다른 노동에 쓸 수 있는 시간을 얻은 셈이다. 인간은 먹이를 찾아 돌아다니는 일에서 해방된 시간을 연장을 만들거나 그 연장을 더욱더 예리하고 우수한 것으로 진보시켜 가는 데 썼다. 그렇게 해서 만든 새로운 연장들은 다시 점차 더욱더 많은 시간을 인간에게 주었다.

 특히 인간으로 하여금 많은 시간을 쓸 수 있게 해준 것은 바로 사냥이었다. 반시간 정도만 노력하면 하루치의 고기를 얻을 수 있었기 때문이다. 하기야 처음 얼마 동안은 인간도 고기를 그리 자주 먹지는 못했다.

 왜냐하면 인간은 아직 본격적인 사냥꾼이 아니었기 때문이다. 그러면 인간은 무엇이었을까? 그 무렵의 인간은 사냥꾼이라기보다는 모든 먹이를 주워 모으는 채집가였다.

## 채집가로서의 인간

오늘날에는 채집하는 일이 어렵지 않다.

우리는 버섯이나 딸기를 따기 위해 하루 종일 숲 속을 헤맬 때가 있다. 이끼 속에서 갈색의 식용 버섯을 발견하거나, 풀 속에서 돌연 벨벳처럼 고운 그리고 저녁 노을 같은 새빨간 딸기를 발견한다는 것은 얼마나 큰 즐거움인가. 이끼나 풀 속에 다섯 손가락을 조심스럽게 밀어 넣어 검은 술이 달린 버섯의 단단하고 오동통한 대를 뽑아 내는 일은 또 얼마나 가슴 벅찬 기쁨인가.

그러나 버섯이나 딸기를 채집하는 일이 여러분의 본업이라고 상상해 보라. 여러분은 그것만으로 언제까지나 충족감을 느낄 수 있겠는가?

버섯을 따러 갔을 때, 바구니가 넘치도록 버섯을 가득 따서 돌아올 때도 있겠지만 아침부터 저녁까지 열심히 숲 속을 헤매도 전혀 따지 못하는 날도 있을 것이다.

내가 알고 있는 열 살짜리 여자아이는 숲으로 갈 때면 언제나 이렇게 자신 있게 말한다.

"자, 두고 보세요. 버섯을 100개도 넘게 따 올 테니까요."

그러나 소녀는 아무것도 따지 못한 채 빈손으로 돌아오기 일쑤다. 만약 이 아이의 집에 다른 식량이 없었으면 굶어 죽기에 안성맞춤이었을 것이다.

옛날 채집가로서의 인간의 경우는 더욱 조건이 나빴다.

그들이 굶어 죽지 않은 것은 좋은 먹이든 싫은 먹이든 가리지 않고 날마다 아침부터 저녁까지 찾아 돌아다녔기 때문이다.

우리의 주인공은 나무 위에 살고 있던 조상보다 더 강해지고 자유로워졌으나 아직도 몹시 가련한, 언제 굶어 죽을지 모르는 존재였다.

거기에다 이 지상에는 아주 무서운 재난이 닥쳐왔다.

# 4장 종말과 시작

### 재난이 닥치다

아직 그 원인은 밝혀지지 않았으나, 이 무렵 지구 북쪽에 있던 얼음 덩어리가 움직여 남쪽으로 미끄러져 내려오기 시작했다. 힘찬 빙괴(氷塊)의 흐름은 산을 덮고 평야를 휩쓸며 경사면을 파헤쳐 강을 만들었고, 산꼭대기를 깎아 냈으며, 잠식하고 부서뜨리면서 그 노획물로써 파편의 퇴적을 밀고 내려갔다. 다시 녹기 시작한 빙괴는 이제는 물줄기의 근원이 되고, 그 흐름은 거친 기세로 스스로 지상에 수로(水路)를 만들면서 앞으로 앞으로 흘러갔다.

빙괴는 공격해 오는 침략자의 대열처럼 북쪽으로부터 흘러왔다. 그 빙괴와 마주치는 분지나 협곡으로부터는 동류(同類)

의 빙하가 미끄러져 내려오기 시작했다.

빙괴가 흘러간 길은 지금도 러시아나 그 이웃 나라의 평지에 산재해 있는 거석(巨石)에서 그 자취를 찾아볼 수 있다.

또 카렐리야 지방의 밀림 속에서는 이따금 이끼 낀 거대한 돌이 발견되곤 한다. 대관절 무엇이 그렇게 큰 돌을 이런 곳에 운반해 놓았을까? 그것은 바로 빙괴다.

그 이전에도 빙괴는 남쪽으로 흘러내려온 적이 있었다. 그러나 이번만큼 멀리 떠내려온 적은 없었다. 러시아에서는 현재 스탈린그라드(지금의 볼고그라드)나 드네프로페트로프스크 등의 매우 먼 거리에까지 흘러왔다. 서유럽에서는 중부 독일의 산기슭까지 흘러왔으며, 그레이트브리튼 섬의 거의 전역을 덮어 버렸다. 아메리카 대륙에서는 남부의 슈피리어 호(湖) 근방까지 흘러내려왔다.

그러나 그 속도는 그다지 빠르지 않았기 때문에 인간이 살고 있던 지방에서는 별로 눈에 띄지 않는 변화였다. 그래서 그것을 당장 알아채지는 못했다.

처음에 빙하의 내습을 느낀 것은 육지에 살고 있던 생물이 아니라 바다에 살고 있던 생물들이었다.

해변은 아직도 전처럼 따뜻했다.

숲 속에는 여전히 월계수나 목련 등속의 무성함을 볼 수 있었다.

평원에는 무성한 풀을 짓밟으면서 거대한 코끼리나 코뿔소가 어슬렁거리고 있었다. 그런데 바다는 점차 차가워져 갔다.

해류, 즉 바닷속을 흐르고 있는 강물의 흐름은 북쪽으로부터 빙하의 한기(寒氣)를 옮겨 왔다. 때로는 깨진 빙괴의 파편도 운반해 왔다.

해안의 지층은, 지금도 우리에게 따뜻한 바다가 찬 바다로 변해 간 사실에 대해서 이야기해 준다.

그 무렵 육지에는 따뜻한 기후를 즐기는 식물이나 동물들이 아직 살고 있었으나 바닷속에 사는 것들은 이미 변해 가고 있었다.

그 당시에 형성된 지층을 살펴보면 추운 물속에서만 살 수 있는 연체동물의 무수한 껍질을 발견할 수 있다.


### 삼림의 투쟁

그러나 얼마 지나지 않아 육지에서도 빙괴가 다가왔다는 것을 느끼게 되었다.

북극이 남쪽으로 이동해 왔기 때문이다. 정말 어처구니없는 일이 아닌가. 그로 인해 툰드라도, 북방의 침엽수림 지대도 모두 남쪽으로 이동해 오기 시작했다.

툰드라는 시베리아의 대밀림 지대로 내습했다. 그러자 대밀림은 퇴각하면서 활엽수림 지대를 압박하기 시작했다.

몇천 년간에 걸친 삼림의 대투쟁이 시작된 것이다.

삼림은 현재도 서로 투쟁하고 있다. 이를테면 전나무와 백양나무는 언제나 서로 적이다.

전나무는 그늘을 좋아하지만 백양나무는 빛을 즐긴다.

전나무 숲에 있는 백양나무는 조그만 어린 나무인 채 자라지 못하고 그늘에 묻혀 있다. 전나무의 그늘 때문에 도무지 자랄 수 없기 때문이다.

그러나 사람이 전나무를 잘라 버리면 백양나무는 따뜻한 햇볕을 받아 금방 생기가 돌고 부쩍부쩍 자라난다.

이렇게 되면 주위의 모든 상황은 급속도로 변해 간다. 전나무 밑에 파랗게 깔려 있던 그늘을 좋아하는 이끼는 말라죽어 버린다. 아직 너무 어려서 베어 내지 않은 어린 전나무는 너무 밝은 빛을 받아 오히려 쇠약해져 간다. 널따란 그늘을 주던 전나무, 즉 그 어머니 전나무가 살아 있을 때에는 넓은 초록빛 치마 그늘에서 마음놓고 자랄 수 있었다. 그러나 태양의 강렬한 빛을 막아 주는 그늘이 없어지자 어린 전나무들은 약해지고 말라 들어갔다.

그 대신 백양나무는 의기양양해서 뻗어 오른다. 전에는 우연한 기회에 그 적수인 전나무가 지상에 흘려 버리는 얼마간의 빛을 얻었을 뿐이었는데, 이제 전나무는 베어지고 백양나무가 주인이 되었다.

그리하여 어두컴컴한 전나무 숲이 훤하게 밝은 백양나무 숲으로 바뀐다.

그리고 세월이 흐른다. 세월은 위대한 일꾼이다.

조금씩 조금씩 눈에 띄지 않게 숲의 구조를 개조해 간다. 백양나무는 점차 높이 자라고 그 꼭대기의 잎들은 울창해진다. 처음 얼마 동안은 나무 사이사이가 훤히 들여다보이고, 엉성하기 짝이 없던 그 발치의 그늘은 차차 짙고 어두워져 간다. 백양나무는 승리자가 되었지만, 그 승리 안에는 파멸이 숨어 있었다.

인간은 자기가 만들어 낸 '그늘' 때문에 멸망하거나 하는 일은 없다. 그러나 나무의 생활 속에는 그런 일이 있다. 백양나무 그늘 밑에는 그 적수인, 그늘을 좋아하는 전나무가 다시 번성하기 시작한다. 머지않아 그 땅 위는 억센 솔 같은 푸른빛의 작은 전나무들로 덮여 버린다. 다시 몇십 년이 지나면, 전나무의 키는 백양나무와 비슷해지고 숲은 두 가지 나뭇잎이 섞인 빛깔이 된다. 백양나무의 밝은 녹색 위로 검푸른 전나무가 머리를 내민다. 전나무는 더욱 높이 자라고 울창하게 우거져 결국 백양나무 숲은 햇볕이 차단되어 버린다.

이리하여 백양나무 숲의 종말이 온다. 전나무가 만들어 내는 그늘 속에서 쇠약해지고 말라 간다. 전나무는 생존의 권리를 획득한다. 전나무 숲은 백양나무를 이기고 자기의 옛 자리를 다시 점령한다.

인간의 도끼가 그 생활에 개입함으로써 숲은 이와 같은 투쟁을 계속했다.

그런데 빙하 시대의 추위가 그 숲 속에 닥쳐왔을 때 숲의 투쟁은 더욱 처절한 것이 되었다.

추위는 온대 식물을 멸망시키고 북쪽의 식물을 위해 길을 텄다. 소나무와 전나무와 자작나무 등은 떡갈나무나 보리수에 도전해 왔다. 퇴각하던 떡갈나무나 보리수는 최후의 상록수인 월계수 속(屬)과 목련 속을 숲에서 몰아냈다.

온대성의 연약한 나무들이 바람과 추위가 몰아치는 곳에서 살아나기란 어려운 일이다. 그래서 그 나무들은 침략자에게 자리를 내주고 멸망해 갔다. 산지(山地)에서 버티고 있는 편이 차라리 수월했다.

바람이 불어닥치지 못하는 분지에서는 온대성의 나무들도 포위당한 요새 안에 있는 것처럼 그런대로 버틸 수가 있었다. 그런데 산 위쪽에서 또다른 빙하가 미끄러져 내려오고, 마치 선봉대처럼 툰드라와 전나무와 백양나무가 밀어닥쳤다.

이와 같은 삼림의 투쟁은 몇천 년 동안이나 계속되었고, 퇴각하는 무리들, 즉 온대성 식물들은 점차 남쪽으로 물러났다.

그러면 침략자와의 싸움에 패퇴한 나무들의 숲에서 살고 있던 생물들은 어떻게 되었을까.

오늘날에도 숲이 몽땅 벌채되거나 화재로 소멸될 때면 그 속에서 살고 있던 생물들 대부분은 숲과 운명을 같이하기도 하고, 또 어떤 것들은 간신히 탈출하여 위기를 모면하기도 한다. 전나무 숲이 벌채됨과 더불어 그 주요 거주자인 잣새와 다람쥐, 그 밖의 여러 동물들도 모두 자취를 감춰 버린다.

그늘이 생겨 울창한 전나무가 들어섰던 곳에는 새로운 백양나무의 집이 들어서고, 이 새로운 집 속에는 다른 새들과 짐승들의 입주 잔치가 벌어진다.

그러나 다시 오랜 세월이 지나면 전나무는 다시 백양나무를 이겨서 물리치고 백양나무가 물러간 자리에 만들어진 전나무 숲에는 다시 잣새와 다람쥐 등 동료들이 모여들어 떠들썩해진다. 삼림은 식물과 동물과의 우연한 인연으로서가 아니라, 떼어 놓을 수 없는 필요 불가결한 하나의 온전한 세계로서 소멸하기도 하고 재생하기도 한다.

빙하 시대에도 마찬가지였다. 온대성의 숲이 소멸됨과 동시에 거기 살고 있던 생물들도 소멸되었다. 고대의 거대한 코끼리도 없어지고 코뿔소와 하마는 남쪽으로 갔다. 예로부터 인간의 적이었던 칼날 같은 이빨을 가진 마하이로드 호랑이도 소멸되었다.

이들 거대한 짐승과 더불어 수없이 많은 다른 짐승과 새들도 소멸하거나 남쪽으로 피신했다.

그렇게 될 수밖에 없었다. 어느 동물이건 사슬에 묶여 있기 때문에 자기들의 세계를, 즉 자기들의 숲을 떠날 수는 없었다. 그리하여 이 세계가 소멸하기 시작하자 많은 거주자들도 운명을 같이했다.

교목이나 관목이나 풀이 소멸되었을 때, 그 식물들을 먹고 그 지붕 밑에 몸을 의지했던 생물들은 먹이도 없고 살 곳도 잃은 채 겨우 생명을 유지해 나가다가, 결국 자신들이 소멸됨은 물론 이번에는 다른 동물들, 즉 맹수들까지 소멸의 길동무로 삼았다. 초식동물이 적어지면 그것을 잡아먹고 살던 맹수들도 아사 상태에 이르는 것은 당연한 결과가 아니겠는가.

'먹이 사슬'로 서로 묶여 있던 동물과 식물은 숲이 소멸되자 같이 소멸되어 버렸다.

이리하여 태고의 생물들은 '먹이 사슬'을 따라 멸종되기 시작했다.

생물들이 무사히 살아남으려면, 자기들을 속박하고 있는 여러 가지 사슬을 끊지 않으면 안 된다. 그들은 전과는 다른 먹이를 먹고 그 발톱과 이빨을 개조해야 했으며 한기를 피하기 위해 긴 털을 길러야 했다.

그러나 우리는 짐승이 변화하기란 얼마나 어려운 것인가를 잘 알고 있다. 그러기 위해서는 유전성(遺傳性)과 변이성(變異性)이라는 두 가지 작용의 도움을 받지 않으면 안 된다. 뿐만 아니라 이 두 작용은 참으로 오랜 세월을 필요로 한다. 남쪽의 생물이 북쪽으로부터 밀어닥친 숲에 적응해 살아남는다는 것은 힘든 일이었다.

그런데다가 밀려오는 북쪽의 숲과 함께 북슬북슬하게 털이 난 종속인 코뿔소와 매머드, 혈거(穴居) 사자와 곰 따위의 털북숭이 동물들까지 북쪽으로부터 몰려와 설쳤다. 그도 그럴 것이, 이 짐승들은 북쪽의 숲 속이 자기들 집이었다. 포근하게 몸을 감싼 그 털 하나하나가 얼마나 귀중한 것인가. 매머드나 북슬북슬 털이 난 종속의 코뿔소에게는 한기(寒氣) 같은 것은 아무것도 아니었다. 남쪽의 벌거숭이 코끼리나 코뿔소나 하마와는 전혀 사정이 달랐다. 북쪽의 짐승들 중 어떤 종속은 또다른 방법으로 한기로부터 몸을 보호할 줄 알았다. 그것은 굴속으로 피하는 방법이었다.

 북쪽의 짐승들은 숲 속에서 먹이를 찾아내는 일도 어렵지 않았다. 이것은 완전히 북쪽 짐승들의 숲이고 그들의 세계였으므로.

 그런데 소멸해 가는 숲의 거주자들은 이들 새로운 주민들과 투쟁을 계속하지 않으면 안 되었다.

 그러니까 그들 중에 끝까지 살아남은 종족이 얼마 되지 않는다 해도 별로 이상할 것은 없다.

 그렇다면 인간은? 인간은 어떻게 되었을까? 물론 무사히 살아남을 수 있었다. 만약에 소멸해 버렸다면 여러분이 이 책을 읽을 수나 있겠는가.

 그때까지 따뜻한 나라에 살고 있던 인간들에게 새로운 기후는 꽤 차긴 했어도 살아남기에 그리 어렵지 않았다.

 물론 빙하의 맹렬한 내습으로 인한 온갖 공포와 곤란을 겪어야 했던 곳에 살고 있던 자들에게는 사태가 더욱 어려워졌다.

 그들은 덜덜 떨면서 아이들을 감싸안고 서로의 체온으로 몸을 녹이면서 처음 겪는 무서운 겨울을 맞이했다.

 추위와 기아, 그리고 사나운 맹수들은 인간의 생명을 위협했다.

 만약 인간이 자기들의 주위에서 일이니고 있는 일을 옳게 의식할 수 있었다면 아마도 세계의 종말이 왔다고 생각했을 것이다.

세계의 종말

오늘날까지도 세계의 종말에 대한 의견들은 자주 화제에 오르고 있다.

중세기에 꼬리가 긴 혜성이 지구 상공에 나타났을 때, 사람들은 저마다 가슴에 성호를 그으면서 말했다.

"세계의 종말이 왔다."

흑사병이 크게 창궐하여 마을을 덮치고 온 마을이 전멸하다시피 했을 때도 사람들은 말했다.

"세계의 종말이 왔다."

기근과 계속된 전쟁으로 불안한 세상이 되자 미신을 믿는 사람들은 이렇게 중얼거렸다.

"이제 세계의 종말이 왔다."

그러나 세계의 종말은 좀처럼 오지 않았다.

이제 우리는 혜성이 나타나는 것이 사람들에게 미래를 예언해 주기 위해서가 아니라는 것을 잘 알고 있다. 혜성은 태양 주위의 자기 궤도를 돌고 있을 뿐이며, 지구의 사람들이 믿고 있는 미신과는 아무런 관계가 없다.

우리는 또 기아와 전염병과 전쟁조차도 결코 이 세계의 종말은 아니라는 것을 알고 있다. 중요한 것은 재액(災厄)의 원인을 아는 일이다. 그 원인만 안다면 재액과 싸우기가 쉬워진다.

그런데 세계의 종말을 예언하는 것은 단순히 무지몽매한 사람들뿐만이 아니다. 세계나 인류의 종말을 예언하는 학자들도 있다.

가령 어떤 학자는, 인류는 연료 부족으로 파멸될 것이라고 확언하고, 여러 가지 숫자를 들어 그것을 증명하려 한다.

사실 지구상의 석탄 매장량은 계속 줄어들고 있고, 삼림은 더할 나위 없이 황폐해져 가고 있으며, 석유는 앞으로 100년을 갈지 말지다. 지상의 연료가 떨어지면 공장의 기계는 돌아가지 않으며 기차도 움직이지 못한다. 집이나 거리의 불도 다 꺼져 버린다. 대부분의 인간은 추위와 기아로 죽어 버릴 것이고, 살아남은 자들은 다시금 원시적인 미개인으로 돌아갈 것이다.

생각만 해도 무서운 일이다.

이미 지상에 연료의 매장량이 얼마 남지 않았다는 것은 너무나 서글픈 사실이 아닌가. 언젠가는 반드시 연료라는 것이 없어지고 말 테니까.

그런데 그것이 정말 세계의 종말을 가져올까?

아니, 그렇지는 않다.

연료만이 이 지상에 있는 유일한 열원(熱源)이나 에너지의 원천은 아니기 때문이다. 중요한 에너지원으로 태양이 있지 않은가. 그러니까 인류는 연료의 저장량이 완전히 다하기 전에 태양 에너지를 이용하는 방법을 알게 될 것이다. 현재도 이미 태양열에 의한 발전소라든가, 밥을 짓는 방법 등이 시도되고 있지 않은가.

그러나 어떻게 해서라도 세계의 종말을 증명하고 싶어하는 사람들은, 태양도 또 언젠가는 반드시 식어 버릴 것이라고 주장한다. 벌써 태양은 다른 젊은 별들에 비하면 열량(熱量)이 훨씬 감소되었다. 그래서 지금으로부터 몇백만 년이 지나면 태양의 열도(熱度)는 내려가고 지구는 그 때문에 훨씬 추워질 것이다. 거대한 빙괴의 흐름은 내구력이 없는 인류쯤은 간단히 멸망시켜 버릴지도 모른다. 그때가 되면 지금 종려나무가 자라고 있는 곳을 백곰이 어슬렁거리며 돌아다닐 것이다. 그런 때가 되어도 인간이 무사히 생존하리라곤 생각할 수 없다.

물론 이 지상에 다시 빙하 시대가 온다면 그야말로 대단히 난감한 일이다. 그러나 그 옛날의 원시인들도 빙괴 속에서 살아남지 않았는가. 현재의 과학보다도 무한히 발달한 과학으로 무장한 미래의 인간들이 설령 꽉 들어찬 빙괴 속이라고 해서 파멸해 버리겠는가.

그들은 반드시 추위를 이겨 내는 온갖 방책을 세울 것이 틀림없다. 그 점은 지금도 확언할 수 있다. 무엇보다도 그들은 태양 빛의 도움으로 핵원자 에너지를 이용할 것이다.

핵원자의 에너지는 무한하다. 그것을 자유로이 이용할 수만 있으면 된다.

그러나 우리는 그렇게 멀고 먼 시대, 즉 아득히 먼 미래의 일보다도 오히려 그것보다 우리와 더 가까운 시대, 즉 과거 원시인 이야기로 다시 돌아가 보자.

새로운 세계의 시작

 만일 인간이 그의 고향인 숲에 매여 있던 사슬을 끊어 버리지 못했다면, 인간도 그 숲의 소멸과 더불어 멸망했을 것이다.
 그러나 세계의 종말이 온 것은 아니었다. 세계는 변했을 뿐이다. 옛 세계에는 종말이 왔으나 그것은 새로운 세계의 시작을 의미한다.
 이 새로운 세계에서 살아남기 위해, 인간은 자기 자신을 개조하지 않으면 안 되었다. 전에 먹던 먹이는 없어졌으므로 인간은 새로운 먹이를 얻는 방법을 익혀야만 했다. 소나무나 전나무의 열매들은 인간의 이빨에 맞지 않았으며, 남쪽 숲의 물기 많은 과실은 이미 없어져 버렸다.
 따뜻한 기후 대신 추운 기후가 찾아왔다.
 태양이 지구를 배반한 것만 같았다.
 인간은 추운 기후 속에서도 살아가는 법을 터득해야만 했다.
 다른 것이 되어야 한다! 더구나 아주 짧은 기간에.
 모든 생물 중에서 이러한 변화를 견뎌 낼 수 있는 것은 인간뿐이었다. 인간은 이때 이미 어떤 동물도 해내지 못할 정도로 자기 자신을 변조시킬 줄 알았다.
 인간의 공포의 대상이었던 칼날 같은 이빨을 가진 호랑이도 자기 몸뚱이에 두터운 털이 나게 할 수는 없었으나 인간에게는 그것이 가능했다.

인간은 곰을 죽여서 그 모피를 입을 수 있었으니 말이다.

그리고 칼날 같은 이빨을 가진 호랑이는 불을 일으킬 줄 몰랐다. 그러나 인간은 했다. 인간은 그때 이미 불을 이용할 줄 알았다.

인간은 자기 자신을 변화시키고 또 자연을 개조할 수 있을 정도로 성장했다.

그리고 그로부터 몇만 년이라는 세월이 흐른 지금도, 그 당시의 인간이 자연 속에서 변해 가며 자기 자신을 개변(改變)시킨 사실을 엿볼 수가 있다.


### 지층(地層)으로 된 책

인간이 살고 있는 대지는 마치 하나의 커다란 책처럼 우리의 발밑에 깔려 있다.

지각(地殼), 즉 지구 표면의 하나하나의 주름, 지층 하나하나의 층은 이 커다란 책의 페이지 위에 펼쳐져 있다. 책의 맨 첫 페이지는 대양(大洋)의 밑바닥이나 대륙의 지층 깊숙한 곳에 있다.

우리는 이 최초의 페이지, 최초의 장은 도저히 볼 수가 없다. 다만 거기에 쓰여 있는 것을 상상해 볼 뿐이다.

그러나 우리가 살고 있는 마지막 페이지에 가까워 오면 올수록, 그 책의 페이지는 점점 읽기가 수월해진다.

불에 탄 어느 페이지는 우리에게 지하의 용암이 어떻게 지상에 산맥을 만들어 놓았는가를 말해 주고 있다. 다른 페이지에서는 지각의 융기 현상이 어떻게 바다를 넓히기도 하고 좁히기도 했는가를 가르쳐 주고 있다.

또 페이지를 넘기다 보면, 바다 조개의 껍질처럼 흰 지층의 페이지 다음에, 석탄처럼 검은 페이지가 이어지고 있다.

그렇다. 이것이 바로 석탄이다.

우리는 그 검은 지층 속에서 지상에 빽빽하게 우거졌던 광대한 숲의 역사를 읽을 수가 있다. 어떤 장소에서는 정말로 책 속의 삽화처럼 나뭇잎이나 짐승의 뼈 같은 것의 자국을 본다. 그것은 석탄이 되어 버린, 언젠가 옛날에 이 숲에서 살고 있던 생물의 흔적이다.

인목, 목생 양치류, 노목 등으로 이루어진 석탄기의 숲 풍경

이렇게 페이지를 들춰 가는 동안에 우리는 지구의 전 역사를 읽는다. 그리고 마침내 표면의 마지막 페이지에 오면, 새로운 주인공인 인간이 그 모습을 나타낸다. 처음에는 이 위대한 책의 주인공이 얼핏 인간이 아닌 것처럼 보인다. 사실 인간은 고대의 거대한 코끼리나 코뿔소와 견주어 보면 보조 역할에 지나지 않는다.

그러나 이 새로운 주인공은 급기야 주역(主役)의 자리를 차지한다. 그리하여 마침내 인간은 이 위대한 책의 주인공이 될 뿐만 아니라 저자의 한 사람이 되기까지 한다.

보라. 빙하 시대의 지층 속에 있는 하천 대지(臺地)의 단면에는 뚜렷이 보이는 하나의 깊은 선이 있다.

위대한 책 속의 이 검은 선은 목탄으로 그려졌다. 진흙과 모래 속에서 갑자기 목탄층(木炭層)이 나타난 것은 무슨 까닭일까? 그 층에서 산불이라도 났다는 것인가?

그러나 만일 산불로 인한 것이었다면 넓은 범위의 불탄 자리가 남아 있을 텐데, 목탄으로 그려진 이 선은 아주 짧다. 이와 같은 목단층을 남길 수 있었던 것은 모닥불뿐이다.

뿐만 아니라 우리는 이 모닥불 주변에서 또 하나의 손의 자취를 발견한다. 즉 돌로 된 무기와 수렵으로 잡아 죽인 짐승의 뼛조각 등이 그것이다.

불과 수렵, 인간은 이것으로 빙피의 내습에 대비했다.

## 숲에서 나온 인간

인간은 북방의 거친 숲 속에서는 거의 아무것도 채집할 수가 없었다. 거기에서 인간은 그 자리에 가만히 있거나 주우러 오기를 기다리는 것 같은 사냥거리가 아니라 먹을 만한 짐승, 도망치고 숨고 저항하는 사냥거리를 찾아 뛰어다녔다.

더운 나라에 있었을 때부터도 그랬지만 이 무렵에 와서 인간은 전보다 더욱 많은 고기를 섭취했다.

고기는 흡족한 만복감을 인간에게 주었으며, 노동을 위한 시간도 늘어나게 해주었다. 영양분이 많은 육류는 인간의 두뇌 성장을 더욱 촉진시켰다.

그리하여 인간의 연장이 우수해질수록 수렵은 그 생활 속에서 더욱더 큰 비중을 차지하기 시작했다.

수렵이라는 것은 따뜻한 남쪽에서도 필요한 것이었지만, 북쪽 생활에서는 더욱더 없어서는 안 되는 것이었다.

인간은 더이상 작은 짐승으로는 만족하지 못했고, 커다란 사냥거리를 필요로 했다. 북방의 숲 속은 눈과 눈보라와 혹한의 생활 조건을 염두에 두어야 했으므로 수렵이 더욱 필요했고, 오랫동안 고기를 저장해 둘 필요가 있었다.

그렇다면 인간은 어떤 짐승을 사냥했을까?

그 무렵 숲 속을 돌아다니는 짐승은 그다지 많지 않았다. 숲 속의 평지에는 이끼를 뜯어먹는 사슴이 거닐고 있었다. 그런데 큰 짐승들은 숲 속에서보다는 벌판에서 많이 살았다. 그 끝없이 넓은 들판에는 거칠고 털이 많은 말이 무리를 지어 풀을 뜯고 있었고, 등 굽은 들소 떼들이 폭풍처럼 대지를 뒤흔들며 몰려다녔다. 털짐승으로서는 가장 거대한 매머드가 마치 살아 있는 산처럼 천천히 그 둔한 몸을 움직였다.

이러한 짐승들이 바로 원시인의 눈에는 도망치는 고깃덩이로 보였다. 놀리기라도 하듯, 뒤돌아보며 손짓해 부르는 것 같은 먹이였다. 그리하여 인간은 그 사냥거리의 뒤를 쫓아, 태어나서 자란 그들의 고향인 숲으로부터 뛰쳐나왔다.

인간은 먼 벌판에까지 짐승의 뒤를 쫓아 계속 이주해 갔다. 그 모닥불의 자취라든가, 사냥터의 흔적은 숲으로부터 멀리 떨어진 곳에서도 발견할 수 있다. 그곳은 채집가로서의 인간, 즉 숲 속의 인간은 결코 살았던 적이 없었던 곳이며 또 살래야 살 수 없었던 장소였다.


언어의 필요성

원시적인 인간의 사냥터에는 지금도 그들이 사냥했던 짐승의 뼈가 남아 있다.

거기에는 누렇게 된 말의 갈비뼈와 뿔이 돋친 들소의 두개골, 그리고 쇠스랑 모양의 멧돼지 이빨 등이 있다. 이들 뼈들은 때로는 커다란 퇴적을 이루고 있다. 이것은 인간이 오랫동안 한곳에만 머물러 있었다는 것을 증명해 준다.

그리고 무엇보다도 흥미로운 일은 원시인이 사냥을 했던 곳에 말이나 멧돼지, 들소의 뼈와 함께 매머드의 거대한 뼈가 섞여 있다는 사실이다. 그 커다란 두개골과 활처럼 휜 긴 앞니며, 마찰기와 흡사한 이빨, 그리고 동체에서 떨어져 나간 거대한 다리 등이 때때로 발견된다.

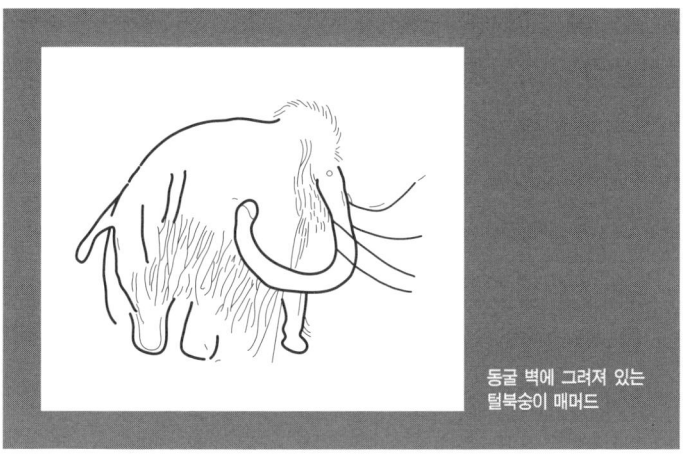

**동굴 벽에 그려져 있는 털북숭이 매머드**

매머드 같은 거대한 짐승을 잡으려면 얼마나 많은 용기와 힘이 필요했을까? 그러나 매머드를 죽여 그것을 잘게 잘라서 인간이 사는 곳까지 운반해 가기란 더욱 어려운 일이었다. 다리 하나만 해도 1톤 이상의 무게가 나가고, 두개골 속이 사람 하나쯤은 넉넉히 들어가 앉을 만큼이나 큰 동물이었으니까.

특별히 제조한 엽총을 갖고 다니는 현대의 코끼리 사냥꾼도 상대가 매머드라면 그리 수월찮을 것이다. 더구나 원시인에게는 총 같은 건 있지도 않았다. 무기라고 해야 고작 돌로 만든 작은 칼과 뾰족한 돌 조각을 막대 끝에 꽂은 창 정도였다.

인간이 채집가에서 수렵가가 되기까지의 몇천 년 사이에, 돌 무기도 변하여 예리하고 우수한 것이 되었다는 것은 사실이다. 인간은 돌로 창칼이나 창 끝을 만들기 위해서 우선 돌의 표면을 쳐서 부셔서 없앴고, 울퉁불퉁 모가 난 곳을 깎아 냈으며, 그 돌을 평평한 널빤지 모양으로 쪼갠 다음 필요한 칼날을 만들었다.

부싯돌 같은 너무나 단단하고 부적당한 재료로 칼을 만들기 위해서는 상당한 솜씨와 적지 않은 시간이 필요한 법이다.

그러므로 인간은 돌 연장을 만들면 쓰고 난 뒤에도 일단 버리지 않고 소중하게 간수했으며, 무디어지면 다시 갈아 썼다. 인간은 연장을 소중히 했다. 자기의 노동, 자기의 시간을 소중히 생각했기 때문이다.

그러나 아무리 발달해도 돌은 역시 돌이다. 돌촉을 박은 창 정도는 매머드 같은 짐승과 대결할 수 있는 훌륭한 무기가 되지 못한다. 매머드는 전함의 강철과 같은 단단한 껍질을 쓰고 있기 때문이다.

그런데도 인간은 매머드를 잡아먹었다. 야영지에서 발견되는 매머드의 두개골이나 앞니가 우리에게 그것을 말해 준다.

그렇다면 원시적인 사냥꾼들이 어떻게 매머드와 대결했을까? 그것은 '인간'이란 말이 지닌 깊은 뜻을 아는 사람만이 이해할 수 있는 일이다. 그것을 올바르게 읽어 내는 사람이란, 입으로는 '인간'이라고 말하지만 그 말에 내포되어 있는 '인간들'이라는 의미를 아는 사람을 말한다.

  인간은 결코 혼자서 따로따로 매머드에게 이긴 것이 아니다. 만약 인간이 언제나 혼자라고 생각했다면 현재와 같은 인간이 될 수 있었겠는가? 인간은 결코 혼자서 행동하지 않았다. 모든 인간들이 서로 협력하여 도구를 만들고, 사냥하고, 불을 얻고, 집을 짓고, 밭을 일구는 일을 익혔다. 한 사람의 인간이 아니라 몇백만이라는 인간이 힘을 합해 노력함으로써 비로소 오늘과 같은 문화도 과학도 창조되었다.

  오직 혼자였다면 인간은 언제까지나 짐승과 같은 상태에 머물러 있었을 것이다.

  인간은 몇천 년에 걸친 공동의 노력과 집단 노동에 의해 비로소 짐승에서 인간으로 변모할 수 있었다.

  원시 시대의 사냥꾼을 무인도에서 홀로 견디고 자급자족한 로빈슨 크루소에 비유해 써 놓은 책이 있기는 하다.

  그러나 만일 인간이 정말로 로빈슨 크루소처럼 혼자였다면, 즉 인간들이 집단이 아니라 제각기 흩어져 살았다면 결코 오늘날과 같은 '인간'은 되지 못했을 것이며, 문화를 창조해 내지도 못했을 것이다.

  사실 로빈슨의 경우도 다니엘 디포가 쓴 것처럼 그렇게 순조롭지는 못했다. 다니엘 디포는 실제로 있었던 어느 선원의 이야기를 바탕으로 이 책을 썼는데, 이 뱃사람은 선상(船上) 폭동의 장본인이었다. 그는 그 벌로 어느 작은 무인도에 혼자 버려졌다. 오랜 세월이 흐른 뒤에 그 고도를 찾은 사람들은 그 선원이 완전히 야성화하여 거의 말조차 제대로 할 수 없게 된 것을 발견했다. 즉 그 사람은 인간보다는 오히려 짐승에 가까울 정도로 변해 있었다.

이것으로 미루어 볼 때 인간은 혼자서는 절대로 살아갈 수 없다는 것을 알 수 있다.

그렇다면 원시인의 경우에는 더 말할 필요조차 없을 것이다. 그들이 인간으로 될 수 있었던 것은 모두가 같이 살고 같이 사냥하고, 같이 연장을 만들었기 때문이다.

인간들은 떼를 지어 매머드의 뒤를 쫓았다. 한 자루가 아니라 몇십 자루의 창이 그 털북숭이의 옆구리를 꿰뚫었다. 그럴 때 인간의 무리는 마치 다리나 팔이 몇십 개나 되는 한 마리의 동물 같았다. 또한 수족뿐 아니라 몇십 개의 두뇌도 함께 활동했다.

매머드는 인간보다 몇십 배 크고 힘도 세었다. 그러나 인간들의 지혜는 매머드를 훨씬 더 능가했다. 매머드의 중량으로는 인간을 짓뭉개는 것쯤은 아무것도 아니었으나, 인간들은 이 거대한 짐승을 때려눕히기 위해서 대지조차 간신히 떠받치고 있는 것 같은 그 중량을 역이용했다.

인간들은 매머드를 사면으로 에워싼 다음 그 주위의 풀밭에 불을 질렀다. 매머드는 활활 타는 불빛 때문에 눈이 뒤집혔고, 털은 타서 그을었으므로 그저 정신없이 불길이 몰아대는 방향으로 도망쳤다. 그러나 그 불은 인간들의 교활한 계교대로 매머드를 늪지 쪽으로 몰고 갔다. 늪지에 들어선 매머드는 늪 위에 세워진 돌집처럼 차츰 가라앉는다. 매머드는 천둥 같은 울부짖음으로 대기를 진동시키며 발을 늪지에서 빼내려고 버둥거려 보지만, 몸을 움직일 때마다 늪지는 더욱더 깊이 매머드를 끌어들인다.

그러면 인간들은 이제 매머드를 죽이기만 하면 된다.

매머드를 쫓고 죽이기란 수월한 일이 아니었다. 더욱 어려운 것은 그것을 그들의 집까지 운반하는 일이었다. 대개의 경우 그들의 숙소는 높고 축축하지 않은 강 둑에 있었다. 그곳에서는 강물을 마실 수 있고, 또 그 옆은 여울이나 강가에서 연장의 재료인 돌을 구할 수가 있기 때문이다.

결국 매머드를 가장 낮은 늪지에서 강 언덕까지 끌어올리지 않으면 안 되었다.

그럴 때도 두 개의 손이 아니라 몇십 개의 많은 손이 일을 했다. 인간들은 돌촉 끝으로 끈덕지게 매머드의 두꺼운 가죽을 찢고 단단한 힘줄을 끊었으며 억센 근육을 갈랐다.

경험이 풍부한 자들, 즉 노인들은 어디를 자르면 쉽게 턱뼈가 빠지고 다리가 동체에서 떨어지는지를 젊은이들에게 가르쳐 주었다. 그리하여 마침내 매머드를 처리한 인간들은 자기들이 사는 곳으로 운반하기 시작했다.

이 노동을 사이좋게 협력하며 진행시키기 위해서 몇십 명의 인간들은 서로 무엇인가 외침 소리를 주고받으며 털북숭이의 거대한 다리와 땅에 늘어진 채 질질 끌리는 긴 코가 달린 머리를 끌고 갔다.

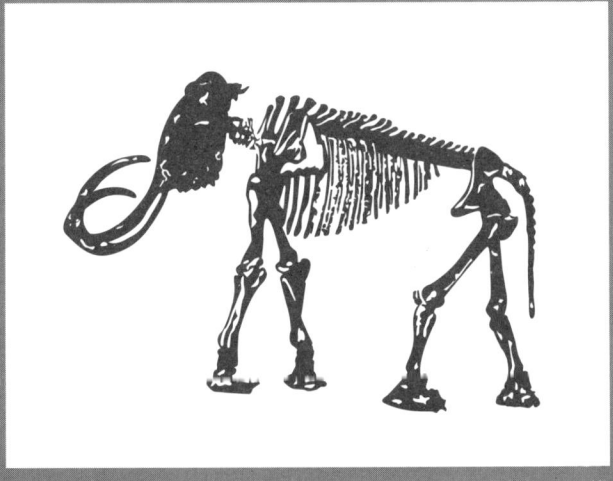

빙하 시대의 매머드 복원상, 몸 높이 3.7m(상)
매머드의 골격 모형도(하)

땀을 뻘뻘 흘리며 이윽고 숙소에 당도하면 그들은 흥겨운 잔치를 벌였다. 인간들은 매머드야말로 오랫동안 고대해 온 다시없는 먹이임을 알고 있었으며, 또한 며칠이든 두고 먹을 수 있는 사냥거리라는 것을 잘 알고 있었다.


경쟁의 종말

인간과 다른 동물과의 경쟁은 끝이 났다. 가장 거대한 짐승을 쓰러뜨린 인간은 승리자로서 결승점에 뛰어들었다.

그것은 단순한 달리기 경주가 아니었다. 먹이를 위한 경쟁이었다. 먹느냐 먹히느냐 하는. 결국 인간은 모든 것을 먹을 수 있으나 아무것도에도 먹히지 않는 존재가 되었다.

그리하여 이 지상에는 인간의 수가 급격히 증가했고, 몇백 년이 지날 때마다, 몇천 년이 지날 때마다 그 수는 자꾸만 불어나 마침내는 세계 어느 곳에서나 살게 되었다.

즉 다른 어떤 동물들도 하지 못하는 일을 해낸 것이다.

예를 들어 토끼가 인간처럼 이렇게 많은 수로 늘어날 수 있을까?

말할 것도 없이 그것은 불가능한 일이다. 토끼의 수가 20억 마리쯤 되면 그들의 식량은 모자랄 뿐만 아니라 토끼의 수가 불어남에 따라 이리의 수 또한 불어날 것이다. 결국 이리는 다시 토끼의 수를 줄여 줄 것이다.

다시 말해 동물의 수라는 것은 무한정 불어날 수가 없다. 그 동물이 먹는 것, 그리고 그 동물을 먹는 다른 동물들과의 관계라는 한계 때문이다. 하기야 집토끼의 수가 급격히 늘어나 인간들이 곤란하게 되는 경우도 있을 수는 있다. 토끼를 받아들인 오스트레일리아가 그랬다. 사육 토끼가 엄청나게 번식하자 채소밭이 쑥밭이 된 것이다. 파괴된 질서를 바로잡고 불어난 사육 토끼의 수를 줄이기 위해서 오스트레일리아는 서둘러 유럽에 여우를 주문하지 않으면 안 되었다.

그렇지만 인간은 자연 속에 존재해 있던 균형을 깨뜨리고 스스로 그것을 고쳐 세웠다.

인간은 벌써부터 자연이 동물을 얽매어 놓고 있던 일체의 한계성을 깨뜨리고 이를 자기 자신을 위해 넓혀 나갔다. 인간은 연장을 만드는 일을 알고 나서부터 딴 먹이를 먹었고, 필요한 것은 무엇이든 자연으로부터 얻어 왔다. 이전에는 인간의 한 무리만이 떼를 지어 살던 장소에서 이제 두셋의 무리들이 함께 떼를 지어 살아갔다.

그 뒤 큰 짐승을 사냥하면서부터는 자연 속에 자신들이 살 자리를 더욱 굳히고 넓혀 갔다.

인간은 이미 식물을 채집하기 위해 이리저리 옮겨다닐 필요가 없어졌다. 대신에 들소나 말 또는 매머드가 무성한 풀을 먹으면서 초원을 돌아다녔다. 하루하루가 지나고 1년이 지나는 동안 그들 짐승의 무리는 몇 톤이라는 풀을 몇 킬로그램이라는 고기로 바꾸면서 살쪄 갔다. 그리하여 인간이 들소나 매머드를 잡으면 오랜 세월에 걸쳐 저장한 다량의 물질과 에너지를 당장에 자기의 것으로 비축할 수가 있었다.

　식량의 비축은 대단히 중요하다. 비바람이나 눈보라가 심할 때에는 식량을 찾아 나설 엄두를 내지 못하기 때문이다. 겨울이건 여름이건 따뜻했던 행복한 시대는 이미 지나가 버렸다.

　그런데 하나의 변화는 바로 또다른 변화를 불러일으켰다. 식량을 비축하기 시작한 인간은 옮겨 사는 것이 불편했으므로 정주할 장소를 필요로 했다. 언제까지나 매머드의 고깃덩이를 끌고 돌아다닐 수는 없지 않은가.

　다른 이유로도 인간은 이제 일정한 집이 없는 방황자로 있을 수 없었다. 이전에는 맹수로부터 몸을 보호하기 위해서 나무를 하룻밤의 은신처로 삼았지만, 이제 와서는 그다지 맹수를 두려워하지 않았다. 그 대신 다른 하나의 적, 즉 추위로부터 몸을 보호해야 했다.

　추위나 눈보라로부터 몸을 지키기 위해서 인간에겐 좀더 견고한 은신처가 필요하게 되었다.


　인간이 만든 제2의 자연


　광내한, 그리고 추운 세계의 인간이 스스로 직지만 따뜻한 자기 자신의 세계를 세우기 시작한 때가 마침내 온 것이다. 동굴 입구에, 또는 큰 바위 밑에 인간은 짐승의 가죽이나 나뭇가지로 비도 오지 않고 눈도 바람도 불지 않는 인공의 하늘을 만들었다. 인간은 그 작은 세계 속에서 밤에는 어둠을 밝혀 주고, 겨울에는 따뜻하게 해주는 태양을 만들었다.

지금도 원시 시대 사냥꾼들이 야영을 하던 곳에는 움막 지붕, 즉 인공적인 하늘을 받치고 있던 기둥을 묻었던 흔적인 구덩이가 남아 있다. 아직도 기둥과 기둥 사이에는 화덕, 즉 '인공적인 태양'을 둘러쌌던 돌들이 탄화(炭化)된 채, 벽은 이미 옛날에 무너져 버렸으나 그래도 그것이 있었던 자리를 뚜렷이 보여 준다. 이 작은 세계 속의 모든 흙이라는 흙이 인간, 즉 그 창설자에 대해서 말해 주고 있다.

조그만 돌칼과 같은 연장, 부싯돌의 파편, 동물의 뼛조각, 화덕의 숯과 재 등이 모두 모래나 진흙에 섞여 남아 있으며, 그것은 인간의 손이 닿지 않고서는 그렇게 될 수 없는 부자연스러운 형태로 섞여 있다.

그러나 이미 아득한 옛날에 없어져 버린 이 인간의 거처 밖으로, 이제는 눈에 보이지 않는 그 벽으로 조금만 나와도 인간의 노동을 상기시킬 만한 흔적 같은 것은 전혀 눈에 띄지 않는다. 땅을 파 보아도 그 속에는 연장도, 모닥불을 피운 자리의 숯이며 재도, 동물의 뼈도 보이지 않는다.

이처럼 인간이 만든 '제2의 자연'은 보이지 않는 선(線)이라도 그어 놓은 듯이 그 주위의 일체의 것과 명확히 격리되어 있다.

인간이 노동을 한 흔적을 남기고 있는 지면을 파헤쳐 들어가 돌칼이나 이미 옛날에 없어져 버린 화덕을 다시 한 번 조사해 보면 우리는 한 세계의 종말이 곧 인간의 종말은 아님을 알게 된다. 그것은 인간이 자기를 위해서 자기 자신의 작은 세계를 창조할 수 있었기 때문이다.

# 5장 수천 년 동안의 학교


### 과거로의 첫 번째 여행

들소나 매머드를 사냥하던 때의 야영지에서는 대체로 두 가지 종류의 도구가 발견된다. 그 하나는 크고 다른 하나는 작다.

큰 쪽의 도구는 양 측면을 날카롭게 만든 묵직한 세모꼴의 돌이고, 작은 쪽의 것은 한쪽에 날이 서 있는 끝이 뾰족한 길고 가벼운 얄팍한 돌이다.

이 두 종류의 도구는 각기 그 용도가 달랐음이 분명하다. 그렇지 않고서야 형태가 이렇게 다를 수는 없다.

그런데 그 이유는 무엇일까? 도구를 잘 조사해 보면 무엇인가 알 수 있을지 모른다.

두 종류가 모두 끝이 뾰족한 것은 자르고 쪼개는 데 쓴 것으로 짐작된다. 그 하나가 다른 하나보다 크고 무거운 것은 거친 일에 사용되었다는 것을 말해 준다. 그것을 갖고 일하기 위해서는 보다 센 힘이 필요했으리라는 것도 명백하다. 하지만 그것은 어떤 종류의 일이었을까? 이것을 알아내려면 석기 시대로 돌아가서 그 당시의 인간들이 석기로 어떤 일을 했는지를 관찰하는 것이 가장 좋다.

소설에서는 곧잘 '이야기는 6년 전으로 돌아가서' 따위의 말을 쓴다. 소설가는 어디에라도 원하는 곳으로 옮겨 갈 수 있고, 주인공에 대해서 좋게 써 내려갈 수도 있다.

그러나 진실한 역사를 이야기하고 있는 우리로서는 아무렇게나 막연한 글을 멋대로 꾸며 쓸 수는 없다. 게다가 우리는 10년 전은커녕 몇만 년 전으로 되돌아가지 않으면 안 된다.

그러나 석기 시대로 거슬러 올라갈 수는 있다.

여러분이 그렇게 하고자 한다면 우선 여행에 필요한 여러 가지를 준비해야 한다. 첫째로 필요한 것은 작은 자루에 접어 넣을 수 있는 여행용 텐트다. 그것은 방수 가공이 되어 있고, 조립식 대막대기, 줄을 맬 작은 버팀대, 그것을 두드려 박을 망치 등을 동반해야 한다.

텐트 외에도 여러 가지 것이 필요하다. 햇빛을 막는 코르크 모자, 도끼, 주전자, 석유 풍로, 컵, 수저, 자석, 지도 등을 트렁크에 넣고, 총을 준비한(석기 시대에는 사냥을 해야만 살 수 있으니까) 뒤 가까운 항구로 가서 배표를 사야 한다.

다만 출국 심사 직원에게 석기 시대로 간다고 이야기해서는 안 된다. 그런 말을 했다간 여러분은 아마 배가 아닌 정신 병원으로 끌려갈지도 모른다. 배표에는 '석기 시대행 왕복권'이라고 쓰여 있지는 않고 그저 '멜버른행'이라고만 쓰여 있을 것이다.

그 표를 가지고 오스트레일리아행 기선(汽船)을 탄다.

몇 주 뒤에는 그 기선이 여러분을 이 여행의 목적지에 데려다 줄 것이다.

문제는 현재 석기를 쓰고 있는 인간들이 어디 있느냐다. 오스트레일리아쯤이라면 무방하다. 시간 여행이 공간 여행으로 바뀐 것이다. 이 기선은 H. G. 웰스가 쓴 《타임머신》과 비슷하다.

오스트레일리아에는 아직도 석기를 쓰는 사람들이 살고 있다.

오스트레일리아에 도착한 우리는 여기저기에 관목이 자라고 있는 건조하고 광막한 초원을 가로질러 오지(奧地)로 간다. 즉 수렵 생활을 하고 있는 오스트레일리아 토인 마을로 가는 것이다. 이윽고 강가 나무 밑에 나무 껍질과 나뭇가지로 엮은 움막이 보인다.

움막 옆에서는 아이들이 뛰놀고, 어른들은 땅바닥에 앉아 무슨 일인가 하고 있다. 수세미 같은 머리카락, 턱수염이 더부룩한 노인이 세모꼴의 돌칼로 사냥한 캥거루 가죽을 벗기고 있다. 그렇다. 저 커다란 석기를 보려고 우리는 일부러 여기까지 먼 길을 여행했다.

그 곁에 여자 하나가 앉아, 길고 가느다란 얄팍한 돌로 짐승 가죽을 펴 놓고 옷을 마름질한다.

이것도 눈에 익은 물건이다. 이와 꼭 같은 좁고 길다란 돌칼을 유럽의 고대 사냥터에서 이미 발견하지 않았는가.

물론 현재의 오스트레일리아 토인은 원시 인간과 같지는 않다. 원시 시대 인간과는 몇천 세대(世代)나 떨어져 있다. 지금 그들의 석기는 오늘날까지 무사히 남겨져 온 멀고 먼 과거의 유물이다. 그런데 이들 과거의 유물들은 우리에게 여러 가지 사실을 설명해 준다.

가령 우리는 오스트레일리아인이 일하고 있는 것을 보면서 세모꼴의 커다란 석기는 남자들, 즉 사냥꾼들의 것이라는 것을 알 수 있다.

사냥할 때 그 세모꼴 도구로 짐승의 숨통을 끊고, 배를 가르고, 가죽을 벗겼다. 작은 도구는 여자들의 것으로 집안에서 쓰는 것이다. 그것으로 가죽을 베고 잘라서 옷을 만든다.

도구에 따라서 그 용도가 다르다는 사실은 여러 사람들이 하는 일 역시 다르다는 것을 증명한다. 이러한 구별은 원시 시대의 사냥꾼들 사이에서도 이미 뚜렷했다.

세월이 흐를수록 일은 점점 더 복잡해져만 갔다. 많은 일을 걸 치러히기 위해서는 한 사람은 이 일을, 다른 한 사람은 다른 일을 하지 않으면 안 되었다. 남자들이 짐승을 찾아내어 쫓고 있는 동안, 여자들도 두 손을 모으고 얌전히 앉아만 있지는 않았다. 즉 집을 짓고, 옷을 마름질하며, 나무뿌리를 모으고, 식량을 저장했다.

또한 노인과 젊은이가 하는 일의 성질도 각각 달랐다.


### 기술을 가르친 수천 년 동안의 학교

어떤 일이거나 숙련이란 것이 필요하다. 하지만 숙련이란 저절로 되는 것이 아니다. 누구에게선가 이어받지 않으면 안 된다.

만약에 큰 목수가 되려는 사람이 자기 스스로 도끼와 톱과 대패를 발명하고, 그 도구의 사용법까지 스스로 생각해 내야만 했다면 아마 이 세상에는 한 사람의 목수도 없었을 것이다.

만약에 지리를 배우기 위해 우리 모두가 저마다 온 세계를 돌아다니고, 새로 아메리카를 발견하며, 직접 아프리카를 답사하고, 에베레스트에 올라가거나 온갖 곶(串)과 지협(地峽)을 조사해야 한다면 설령 인간의 수명이 천 배로 늘어난다 해도 모자랄 것이다.

세월이 가면 갈수록 사람이 배워야 할 것은 더욱더 많아진다. 언제나 새로운 세대는 그 전 시대의 축적된 지식이나 보고나 발견 등을 이어받기 마련이다.

200년쯤 전에는 열여섯 살에 교수가 되는 일도 있었다. 현재 이 나이에 교수가 되려고 해 보자.

10년간은 학교를 마치는 일로 끝나 버릴 것이다. 그 뒤로도 배워야 할 것은 잔뜩 나온다. 해마다 어떤 학문이든 간에 새로운 발견이 있기 마련이다. 학문의 종류 역시 계속 불어난다. 이전에는 오직 하나의 물리학이라는 것이 있었을 뿐인데, 현재는 지구 물리학도 있고, 천체 물리학도 있다. 옛날에는 화학도 하나였으나 현재에는 생물 화학이며 농업 화학이며 지질 화학이 있다. 새로운 지식의 중압 밑에서 학문은 더욱더 성장하고 분류되어 간다. 마치 살아 있는 세포와 같다.

물론 석기 시대에는 학문이라는 것이 없었다. 인간들은 다만 여러 가지 경험을 겨우 쌓기 시작했을 뿐이다. 인간의 일도 현재처럼 복잡하지는 않았다. 때문에 그런 것들을 배우기 위해 그다지 많은 시간을 소비할 필요도 없었다. 하지만 역시 배움이라는 것은 필요했다.

짐승을 추적하고 그 껍질을 벗기며 집을 세우고 돌칼을 만들기 위해서도 숙련이 필요하고 기술이 필요했다.

그런데 어디서 그와 같은 기술을 얻은 것일까?

인간은 태어날 때부터 기술자가 아니다. 후천적으로 기술을 배우는 것이다. 이 점이야말로 인간이 다른 동물보다 훨씬 앞설 수 있다는 증거가 아니겠는가.

다른 동물은 털 빛깔이나 몸뚱이의 형체와 더불어 그들의 움직이는 연장과 몸에 붙은 숙련을 부모에게서 물려받는다. 멧돼지는 땅을 파는 것을 배울 필요가 없다. 편리한 주둥이와 코를 갖고 태어남으로써 이미 숙련공이 된 것이다. 설치류(齧

齒類) 동물이 나무를 쏠거나 깨물거나 하는 일을 익히기란 어렵지 않다. 그것에 편리한 앞니가 자연히 입 안에 생겨나 있지 않은가. 그러므로 다른 동물에게는 연장의 제작소는 말할 것도 없고 학교도 없다.

그런데 인간은 스스로 자기에게 필요한 도구를 만든다. 처음부터 그것을 가지고 태어나는 것은 아니다. 다시 말해 인간은 자신의 기술을 부모에게서 유전적으로 받고 태어나는 것이 아니라 교사나 작업상의 선배에게서 배운다.

물론 인간이 처음부터 문법 지식이나 수학 문제를 풀 능력을 가지고 태어나는 것이라면 게으름뱅이들도 크게 기뻐할 것이다. 그렇다면 학교에 갈 필요도 없어진다. 그러나 그렇게 되면 인간들은 오히려 곤란해진다. 학교가 없으면 인간들은 온갖 새로운 지식을 얻을 수 없을 뿐만 아니라 인간의 능력이나 기술은 다람쥐의 능력이나 기술과 마찬가지로 언제까지나 같은 수준에 머물러 있을 것이기 때문이다.

인류에게 있어서 다행한 것은 인간이 기술을 갖고 태어나지 않는다는 점이다. 인간들은 어디까지나 배워 가는 동물이다. 세대가 바뀔 때마다 인류 공유(公有)의 경험이라는 창고 안에 무언가 새것이 보태어진다. 경험은 끝없이 성장한다. 따라서 인간도 끝없이 진보하여 무지(無知)의 한계를 자꾸만 좁혀 간다.

학생들은 학교에서 배운다. 그러니까 인류 전체도 또한 학교에 다니면서 계속 새로운 것을 배우고 있다고 할 수 있다.

이 몇천 년 동안의 학교가 오늘날의 인간을 있게 한 것이다. 학교는 과학과 기술과 예술을 인간에게 주었다. 즉 문화라는 것을 인간에게 주었다.

인간은 그 옛날 석기 시대부터 몇천 년 동안 학교에 다녔다. 늙은 사냥꾼들은 젊은이들에게 힘든 수렵술을 가르쳤다. 즉 짐승이 땅 위에 남겨 놓은 흔적을 살펴보는 법을 가르치고, 어떻게 하면 짐승들이 놀라지 않게 가까이 다가갈 수 있는지를 가르쳤다.

현대에도 수렵이라는 것은 숙련을 필요로 한다. 그러나 오늘날의 수렵가는 스스로 총을 만들 필요가 없다는 것만으로도 훨씬 수월해졌다고 할 수 있다. 석기 시대의 사냥꾼들은 자기가 자기의 총, 즉 몽둥이, 작은 칼, 창칼 등을 만들어야 했다. 늙은 기술자는 이 점에서도 많은 것을 젊은이에게 가르칠 수 있었다.

여자들 또한 일을 배워야 했다. 여자들은 한꺼번에 집안일을 돌보고, 집을 짓고, 나무를 베고, 옷을 마름질하지 않으면 안 되었다.

인간의 무리 속에는 노련하게 여러 가지 일을 알고 있는 남녀들이 있기 마련이어서, 그들은 오랜 세월에 걸친 노동 생활의 경험을 젊은이들에게 전했다.

그런데 그 숙련이나 경험을 어떤 방법으로 다른 자에게 전했던 것일까?

설명을 해주거나 실제로 해 보는 것이다.

그런데 그러기 위해서는 말이 필요하다.

다른 동물은 새끼들에게 살아 있는 도구, 다시 말해 그 발이나 이빨 쓰는 방법을 가르쳐 주는 일이 없다. 그러므로 다른 동물은 말이 필요 없다.

그런데 인간에게는 말이란 필요 불가결한 것이었다.

모두가 협동하여 일하기 위해서도, 또 일의 경험이나 기술을 늙은이가 젊은이에게 전달하기 위해서도 말이 필요했다.

그렇다면 석기 시대의 인간은 과연 어떻게 말을 했을까?

### 과거로의 두 번째 여행

다시 한 번 과거로의 여행을 시도해 보자. 이번에는 매우 간단한 방법이다.

여행이라는 것은 반드시 기선을 타지 않고서도 할 수 있으니 말이다.

우리가 전화의 다이얼을 돌리기만 하면, 방에서 한 발짝 나가지 않더라도 즉시 모스크바에서 파리로, 파리에서 뉴욕으로, 뉴욕에서 봄베이로 옮겨 간다. 텔레비전을 통해서도 우리는 산이나 바다 저쪽의 먼 도시나, 먼 나라에 있는 사람들의 목소리를 들을 수 있다. 뿐만 아니라 그 모습도 볼 수 있다.

그런데 몇천 킬로미터, 몇만 킬로미터 정도가 아니라 몇천 년, 몇만 년 전 옛사람들의 목소리나 모습을 도대체 우리가 어떻게 듣고 볼 수 있단 말인가?

우리가 하늘의 대기를 타고 여행하듯이 그 힘에 의해 시간을 건너뛰어 여행할 수 있는 기계가 있을 수 있을까?

있다. 그것은 토키(talkie : 유성영화)다.

우리는 스크린 위에서 현재 있는 것뿐 아니라 전에 있었던 온갖 세계를 다 볼 수가 있다.

이를테면 지금 어느 곳에선가는 북극 탐험에서 돌아온 사람들을 환영하는 대군중이 흥분으로 아우성치고 있는가 하면, 성층권으로 향하는 새하얀 열기구(熱氣球)가 지구의 새로운 친구이기나 한 것처럼 흐느적거리며 상공으로 올라간다.

그런데 이 토키란 기선은 그것이 만들어진 해보다 더 이전의 시대로는 우리를 데려가지 못한다. 그리고 그것이 만들어진 것은 지극히 최근의 일이 아닌가. 처음으로 토키가 등장한 것은 1927년이었다.

'시간을 건너뛴 여행'이 한계를 넘어 그 이상 나아가면 우리는 다른 배로 옮겨 타지 않으면 안 된다. 우리는 기선에서 범선으로, 범선에서 단순한 보트로 옮겨 타야만 한다.

먼저 무성영화라는 것이 있다. 우리는 그 스크린을 통해 과거를 볼 수는 있으나 들을 수는 없다.

납관(蠟管) 축음기라는 것이 있다. 우리는 그것을 통해 갖가지 소리가 생동하는 삼라만상의 음역(音域)까지도 들을 수가 있다. 그러나 말하고 있는 사람을 볼 수는 없다.

그리고 이 배들 또한 우리를 배가 닻을 내리는 해변까지밖에는 더 데리고 가지 못한다.

영화는 우리에게 1895년 이전의 것을 보여 주지는 못한다.

축음기는 그것이 발명된 1877년까지만 우리를 데려다 줄 뿐이다.

금속판 사진은 인간의 미소나 시선을 그대로 담고 있다.

집에 있는 낡은 앨범을 보자. 녹색 벨벳 표지 밑에서 몇 세대에 걸친 생활이 펼쳐진다.

두꺼운 표지에는 1870년대의 의상을 걸친 여자아이의 빛바랜 사진이 붙어 있다. 그 여자아이는 옛날 사진사의 다락방에나 있었음직한 그림 물감으로 그려진 정원을 배경으로 하고 서 있다.

그것과 나란히 고풍스런 긴 베일을 쓴 신부와 보석이 박힌 반지를 낀 손을 반원형 대리석 원주 위에 올려놓은 깐깐해 보이는 뚱뚱한 대머리 신랑의 사진이 붙어 있다. 신랑은 신부보다 적어도 서른 살은 더 먹어 보인다. 신부는 옆 사진의 여자아이와 마찬가지로 천진하고 겁먹은 듯한 눈초리를 하고 있다.

이번에는 이 신부의 40년 혹은 50년 뒤의 사진이다. 여러분은 이제 제일 처음에 나왔던 여자 아이의 모습을 찾아보기 어려울 것이다. 검은 레이스의 삼각형 숄을 두르고, 그 이마에는 주름이 깊게 패였으며, 체념한 듯이 지칠 대로 지친 눈초리에, 입은 깊이 오므라져 있다.

그 반대쪽에는 손에 사진기를 든 예쁘장한 어린아이의 사진

이 있다. 그 사진 위의 여백을 비스듬히 가로질러 노인답게 떨리는 필적으로 쓴 다음과 같은 글귀가 있다.

'소중한 손자에게, 사랑하는 할머니로부터.'

앨범의 한 페이지에 인간의 전 생애가 펼쳐져 있다.

우리가 옛날로 거슬러 올라가면 갈수록 사진은 얼굴 표정이나 손의 움직임을 찍어 내는 것이 점점 서툴러진다. 오늘날 우리는 높이 도약하는 승마 선수나 물에 뛰어드는 수영 선수도 쉽게 사진에 담을 수 있다. 그러나 사진을 찍기 위해서 가로대가 달린 안락 의자에 앉히고, 머리와 어깨를 고정시켜 미동도 하지 못하게 하던 시대가 있었다.

인간이 살아 있는 인간이라기보다 마네킹을 닮은 것처럼 보이는 것도 당연한 일이다.

1838년. 이보다 더 옛날로 여행하기 위해서는 사진기같이 정확한 것이 아닌, 다른 과거의 증인들에게 일체를 의뢰하지 않으면 안 된다.

우리는 과거를 재현하기 위해서 미술관이나 박물관에 보존되어 있는 증거품을 비교해야만 한다.

몇백 년, 또 몇백 년이라는 세월이 이정표처럼 우리 곁을 쏜살같이 지나쳐 간다.

우리는 여행을 계속하기 위해서 다시 바꿔 탄다.

1456년. 이보다 더 옛날이 되면 이제 인쇄물도 없다. 정확한 활자는 기록인이 정성을 들인 필적으로 바뀐다.

기록인의 거위 깃털 펜은 천천히 양피지 위를 달린다. 우리는 그와 더불어 한 걸음, 한 걸음, 즉 한 자 한 자 과거 속으로 빠져 들어간다.

양피지에서 파피루스로, 그리고 사원 벽 같은 곳에 남아 있는 부조(浮彫)로, 이렇게 우리의 과거로의 여행은 점차 진척된다.

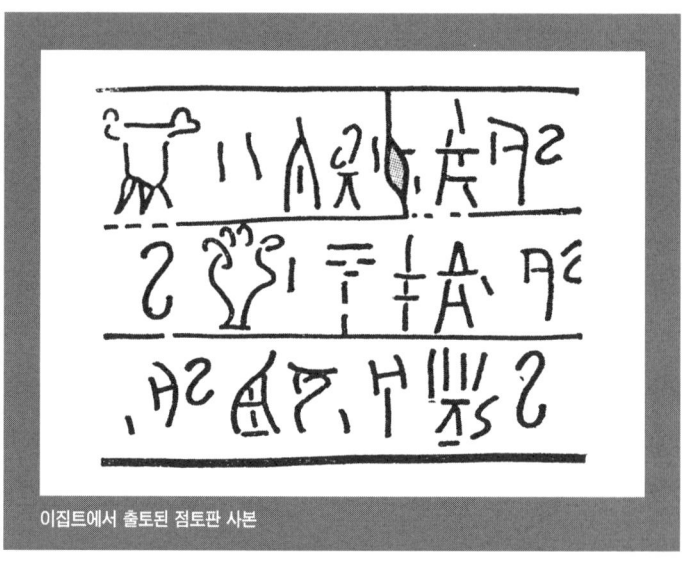

**이집트에서 출토된 점토판 사본**

과거의 사람들에 의하여 남겨진 문자는 점점 더 알기 어려워져 수수께끼와 비슷해진다.

그리고 끝내는 문자도 사라져 버리고, 과거의 목소리는 완전히 침묵한다.

그러면 이제 어떻게 그 앞으로 거슬러 올라가야 할 것인가?

우리는 지하에 있는 인간의 유적을 탐색하여 잊혀졌던 무덤을 파고, 고대의 연장이나 훨씬 이전에 파괴되어 버린 주거지의 돌, 아득한 옛날에 사라져 버린 화덕의 숯 등을 조사한다.

이 유품들은 인간이 어떤 모양으로 살며 일해 왔는지를 우리에게 말해 준다. 하지만 인간들이 어떤 식으로 대화하며 사색했는지를 말해 줄 수가 있을까?


### 말 없는 말

간혹 원시 시대 수렵지의 동굴 속 같은 데서 그들이 남겨 놓고 간 것들이 발견된다.

우리의 주인공은 지금 이야기해 온 몇만 년 동안 피테칸트로푸스에서 얼마나 진화했을까?

우리는 먼저 우리의 주인공을 앞으로 무엇이라 부를 것인가를 결정해야 한다.

왜냐하면 우리의 주인공은 이 책에서 장(章)이 바뀔 때마다 그 이름이 바뀌어 왔기 때문이다. 그러면 학문적으로 인정받은 이름으로 부르기로 하자. 그것은 네안데르탈인(人)이라는 이름이다. 이 이름은 매머드 시대의 인간의 두개골이 발견된 계곡의 이름에서 따온 것이다.

우리의 주인공을 새 이름으로 불러야겠다. 그는 옛날과 완전히 달라져 있으니까.

이제는 등도 곧고, 손은 한결 놀리기 쉬워졌으며, 얼굴도 더욱 인간다워졌다.

소설가들은 대개의 경우 여러 가지 수식어를 구사해 가며 주인공의 외모를 상세하게 그려 낸다. 즉 '불길같이 타오르는 눈'이라느니, '매처럼 날카로운 코'라느니, '까마귀 깃털처럼 검은 머리'라는 식으로.

그러나 소설가는 주인공의 두개골 부피에 대해서는 절대로 말하지 않을 것이다.

그렇지만 우리의 입장은 다르다. 우리에게는 주인공의 두개골 부피가 다른 무엇보다도 중요한 의미를 지닌다. 또 그 눈의 표정이나 머리 빛깔 따위보다도 훨씬 더 관심이 쏠린다. 네안데르탈인의 두개골의 부피를 주의 깊게 계량해 본 결과, 그 뇌가 피테칸트로푸스의 뇌보다 크다는 것을 자신 있게 말할 수 있다. 분명히 몇천 년간이라는 노동의 세월은 헛일이 아니었다. 그것은 인간의 모든 것을, 특히 무엇보다도 인간의 손과 머리를 크게 변화시켰다. 손은 노동을 해야 했고, 머리는 생각을 해야 했으므로.

인간은 석기를 사용하고 끊임없이 그것을 개량해 가면서 자신도 모르는 사이에 손가락으로 무슨 일이든 할 수 있고, 뇌 또한 점점 더 복잡해져 갔다.

네안데르탈인을 보면, 여러분도 아마 그가 원숭이라고는 생각지 않을 것이다.

그러나 아직도 그는 얼마나 원숭이를 닮아 있는가.

좁은 이마는 차양처럼 눈 위까지 처져 있고, 비스듬히 박힌 이빨은 앞으로 튀어나와 있다.

한마디로 말해 그의 이마와 턱이 우리와는 다르다. 이마는 뒤로 달려가듯이 선을 그리고, 턱은 겨우 있다는 것만 알 정도다. 거의 이마라고 할 만한 것이 없는 이 두개골에는 현대인의 뇌의 어느 부분은 도저히 들어갈 수도 없다. 경사지게 깎아지른 듯한 아래턱으로는 아직 인간의 말을 발음할 수 없을 것이다.

이와 같은 이마와 턱을 가진 인간은 현재의 우리처럼 사색하거나 대화할 수 없다.

그런데 네안데르탈인도 말을 할 필요는 있었다. 협동 작업이 그것을 요구했기 때문이다. 여럿이서 함께 일하기 위해서는 그 일에 대해 서로 말을 주고받을 필요가 있다. 턱뼈가 발달하고 두개골이 커질 때까지 기다릴 수는 없는 일이다. 그것을 기다리자면 몇천 년이나 걸릴 테니 말이다.

그러면 인간은 어떻게 서로 의사 소통을 했을까?

인간은 아직 말을 할 수 있는 특수한 기관을 갖고 있지 않았으므로, 그들은 온몸을 사용하여 의사 소통을 했다. 즉 안면의 근육이나 어깨와 손, 발 등 인간이 지닌 모든 것을 움직여 의사 소통을 했는데, 그중 제일 잘 통할 수 있는 것이 바로 손이었다.

여러분은 개와 이야기한 적이 있을 것이다. 개가 주인에게 무언가 알리고자 할 때, 개는 주인의 눈을 물끄러미 바라보거나 콧등으로 건드린다. 앞발을 무릎 위에 올려놓거나 꼬리를 흔들기도 한다. 또한 기지개를 켜며 초조한 듯이 하품을 하기도 한다. 개는 말을 못한다. 그러므로 코에서부터 꼬리까지 온몸으로 이야기할 수밖에 없다.

원시인 역시 입으로 말을 하지는 못했다. 그러나 손이 남과 의사 소통을 하는 데 도움을 주었다. 인간은 손으로 일하고 있었지만, 일하는 데 있어서 혀는 필요하지 않았다.

인간은 '잘라'라고 말하는 대신에 손을 휙 저어 보였다. '달라'고 말하는 대신에 손짓으로 부르는 시늉을 했다.

이럴 때, 목소리도 손짓의 효과를 도왔다. 즉 부르짖거나 외치거나 하면서 상대방의 주의를 먼저 끌고 나서, 자기의 손짓을 보도록 했기 때문이다.

그러나 어떻게 우리가 그런 사실을 알아낼 수 있었을까?

땅속에서 발견되는 석기의 파편이라면 모두가 과거의 파편이라 하겠지만, 인간의 손짓 발짓의 파편은 대체 어디서 발견할 수 있을까?

벌써 옛날에 썩어 버린 손의 움직임을 어떻게 재현시킬 수 있을까?

만일 원시인이 우리의 조상이 아니고, 또 우리 현대인에게 아무것도 남겨 놓지 않았다면 그것은 불가능했을 것이다.


몸짓으로 하는 말

그다지 오래된 일은 아니지만 레닌그라드(지금의 상트페테르부르크)에 한 아메리카 인디언이 왔다.

그는 '코에 쇠고리를 꿰지 않은' 종족으로, 얼핏 보아 그가 쇠몽둥이로 무장했으리라고는 상상할 수도 없었다.

이 아메리카로부터 온 손님은 인디언의 가죽신도 신고 있지 않았으며, 머리를 새의 깃털로 장식하지도 않았다. 그는 우리와 똑같은 양복을 입고 있었으며, 영어를 자기 종족의 말이나 다름없이 자유롭게 구사했다.

그런데 그 인디언은 영어와 자기 종족이 쓰는 말 이외에도 먼 옛날부터 아메리카 인디언 사이에 전해 내려온 말도 알고 있었다. 그것은 세계에서 가장 간단한 말이다.

여러분이 그 말을 배우고 싶으면 어미의 변화나 동사의 변화 따위를 공부할 것까지도 없다. 그 가운데는 예로부터 전해 내려오는, 그리고 우리가 공부할 때 몹시 애먹는 접속사나 형용사 같은 것도 없다. 왜냐하면 발음할 필요가 전혀 없기 때문이다.

손님으로 온 이 아메리카 인디언의 제3의 말이라는 것은 발성에 의한 말이 아니라 몸짓에 의한 말이었다.

여러분이 그 말의 사전을 만들게 된다면 몸짓말 사전의 첫 페이지는 이렇게 펼쳐질 것이다.

활 : 한 손에 보이지 않는 활을 들고 나머지 한 손으로 시위를 당기는 시늉을 한다.

집 : 양쪽 손가락 끝을 맞붙여 말안장 모양의 지붕 모양을 만들어 보인다.

백인(白人) : 이마에 옆으로 자르는 듯이 손바닥을 대어 모자 차양 모양을 만들어 보인다.

여우 : 두 손가락을 앞으로 내밀어 양쪽 귀와 같은 모양을 만들어 보인다.

토끼 : 여우의 경우와 마찬가지로, 두 손가락을 앞으로 내밀고 활 모양을 그리는 손짓을 한다. 이것은 두 개의 긴 귀와 토끼의 동그란 등을 뜻한다.

물고기 : 손바닥을 모로 세워 공중에서 좌우로 흔들어 보인다. 이것은 뒤꼬리로 좌우를 치며 헤엄쳐 가는 물고기의 모습을 나타낸다.

개구리 : 엄지손가락, 집게손가락, 가운뎃손가락을 합쳐 무슨 물건 위로 뛰어오르는 모양을 해 보인다.

구름 : 머리 위에 두 주먹을 얹고 구름이 덮어 내리는 모양을 해 보인다.

눈 : 구름과 마찬가지로, 두 주먹을 머리 위에 올렸다가 천천히 손을 펴며 밑으로 내린다. 펄펄 떨어져 내리는 눈송이를 뜻한다.

비 : 눈과 마찬가지로, 두 주먹을 올렸다가 갑자기 손을 펴며 아래로 홱 내린다.

별 : 머리 위로 높이 쳐든 두 개의 손가락을 별의 반짝임처럼 붙였다 떼었다 한다.

이렇게 무슨 말이든 손으로 허공에 그림을 그린다.

하기는 가장 오래된 글자가 문자가 아니라 그림이었던 것과 마찬가지로, 고대의 몸짓 손짓의 말도 역시 그려서 보여 주는 그림이었다.

물론 현재의 아메리카 인디언이 표현하는 손짓말은 원시의 인간들이 그것을 사용해 서로 이야기하던 말과 똑같은 것은 아니다. 아메리카 인디언의 말 속에는 고대로부터의 몸짓 손짓 외에도 원시인에게는 없었던 것이 눈에 띈다. 예를 들어 아주 최근에 와서 필요해진 것으로 짐작되는 몸짓 손짓말에는 다음과 같은 것이 있다.

자동차 : 두 손으로 동그라미를 그려 두 개의 바퀴를 표시한 다음에 핸들을 돌리는 시늉을 한다.

기차 : 마찬가지로 두 개의 바퀴를 그려 보인 다음 손을 물결치듯이 움직여 기관차 굴뚝에서 나오는 연기를 그린다.

이것들은 가장 새로운 손짓말이다. 우리는 또 그와 더불어 '몸짓 손짓말 사전' 속에서 원시인들로부터 오늘날까지 전해 내려왔을 것이라 생각되는 것들을 찾아볼 수 있다.

불 : 손을 물결 형태로 상하로 움직인다. 이것은 모닥불에서 피어 오르는 연기다.

노동 : 손바닥으로 허공을 자르는 시늉을 한다.

원시의 인간들이 '일하라'고 말하고 싶을 때 손바닥으로 허공을 잘랐다는 것은 누구라도 쉽게 이해가 갈 것이다.

그들이 최초로 한 작업은 돌도끼로 나무를 찍거나 자르는 것이었으니까.

'일한다'는 것과 '자른다'는 것은 동일한 의미였다. 그래서 지금도 손, 팔, 연장, 무기 등을 나타내는 말이 대체로 비슷한 언어가 많다.

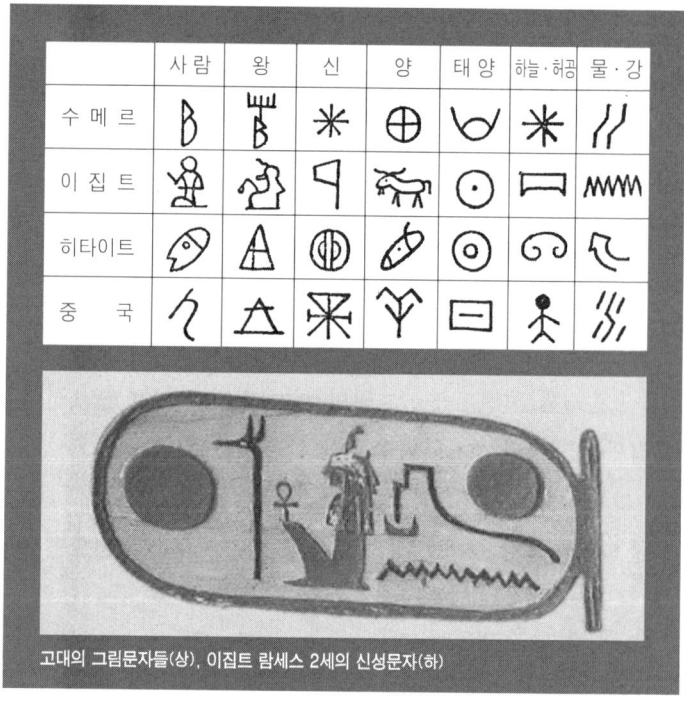

고대의 그림문자들(상), 이집트 람세스 2세의 신성문자(하)

현재의 러시아어에도 다음과 같이 서로 닮은 말이 있다. 손을 '루까'로, 파괴하다를 '루시치'로, 무기를 '오루데이예'로, 도구를 '오루지예'라고 하는 것이 그 예다.


## 우리 자신의 몸짓말

몸짓 손짓에 의한 말은 우리에게도 남아 있다.

우리는 '그렇다'고 하고 싶을 때, 반드시 '그렇다'는 말을 입 밖에 내어 말하지는 않는다. 종종 고개를 끄덕여 보이기만 해도 된다.

'저쪽에' 또는 '거기에'라는 말 대신, 집게손가락만으로 그곳을 가르킬 때가 있다. 우리는 그 때문에 사물을 가르키는 손가락을 특별히 집게손가락이라고 이름지었다.

우리는 인사할 때 서로 고개를 숙인다. 우리는 머리를 좌우로 흔들기도 하고, 어깨를 으쓱 해 보이기도 하며, 두 손을 벌리기도 하고, 눈살을 찌푸리기도 한다. 입술을 깨물기도 하고, 손가락으로 위협하는 시늉도 하며, 테이블을 치기도 하고, 발을 구르기도 한다. 손을 흔들거나 머리를 감싸 안기도 하고, 손을 가슴 언저리에 대거나 악수를 하기도 하며, 서로 껴안거나 또 헤어질 때는 키스하는 시늉을 하기도 한다.

이것은 모두 한 마디의 말 없이도 할 수 있는 대화다.

그래서 이 '말 없는 말', 즉 몸짓말은 언제까지나 없어지려고 하지 않는다.

　이것은 특수한 가치를 가지고 있다. 어떤 때는 단 하나의 몸짓으로 수많은 말을 늘어놓는 그 이상의 것을 나타낼 수도 있다.

　능숙한 배우는 반시간 이상을 한 마디 말도 없이 단지 그 눈과 눈썹 또는 입술로 백 마디 천 마디를 늘어놓는 것 이상의 것을 표현한다.

　물론 함부로 몸짓 손짓말을 남용하는 것은 좋지 않다.

　말로 할 수 있는 것을 구태여 손이나 발로 표현할 필요는 없다. 우리는 이미 원시인이 아니지 않은가. 발을 구른다든가 혀를 내밀거나 손끝으로 사람을 쿡쿡 찌르는 습관 따위는 하루속히 그만두는 게 좋다.

　그러나 '말 없는 말'이 편리한 경우도 있다.

　여러분은 배들이 서로 깃발을 흔들어서 신호하는 것을 본 일이 있을 것이다. 윙윙대는 바람 소리와 으르렁거리는 파도 소리, 때로는 대포 소리를 누르려면 얼마나 큰소리를 질러야 할까? 이런 때에 귀는 아무 짝에도 쓸모가 없다. 눈이 그 구실을 대신해 주지 않으면 안 된다.

　여러분 자신도 빈번히 '말 없는 말'을 이용하고 있다. 학교에서 선생님에게 무엇인가 말하고 싶을 때 여러분은 손을 든다. 그렇게 하지 않으면 안 된다. 왜냐하면 30~40명이나 되는 많은 학생들이 동시에 무슨 말을 하기 시작한다면 공부고 뭐고 할 수 없을 테니까.

이토록 몇천 년 동안 없어지지 않는 것을 보면 '말 없는 말'은 무익한 것이 아니라 아직도 우리 인간에게 필요한 것임이 분명하다.

이것은 과거로부터의 유품으로서 많은 민족들에게 보존되어 있다.

목소리에 의한 말이 몸짓말을 이기기는 했으나 고대로부터 내려온 몸짓 손짓에 의한 말을 완전히 쫓아낼 수는 없었다. 결국 오늘날의 말에도 몸짓말의 잔재가 남아 있다.

손짓 몸짓말이 많은 민족에게 종속적인 말로 남아 있다는 것은 보람 있는 일이라고 하겠다.

카프카스 지방의 터키인이나 아르메니아인의 마을에서는 최근까지 여자가 남의 남자와 서로 말을 주고받는 일이 금지되어 있었다. 이들은 손짓만으로 의사를 소통해야 했다.

손짓말은 시리아나 이란이나 그 밖의 많은 지방에서도 볼 수 있다.

가령 이란의 왕궁에서 일하는 노복은 손짓으로 이야기하지 않으면 안 된다. 신분이 같은 사람들끼리만 이야기할 수 있기 때문이다. 그들은 글자 그대로 '소리의 권리'마저 빼앗긴 자들이었다.

현재도 신혼부부가 먼저 말부터 나누는 것이 아니라 절부터 하는 것은 까닭이 있는 일이다.

이렇게 우리는 아득한 옛날에 이미 사라져 버린 '말 없는 말'의 유품을 오늘날에도 볼 수 있다.

### 지혜를 지닌 인간

숲 속에서는 어떤 동물이건 간에 사방에서 보내오는 무수한 신호에 귀를 기울이고 눈을 크게 뜨고 있어야 한다.

나뭇가지가 바스락거린다. 이것은 틀림없이 적이 다가오고 있다는 신호다. 이럴 때는 도망치든가 방어 태세를 취하지 않으면 안 된다.

뇌성이 울리고 나뭇잎을 흩뿌리면서 바람이 숲 속을 지나간다. 이럴 때는 굴이나 둥지에 숨어 비바람을 피하지 않으면 안 된다. 왜냐하면 그것은 폭풍우의 예고이니까.

썩어 가는 잎이나 버섯과 함께 먹이의 냄새가 아련히 지상에 피어 오른다. 이럴 때는 먹이를 찾아내어 잡지 않으면 안 된다.

소음이나 냄새, 풀 위의 자국, 부르짖음이나 울음소리는 모두가 어떤 뜻을 지니고 있다.

원시인 역시 자연이 자기에게 보내오는 온갖 신호에 귀를 기울였다. 그러나 그와 같은 신호 외에 그들은 곧 그들의 종족이 보내오는 신호도 이해하게 되었다.

숲 속에서 한 사냥꾼이 사슴 발자국을 발견했다. 그러면 그 사냥꾼은 손을 흔들어 뒤따라오는 다른 사냥꾼에게 신호를 보낸다.

그들은 아직 사슴의 모습을 보지 못했으나, 보내온 신호만으로도 벌써 눈앞에 사슴을 발견한 것처럼 긴장하며 무기를 움켜잡는다.

지상에 남겨진 사슴의 발자국 역시 하나의 신호다. 그러니까 손을 흔들어 발견한 그 발자국을 알리는 것은 신호의 신호인 셈이다.

즉 사냥꾼 중 누군가가 지상에 먹이가 나타났다는 신호를 발견하면, 곧 동료 사냥꾼들에게 이 신호를 보낸다.

이렇게 하여 자연이 인간에게 보내오는 신호에 인간이 동료에게 보내는 신호가 덧붙여졌다.

이반 페트로비치 파블로프는 어떤 책 속에서 인간의 말이란 이 '신호의 신호'라고 쓴 바 있다.

처음 한동안 이것은 몸짓이나 외침 소리에 지나지 않았다.

'신호의 신호'는 눈이나 귀가 받아들여 인간의 뇌로, 즉 중앙 전화 교환국으로 보내지듯 전해진다. '짐승이 다가온다'는 '신호의 신호'를 받으면 뇌는 즉시 명령을 내린다. 손에는 창을 꽉 움켜잡도록, 눈에는 나뭇잎 사이를 살펴보도록, 귀에는 숲의 소리나 나뭇가지의 사각거림에 주의하도록 말이다. 짐승의 모습은 아직 보이지 않으나 인간은 이미 그것을 맞을 채비가 되어 있다.

몸짓 손짓의 말이 많아지면 많아질수록, 그리고 '신호의 신호'가 뇌로 오는 일이 많아지면 많아질수록 점점 인간의 머리 속에 있는 '중앙 교환국'의 일은 불어난다. 그 때문에 '중앙 교환국'은 더욱 확장되지 않으면 안 되었다. 뇌 속에서는 끊임없이 새로운 세포가 만들어지고, 그 세포의 연락은 더욱더 복잡해져만 갔다. 뇌는 성장하고 그 부피는 점점 커졌다.

이것이 바로 네안데르탈인의 두개골의 부피가 피테칸트로푸스의 것보다 큰 이유이다. 인간의 뇌는 발달하여 생각할 줄 알았기 때문이다.

인간은 '태양'을 뜻하는 신호를 보든가 받으면 그때가 한밤중일지라도 태양을 생각해 낼 줄 알았다.

창을 가지고 오라는 신호를 받으면 바로 그때 창을 가지고 있지 않아도 창에 대해서 생각할 줄 알았다.

협동 작업은 인간에게 말을 가르쳐 주었다. 그와 동시에 생각하는 것도 가르쳤다.

인간의 지혜는 결코 자연의 선물이 아니다. 그것은 자기 스스로 쌓고 연마해 나간 것이다.


역할이 달라진 혀와 손

아직 도구가 많지 않고 인간의 경험도 풍부하지 못했을 때는 아주 간단한 몸짓만으로도 그 경험을 전하기에 충분했다.

그러나 인간의 일이 복잡해질수록 그만큼 몸짓 손짓도 복잡해져 갔다. 어떤 물건에 대해서도 제각기 다른 몸짓과 손짓, 즉 그 물건을 정확하게 그려 내는 몸짓 손짓이 필요했다.

그리하여 그려 보이는 몸짓 손짓이 나타났다. 인간은 공중에 짐승이나 무기나 나무의 모습을 그려 보였다.

예를 들어 어떤 인간이 담비를 그려 보인다고 하자. 그러면 그것은 단순히 그려 보이는 것이 아니라 그렇게 그리는 동안은 자기 자신이 담비가 되어 버린 것처럼 보인다.

그 인간은 몸짓 손짓으로 담비가 귀를 쫑긋거리고, 흙을 파서 발로 그 흙을 옆으로 던지며, 가시 같은 털을 거꾸로 세우는 모양을 지어 보인다.

이와 같은 말 없는 이야기에는 현대의 진정한 예술가에게서만 볼 수 있는 예리한 관찰력이 필요하다.

여러분이 '물을 마신다'고 할 때, 그 말만으로는 어떻게 여러분이 물을 마시는지, 즉 컵이나 병으로 마시는지 아니면 그냥 손바닥으로 떠서 마시는지 도무지 알 수가 없다.

아직 손짓으로 이야기하는 것을 잊어버리지 않은 인간이라면 그렇게 말하지는 않는다.

그는 손바닥을 입에 대고 열심히 눈에 보이지 않는 물을 마시는 시늉을 하면서, 사뭇 그 물이 맛있고 차고, 그리고 충분히 갈증이 가신 것 같은 표정을 지어 보인다.

우리는 단순히 '사냥한다'라든가, '사냥질한다'고 말한다. 그러나 고대 인간은 몸짓 손짓으로 사냥의 모든 장면을 그려 보인다. 몸짓 손짓에 의한 말은 빈약한 점이 있긴 하지만 반대로 풍부한 점도 있었다.

그것이 물체나 사건을 싱싱하고도 또렷하게 그려 낸다는 점에서는 풍부했다. 그러나 그것은 빈약하기도 했다. 즉 손짓으로 왼쪽 눈이나 오른쪽 눈을 가리킬 수는 있으나 그냥 눈이라고만 말하려면 훨씬 어려워진다.

그리고 몸짓 손짓으로 물체를 정확하게 그릴 수는 있다. 그러나 추상적인 관념은 어떠한 몸짓 손짓으로도 나타내지 못한다.

이 밖에도 몸짓 손짓에 의한 말에는 또 하나 뚜렷한 결점이 있다. 그것은 밤의 어둠 속에서는 써먹을 수 없다는 것이다. 어둠 속에서는 아무리 손을 흔들어 봐야 상대방이 그것을 볼 수가 없다. 그러나 햇빛이 있다고 해서 언제나 몸짓 손짓으로 이야기할 수 있는 것도 아니다.

탁 트인 초원에서라면 손짓 몸짓으로 서로 쉽게 의사를 소통하는 것이 가능했다. 그러나 울창한 숲 속에서는 숲의 벽으로 인해 사냥꾼들의 대화가 불가능했다.

거기서 인간은 목소리로써 서로 자기의 의사를 전달해야만 하는 필요성을 느꼈다. 그러나 처음에는 혀끝이나 목청이 좀처럼 인간의 뜻대로 움직여 주질 않았다. 하나의 목소리를 다른 목소리와 구별하는 것도 어려운 일이었다. 서로 멀리 떨어져서 내는 목소리는 절규가 되고 노호(怒號)가 되고 아우성이 되어 버릴 뿐이었다. 그렇지만 마침내 인간은 자신의 목소리를 극복하고 똑똑히 혀끝으로 발음할 수 있게끔 되었다.

전에는 혀가 손을 보조하는 구실밖에 하지 못했으나 혀로 똑똑히 발음하게 되면 될수록 혀는 오케스트라의 제1바이올린과 같은 중요한 역할을 짊어졌다.

손짓말의 조수에 지나지 않았던 목소리로 낸 말은, 제1의 위치를 차지했다.

입 안의 혀의 움직임은 가장 주의를 끌기 어려운 움직임이었다. 그러나 그것은 귀로 들을 수 있다는 우수한 가치를 지녔다.

처음에는 목소리에 의한 말도 몸짓 손짓에 의한 말과 몹시 비슷했다. 마치 그것은 또렷하고 생생하게 개개의 물체나 동작을 그려 내는 그림과 같은 것이었다.

에베 종족의 말에는 그냥 '걷는다'는 표현이 없다. 예를 들어 '조오 드제 드제'라고 하면 씩씩한 걸음걸이로 걷는 것이고, '조오 보코 보코'라고 하면 뚱뚱보가 무거운 발걸음으로 뚜벅뚜벅 걷는 것이며, '조오 브라 브라'라고 하면 머뭇거림 없이 급히 걷는 것이고, '조오 피아 피아'라고 하면 종종걸음을 뜻한다. 또 '조오 고브 고브'라고 하면 머리를 앞으로 굽히고 약간 절름발이처럼 발을 끌면서 걷는다는 뜻으로 그 표현이 다양하다.

이와 같은 표현은 모두가 여러 가지 걸음걸이를 극히 세부적으로 정확하게 그려 내고자 하는 데서부터 생겨난 목소리에 의한 그림이다. 즉 걸음걸이의 종류의 수만큼 그 표현도 각각 달라서 단순히 걷더라도 키가 큰 여윈 자의 걸음걸이와 발을 굽히지 않고 걷는 방법까지 구별해 놓았다.

이 그려 보이는 몸짓말은 목소리의 말에 의한 그림으로 바뀌었다.

이리하여 인간은 처음에는 몸짓 손짓으로, 나중에는 말로 서로 의사를 전달하는 방법을 익혀 왔다.


### 강과 그 원천

우리는 과거로의 여행에서 어떠한 것을 알 수 있었을까?

강의 흐름을 따라 거슬러 올라가 그 수원(水源)을 발견해 내는 탐험가처럼, 우리는 그것에서부터 인간의 경험이라는 큰 강물의 수원이 되고 있는 조그만 개울에 도달했다.

우리는 그 상류에서 인류 사회의 시초, 말의 시초, 사색의 시초를 발견했다.

강물이 흘러드는 지류와 합쳐질 때마다 점차 물은 깊고 넓어져 간다. 세대마다 그 경험이 집약되어 강으로 옮겨지기 때문이다.

시간은 점차로 인간의 세대를 과거에서 과거로 보낸다. 사람이나 종족이 흔적도 없이 사라지고, 거리나 마을도 무엇 하나 남기지 않고 소멸해 버린다. 시간의 파괴력 앞에는 아무것도 대항할 수 없는 것처럼 생각되었다. 그러나 인류의 경험만은 결코 사라지지 않았다. 그것은 시간의 힘을 이겨 내고 언어와 기술(技術) 속에 줄곧 살아남았다. 하나하나의 말 속에, 하나하나의 동작 속에, 하나하나의 개념 속에 각 세대의 경험이 집적되고 통합되었다.

강으로 흘러드는 지류의 물이 한 방울도 헛되지 않은 것처럼 각 세대의 일 또한 어느 것 하나 헛된 것이 없었다. 인류의 경험이라는 큰 강에서는 과거의 인간의 일과 현재의 인간의 일이 합류하여 하나가 된다.

　이렇게 해서 우리는 모든 것의 수원인 강의 상류에까지 도달했다.

　인간의 노동이나 언어와 사고(思考)는 여기에서부터 출발한 것이다.

　인간이 원숭이로부터 떨어져 나온 몇만 년이라는 긴 세월을 돌이켜볼 때, 우리는 "노동이 인간을 만들었다."고 한 프리드리히 엥겔스의 말을 상기하지 않을 수 없다.

# 제2부 신세계로의 발돋음

# 1장 버려진 집을 돌아보며

　사람들이 집을 옮길 때면, 언제나 내버리고 간 물건들이 있기 마련이다. 텅 빈 방바닥에는 휴지 조각이나 깨진 찻잔 조각, 빈 병 따위들이 나뒹굴고 있다. 꽤 오랫동안 불을 지핀 일이 없는 화덕 위에는 깨진 단지와 국 대접 조각들이 무질서하게 쌓여 있고, 창틀 위에는 갓이 없어져 버린 램프가 이 을씨년스러운 광경을 우울한 듯이 내려다보고 있다. 벽 아래에는 가죽 밑으로 불그레하게 바랜 솜뭉치가 비어져 나온 낡은 안락 의자가 아무렇게나 팽개쳐져 있다. 이 망가진 지 오래된 의자는 사람들이 떠날 때 버리고 간 것이다.
　여기 남겨진 이런 물건들만 보고 이 집 사람들이 여기서 어떤 생활을 했는지를 상상하기란 그리 쉬운 일이 아니다. 고고학자들은 이러한 문제를 풀지 않으면 안 된다. 고고학자들은 항상 맨 마지막에 그 집에 나타난다. 그 집이 원상대로 남아 있다면 그나마도 다행이다. 대부분의 경우 고고학자는 그 집의 마지막 주인이 집을 떠나고 나서도 몇백, 몇천 년이나 지난 뒤에야 찾아온다. 그러니까 고고학자는 완전한 모습의 집 대신 허물어진 벽이나 흔적만 남은 문턱밖에는 발견하지 못할 때가 많다. 그럴 때 두개골 한 개의 발견은 큰 성공이라고 할 수 있다.

이토록 오래된 집이라 하더라도, 이 집은 훗날의 방문자에게 많은 이야기를 들려줄 수가 있다.

폐허가 된 돌담이나 풀이 무성한 벽은 얼마나 많은 인간들과 사건들을 목격해 왔을까?

그러나 다른 집, 이 세상에서 가장 오래된 집인 동굴은 그 일생 동안 가장 많은 일을 보아 왔음이 틀림없다.

동굴 속에는 5만 년 전의 인간들이 살았던 여러 가지 흔적들이 남아 있으니 말이다.

다행히도 산이란 매우 견고한 것이어서 동굴의 벽은 인간이 지은 건물의 벽처럼 빨리 허물어지지는 않는다.

여기에 그와 같은 동굴이 하나 있다고 하자. 그것은 몇 번이나 그 주인을 갈았다. 최초의 그곳 주인은 지하수였다. 지하수는 그 속에 진흙과 모래와 자갈을 날라 들였다.

얼마 후 물이 빠지자, 그 동굴에는 인간들이 줄지어 찾아 들었다. 이는 진흙 속에서 발견되는 거친 석기들이 잘 말해 준다. 그것은 다만 끝을 뾰족하게 만든 돌칼에 지나지 않지만,

원시인들은 이 같은 도구로 짐승의 배를 가르고 가죽을 벗기며 뼈와 살을 발라냈다. 즉 이곳을 찾아든 인간들은 이미 사냥을 할 줄 알았다.

많은 세월이 흘렀다. 인간들은 동굴을 버리고 떠나갔다. 동굴에는 다시 새로운 주인이 찾아 들었다. 그래서 동굴 벽은 곱게 다듬어졌다. 이것은 이 동굴에 살기 시작한 곰이 털북숭이의 등을 그 동굴의 벽에 문질러 댔기 때문이다. 그래서 이곳에서는 넓은 이마와 좁은 콧등을 가진 곰의 두개골도 발견되었다.

그런데 그 위층에는 다시금 인간이 살던 자취가 남아 있다. 그것은 불을 땐 뒤의 숯과 재, 부서진 뼈, 돌이나 뼈로 만든 도구 등이다. 이것은 인간이 또다시 동굴 속에서 살기 시작했다는 증거다.

우리는 그들을 보지는 못했지만 그들에 대해서는 많은 것을 말할 수 있다. 그러기 위해서는 그들이 남기고 간 여러 가지 유품을 보는 것만으로도 충분하다.

경험이 없는 눈에는 그것이 흔해 빠진 단순한 부싯돌의 파편으로서 이게 그것 같고, 저게 이것 같아 보이겠지만, 주의해서 잘 관찰해 보면 이들 파편에서 미래의 망치와 칼과 톱과 송곳을 찾아볼 수 있다. 즉 칼날처럼 날이 선 것, 언저리가 톱날처럼 들쭉날쭉한 것, 또 끝이 뾰족하고 날카로운 것 등이 그것이다.

바로 이것들은 우리가 오늘날 쓰고 있는 연장의 조상임에 틀림없다. 그중에서도 가장 오래된 것은 망치의 조상인 원형의 라켓 모양의 석기다. 이것으로 부싯돌을 두들기고 평판상(平板狀)으로 다듬기도 하여 드디어 여러 가지 연장을 만들어 냈다.

그러나 망치가 있으면 모루(대장간에서 불린 쇠를 올려놓고 두드릴 때, 받침으로 쓰는 쇳덩이) 같은 것도 있어야 했다.

동굴 바닥에 남아 있는 돌 조각 속을 주의 깊게 파 보면 망치라든가 모루의 조상일 것으로 짐작되는 것들을 찾아낼 수가 있다.

망치의 조상은 돌로, 모루의 조상은 뼈로 되어 있다.

뼈로 된 이 모루는 현재의 모루와 그다지 닮지 않았다. 그런데 주의해서 살펴보면, 이 모루는 제법 실질적인 소용에 닿았음을 알게 된다. 이 모루의 조상은 수없이 두들겨 맞아 상처투성이가 되어 있다. 새로운 모양의 도구를 만들어 내려고 망치로 두들겼을 때, 이 모루가 충분히 소용에 닿았다는 것을 알게 된다. 그렇다면 이 도구들은 대체 우리에게 무엇을 말하는 것일까?

우선 동굴의 새 주인들은 여러 가지 점에서 먼저 살던 사람들보다 진보했다는 사실을 알 수 있다. 새 주인들은 한 연장으로는 자르고, 다른 연장으로는 찌르며, 셋째 연장으로는 깎고, 넷째 연장으로는 쪼개는 일을 했다. 끝이 뾰족한 연장은 모피 옷을 꿰맬 때 구멍을 뚫는 것이었고, 들쭉날쭉 톱날로 된 연장은 고기를 자르기도 하고 가죽을 다듬기도 하는 괄삭기(括削

器)였다. 끝이 뾰족하고 날카로운 것은 창 끝이었다.

인간의 일이나 걱정이 더욱더 복잡해져 간 것은 명백하다. 게다가 이번에는 지독한 추위가 닥쳐왔다. 인간은 곰의 가죽으로 옷을 만들고, 겨울에 대비하여 고기를 저장하며, 따뜻한 집을 지을 걱정을 하지 않으면 안 되었다. 이러한 일들을 하기 위해서는 한두 가지 연장 정도가 아니라 고루 갖춘 한 짝의 연장이 필요했다.

그런 까닭에 우리는 우리 조상들의 집 속에서 그러한 여러 가지 연장을 발견했다.

그런데 우리가 발견할 수 있는 것은 시간이 보존해 준 물건들뿐이다. 그러나 시간이라는 것은 그리 충실한 관리인이 못

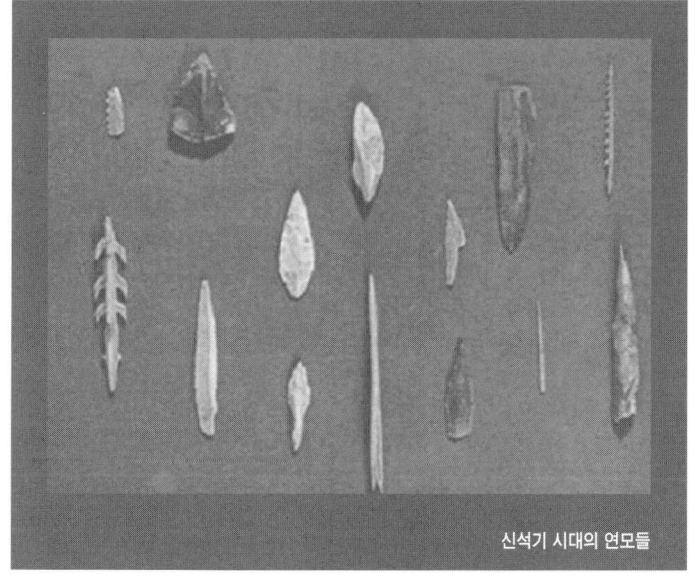

신석기 시대의 연모들

된다. 시간이 우리를 위해서 보존해 준 것은 오로지 돌이나 뼈로 된 매우 견고하고 수명이 긴 것들뿐이다. 나무나 짐승의 가죽으로 만든 것은 모두 시간과 함께 사라져 버렸다. 그러므로 옷을 꿰매기 위해 구멍을 뚫던 연장은 오늘날까지 남아 있지만, 그것으로 지은 옷은 전혀 남아 있지 않다. 창의 돌촉은 남아 있으나 이 돌촉을 붙였던 막대기는 전해지지 않는다.

그래서 우리는 오늘날까지 남겨져 있는 물건들을 기초로 이미 사라져 버린 것들을 미루어 짐작할 수밖에 없다. 한 조각의 파편이나 또는 보일 듯 말 듯한 흔적을 바탕으로 이제는 이미 없고, 우리가 태어나기 수천 년 전 먼 옛날에 썩어 버린 물건들을 새로 만들어 보지 않으면 안 된다. 그렇지만 다시 우리의 탐색을 계속해 보자.

대개의 경우 발굴 작업이란 위에서 아래로 계속해서 내려간다. 처음에는 제일 위층을 파고, 점차 아래로 아래로 땅속 깊이, 즉 역사의 밑바닥으로 깊숙이 파 내려간다. 고고학자는 마치 책을 끝 페이지에서부터 읽는 것이나 마찬가지다. 마지막 장에서 시작하여 맨 처음 장에서 끝나기 때문이다.

우리의 이야기는 다시 다른 식으로 전개되어 간다. 우리는 지층의 가장 낮은 곳, 즉 동굴 역사의 최초의 장에서부터 시작했다. 그리하여 차차 위의 층으로 올라가면서 현대로 다가가는 것이다.

동굴에서는 도대체 어떤 일이 일어났던 것일까?

우리가 지층을 조사해 봄으로써 인간들이 몇 번이나 동굴을 버리고 떠났다가는 다시 몇 번이고 되찾아 들었다는 것을 알게 된다. 인간이 동굴을 비운 동안은 곰이나 승냥이가 동굴의 주인으로 들어앉아 있었다. 그리고 점토와 먼지가 동굴을 메워 갔다. 천장에서는 돌 부스러기들이 떨어져 내렸다. 그리하여 오랜 세월이 지난 뒤에 인간의 한 무리가 다시 동굴을 찾아들었을 때, 그 속에는 이미 그전 주인의 일을 말해 주는 것이라곤 아무것도 없었다.

다시 몇천 년이라는 세월이 흘렀다. 인간들은 자연이 준 보금자리를 버리고 확 트인 하늘 아래에다 자기들의 집을 짓기 시작했다. 따라서 동굴은 텅 비었다. 이따금 푸른 산기슭에서 가축 떼를 모는 목자나, 산중에서 비나 눈을 만난 길손이 잠시 찾아들었을 뿐이다.

그리하여 마침내 동굴 역사의 마지막 장이 시작되었다. 인간들이 또다시 그 속에 모여든 것이다. 그러나 이 인간들은 살기 위해 동굴 속에 온 것이 아니다. 옛날 사람들이 그 속에서 어떤 생활을 했는가를 알기 위해 찾아온 것이다.

그들은 가장 오래된 고대의 석기를 발굴하기 위해 철로 만든 가장 현대적인 도구를 가지고 왔다.

고고학자들은 하나의 층에서 다음 층으로 차근차근 파 들어가면서, 동굴의 역사를 맨 마지막부터 맨 처음까지 읽어 내려갔다.

그들은 여러 가지 도구를 비교 연구하면서 인간의 기술이나 경험이 한 세대에서 다음 세대로 발전해 간 흔적들을 뒤쫓았다. 그들은 몇천 년이라는 세월의 흐름 속에서 인간의 도구가 불변하지 않고 끊임없이 변하여 차차 훌륭한 것으로 발달해 나간 것을 보았다. 소박하고 거칠던 돌도끼는 섬세하게 다듬은 칼집 끝의 장식·괄삭기·송곳·바늘 등으로 변하고 있었고, 돌로 된 연장 외에도 뼈나 뿔 등의 새로운 재료로 만든 연장이 보태졌다. 돌을 다듬는 망치의 조상과 아울러 뼈나 가죽을 다듬기 위한 연장도 생겨났다.

인간은 같은 돌에서 뼈를 자르는 칼을 만들어 내고, 생가죽을 찢는 괄삭기나 구멍을 뚫는 바늘을 만들어 냈다.

인간이 손수 만든 발톱이나 이빨의 모양은 더욱 예리하고 다양해져 갔으며, 사냥거리를 움켜잡는 손은 점점 길어져 갔다.

### 창을 만들기까지

인간이 창(槍)을 만들고, 그 창 끝에 돌촉을 붙였을 때, 인간의 팔은 그만큼 길어졌다고 할 수 있다. 또 그로 인해서 인간은 더욱더 대담해지고 강해져 갔다.

예전에 인간은 곰을 만났을 때 뒷걸음질쳐 달아나기만 했다. 그 털북숭이 혈거 동물(穴居動物)에는 결코 가까이 가지 않았다. 작은 짐승이라면 별로 힘을 들이지 않고 잡았겠지만, 곰과는 일 대 일로 겨룰 결심이 좀처럼 서지 않았다. 곰의 억센 발톱 밑에서는 도저히 빠져나올 수 없다는 것을 익히 잘 알고 있었기 때문이다.

이것이 인간이 창을 들기 전까지의 모습이었다. 그러나 창은 인간에게 용기를 주었다. 이제는 곰을 보아도 도망치지 않을 뿐만 아니라 자진하여 공격해 들어갔고, 곰은 길길이 뛰면서 이 사냥꾼에게 덤벼들었다. 그러나 곰의 손바닥이 인간에게 닿기도 전에 예리한 돌촉이 털북숭이의 옆구리를 사정없이 꿰뚫었다. 인간의 창이 곰의 발보다 훨씬 길었다.

상처 입은 곰은 더욱 사나워져서 이 꼬챙이에 달려들었다. 그러면 돌촉은 점점 더 깊이 곰의 몸뚱이 속으로 파고들어갔다.

물론 이때 창자루가 부러지기라도 했다가는 그야말로 사냥꾼은 큰 변을 당한다.

곰은 인간을 짓밟아 뭉개고 발톱이나 이빨로 얼굴이며 어깨를 물어뜯을 테니 말이다.

그러나 곰이 인간을 이기는 경우는 거의 없었다. 왜냐하면 이미 그 당시의 인간은 결코 혼자서 사냥을 나가지 않았기 때문이다. 구원을 청하는 외침을 듣기가 무섭게 모든 동료들이 달려와 일시에 사방에서 곰에게 덤벼들어 돌칼로 때려눕히고는 숨통을 끊어 버렸다.

창은 인간에게 예전에는 상상조차 하지 못했던 수확을 안겨 주었다. 현재도 동굴 속에서 돌을 깐 저장소가 발견되곤 하는데, 그 속에는 곰의 뼈가 산더미처럼 쌓여 있다. 인간이 곰의 살코기를 저장해 둘 수 있을 정도였다면 곰 사냥의 성과는 퍽 좋았다 할 수 있다.

만약에 인간이 언제나 곰과 같은 굼뜬 짐승만을 상대하고 있었다면 창 이상으로 편리한 것은 없었을 것이다. 하지만 인간은 더 민첩하고 더 교활한 짐승도 잡아야만 했다.

사냥꾼들은 초원을 돌아다니다가 말이나 들소 떼와도 마주쳤다. 사냥꾼들은 살금살금 기어 그 곁으로 다가갔다. 그러나 바스락거리는 소리만 나도 그 무리들은 질풍 같은 기세로 쏜살같이 멀리 달아나 버렸다.

말이나 들소를 사냥하기에는 아직 인간의 창이 너무나 짧았다.

그런데 수렵 그 자체가 인간에게 아주 튼튼한 새로운 재료를 제공해 주었다. 그것은 뼈였다.

인간은 돌칼로 뼈를 깎아 가벼우면서도 아주 예리한 뼈촉을 만들었다. 그 뼈촉을 짧은 막대기 끝에 박아서 새로운 무기, 즉 투창을 만들었다.

인간은 무거운 창으로는 달아나는 말을 향해 던질 수가 없었다. 그렇지만 가벼운 뼈촉을 박은 투창은 훨씬 멀리까지 던질 수가 있었다.

인간의 팔은 다시 길어졌다. 인간은 날아가는 무기, 즉 투창을 가지고 예전에는 놓치기만 했던 말을 추격했다.

그러나 움직이고 있는 목표물을 명중시킨다는 것은 쉬운 일이 아니었다. 그렇게 하기 위해서는 더 강한 팔 힘과 정확한 눈이 필요했다.

 인간은 어려서부터 투창 던지는 재간을 익혔다. 그런데도 사냥하러 나가서 백 개의 창을 던지면 명중하는 것은 겨우 열 개 남짓밖에 안 될 때가 많았다.

 몇천 년이라는 세월이 흘렀다. 말이나 들소 떼는 점차 그 수가 줄어들었다. 인간이 죽인 것만 해도 엄청난 숫자였다. 사냥꾼들은 빈손으로 돌아올 때가 점차 많아졌다. 그래서 좀더 멀리까지 닿는 새로운 무기를 고안해 내지 않으면 안 되었다. 이에 인간은 팔을 더 길게 늘여야만 했다.

 그리하여 인간은 새로운 무기를 만들어 냈다.

 인간은 탄력 있고, 가느다란 나무를 잘라 그것을 둥그렇게 휘어서는 그 양 끝에 줄을 비끄러매었다. 사냥꾼들이 드디어 활을 갖게 된 것이다.

 사냥꾼이 천천히 활시위를 당기면 긴장한 근육의 힘이 거기에 집중된다.

 이윽고 사냥꾼이 시위를 놓으면 시위에 축적된 힘이 전부 화살로 옮아간다. 자유로워진 화살은 먹이를 덮치는 매처럼 곧장 앞으로 날아간다. 화살은 손으로 던진 투창보다 훨씬 더 멀리까지 날아갔다.

 화살과 투창은 마치 형제처럼 서로 닮았다. 그러나 동생인 화살은 형인 투창보다 몇천 년이나 나이가 어리다.

 그 몇천 년이라는 오랜 세월이 인간에게 활을 만들 필요성을 제공했다. 처음 한동안은 활로 화살을 쏜 것이 아니라 투창

스페인의 알타미라 동굴벽화(상)
동굴 벽에 그려진 고대인의 사냥 장면(하)

을 쏘았다. 그래서 그 당시에는 인간의 키만큼이나 되는 큰 활을 만들지 않으면 안 되었다.

이리하여 인간은 자신의 약하고 짧은 팔을 길고 억센 팔로 바꾸어 갔다. 인간은 사슴의 뿔이나 매머드의 이빨로 날카로운 촉을 만들었다.

다시 말해 뿔이나 이빨이라고 하는 짐승들의 무기를 인간이 거꾸로 그 짐승들에게 맞서는 무기로 바꿔 놓은 것이다.

그리하여 이 일은 인간을 이 세상에서 가장 강한 존재로 만들어 주었다.

투창을 던지고 활시위를 당기고 하는 손은 이미 보통 손이 아니었다. 그것은 거인의 손이었다. 이 젊은 거인이 사냥하러 나서면 이젠 한 마리의 짐승이 아니라, 짐승 떼 모두를 추격했다.


살아 있는 폭포

프랑스에 솔뤼트레라는 지방이 있다. 그 지방은 암석이 많은 험준한 고지로 알려져 있다.

고고학자들은 그 고지의 기슭에서 거대한 퇴적을 이룬 뼈를 발굴했다. 그 속에는 매머드의 견갑골(肩胛骨)도, 원시 시대의 소 뿔도, 동굴에 살고 있던 곰의 두개골도 있었다.

그러나 가장 많은 것은 말의 뼈였다. 장소에 따라서는 인간의 키보다 높이 쌓인 퇴적물도 있었다. 이 여러 가지 뼈가 한데 섞인 퇴적물을 조사한 결과, 학자들은 말의 뼈만 해도 줄잡아 10만 마리분이 된다고 추정했다.

어떻게 하여 이처럼 놀라운 수의 말의 분묘가 생긴 것일까?

학자들이 그 뼈를 주의 깊게 조사해 본 결과 대부분의 것이 쪼개지고 부서지고 불에 탄 것들이었다. 이로써 이들 뼈가 일단 원시인 요리사의 손을 거쳐 이곳에 버려졌다는 것이 분명해졌다. 조사 결과 이 말의 분묘는 단순한 분묘가 아니라 부엌 쓰레기의 거대한 처리장으로 짐작되었다.

이렇게 큰 쓰레기의 퇴적물이 한두 해 동안에 형성될 리는 없다. 이것은 인간들이 그곳에 오랫동안 머물러 살았다는 것을 말해 준다.

그런데 어째서 이 쓰레기의 퇴적물이 이런 가파른 절벽 밑에 생긴 것일까? 말을 추적하던 원시 시대 사냥꾼들은 왜 초원의 평지가 아닌 이런 곳에다 진을 쳤던 것일까?

아마도 그것은 다음과 같은 이유에서였을 것이다.

초원에서 말의 무리를 발견한 사냥꾼들은 무성히 자란 풀숲 속에 몸을 감추면서 조심조심 끈기 있게 말 가까이로 다가갔다. 모두가 손에는 몇 개씩의 투창을 갖고 있었다.

앞장서서 가는 자들은 말이 어느 쪽에 있고, 수는 얼마나 되며, 나아가는 방향은 어디인지 동료들에게 신호로 알려주었다.

사냥꾼들은 사슬처럼 이어져 말 떼의 주위를 에워싸고 차차로 그 간격을 좁혀 갔다. 초원 속의 검은 반점처럼 보이던 말은 이제 아주 또렷이 보였다. 커다란 머리, 가는 다리, 그리고 몸뚱이는 억세고 긴 털로 덮여 있다.

순간 말 떼는 흠칫 놀란다. 무서운 적이 다가왔다고 느끼고는 곧 도망치려 한다. 그러나 이미 때는 늦었다. 투창이 긴 입부리를 가진 날개 없는 새 떼처럼 날아왔다.

투창은 말의 다리와 등과 목덜미에 사정없이 꽂혔다. 어디로 도망쳐야 좋을까? 사냥꾼은 세 무리로 나뉘어 말을 포위했다. 갑자기 그 자리에 생겨난 듯한 이 인간들의 벽에는 오직 하나의 출구만이 뚫려 있을 뿐이었다. 거친 울부짖음과 어지러운 발걸음으로 사냥꾼들의 포위에서 벗어나려고 하던 말의 무리는 그 유일한 길을 향해 질주했다. 그러나 그것은 사냥꾼들이 계산해 놓은 장소였다. 그들은 말 떼를 일정한 방향으로, 즉 낭떠러지를 향해 몰아붙였다. 공포 때문에 거의 미칠 지경이 되어 버린 말 떼는 전방에 무엇이 있는지조차 알지 못하고 마구 달렸다. 마치 하나의 살아 있는 강물인 양 격렬하게 꼬리를 흔들며 땀에 흠뻑 젖어 달리는 말들은 점차 고지로 달려 올라갔다. 그런데 돌연 낭떠러지가 나타난다. 선두의 말은 이미 가장자리까지 와 있었으므로 위협을 느낀다. 그리하여 코를 불며 뒷다리로 섰으나 뒤에서 밀어닥치는 동료들에 밀려 멈추지도 못하고 그대로 떨어지고 만다.

그리하여 이 살아 있는 강줄기는 절벽 위에서 폭포를 이루며 낭떠러지 밑으로 떨어져 내려갔고, 골짜기에는 피투성이 시체가 퇴적되었다.

사냥은 끝났다.

절벽 아래에서는 모닥불이 붉게 타오른다. 진영 안에서는 나이 먹은 사람들이 사냥거리를 분배하고 있다. 물론 이 수확물은 이 집단 전체의 소유물이다. 그러나 가장 좋은 부분은 가장 용감하고 가장 민첩했던 자에게 주어진다.


새로운 인간들

시계 바늘을 아주 잠깐 동안만 보고 있으면 마치 움직이지 않는 것처럼 보인다. 그렇지만 시간이 흐른 다음 우리는 역시 바늘이 움직이고 있었다는 것을 깨닫는다.

인간의 생활도 이와 마찬가지다. 우리는 우리 주위나 우리 신상에 일어나고 있는 변화를 좀처럼 깨닫지 못한다. 역사라는 이름의 시계 바늘도 이와 같이 움직이지 않는 듯이 보인다. 그러나 몇 년이 지난 뒤에 문득 우리는 이 역사의 바늘이 움직이고 있었다는 것, 즉 우리 자신도 또 주위의 모든 것도 크게 변했다는 사실을 알게 된다.

현대에 사는 인간인 우리 자신조차 새로운 것을 깨닫지 못하고 있나니 아마 낯반 년 전에 살았던 우리 조상은 더욱 그랬을 것이다.

옛것과 새것을 비교할 때 흔히 일기나 사진, 신문, 책 같은 것들을 이용한다. 우리에게는 비교하는 데 쓰일 만한 재료가 있다. 그러나 우리의 조상들은 비교라는 것을 할 수가 없었다. 생활은 부동(不動)의 것, 불변인 것처럼 보였다. 옛것과 새것을 비교해 보지 않고 변화를 인정한다는 것은, 숫자가 써 있지 않은 시계의 문자판에서 바늘의 움직임을 보려고 하는 것이나 마찬가지다.

석기를 만들고 있었던 사람은 누구나 자기에게 그 기술을 알려 준 사람의 모습과 동작을 정확하게 흉내내려고 애썼다.

살림살이를 보살피고 있었던 여자들은 할머니가 하던 대로 화덕을 쌓아올렸다.

사냥꾼들은 몸에 익숙해진 규칙대로 짐승을 쫓았다.

그러나 자기 자신도 모르는 사이에 인간은 그 연장과 집과 일들을 조금씩 바꿔 가고 있었다.

어떤 새로운 도구도 처음에는 옛것과 아주 비슷했다. 그러나 처음에 만든 화살은 그전의 투창과 흡사했다. 그러나 이제 화살과 창은 전혀 다른 것이 되었다. 그래서 화살을 가지고 사냥하는 것은 창을 가지고 사냥하는 방식과 매우 달라졌다.

변한 것은 도구뿐만 아니라 인간 자신도 그랬다. 그것은 땅 속에서 발굴된 인간의 뼈를 보면 명백해진다. 동굴 속으로 찾아 든 인간과 빙하 시대 끝 무렵에 그곳을 나간 인간을 비교해 보면 별개의 것처럼 생각될 것이다. 동굴에 들어온 네안데르탈인은 구부정한 등으로 서툰 걸음걸이를 하고, 이마도 턱도 거의 없는 것 같은 얼굴을 하고 있어서 꼭 원숭이를 닮아 있

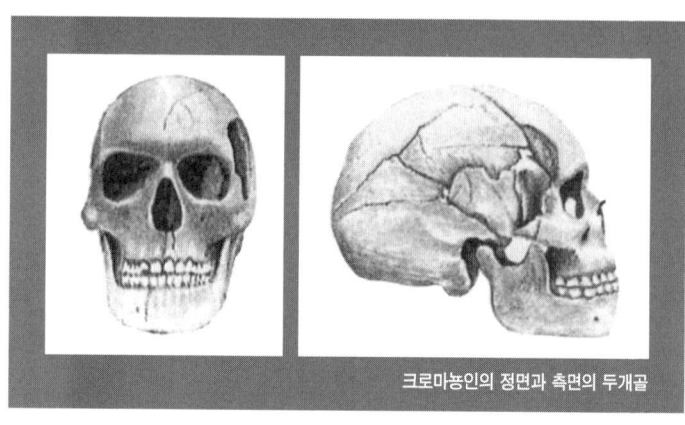
크로마뇽인의 정면과 측면의 두개골

다. 그러나 동굴에서 나간 것은 키도 크고 등도 곧은 크로마뇽인으로, 얼핏 보면 우리와 거의 비슷하다.

이 두 종류의 인간은 그 다른 점이 너무나 크기 때문에, 어떤 고고학자들은 이들이 완전히 틀린 인종일 것이라고 생각했다. 즉 크로마뇽인은 높은 종족의 인간들이고, 네안데르탈인은 낮은 종족의 인간들이라고 결론지었다.

어떤 고고학자들은 네안데르탈인은 훨씬 이전부터 유럽에 살고 있었는데, 크로마뇽인이 어딘가 먼 곳으로부터 와서 전부터 살고 있던 자들을 압박하여 근절시켰을 것이라는 이론을 생각해 냈다.

하지만 이것은 인류의 진화 과정을 전혀 무시한 이론으로서 성립될 수가 없다. 만약 이런 이치라면 대학생은 높은 종족이고, 고등학생은 낮은 종족이라는 주장도 할 수 있지 않겠는가. 또 해마다 대학생들이 내습해 와서 고교생들을 압박한다는 이

론도 성립되어야 한다.

사실 매년 봄이 되면 얼마쯤의 고교생들이 학교에서 사라져 간다. 그러나 동시에 대학의 강당에는 어디에선지 모르게 1학년 학생들이 나타난다.

여기서 높은 종족과 낮은 종족의 이론을 지지하는 사람들은 다음과 같은 결론을 끌어낼지도 모른다. 높은 종족인 대학생들이 매년 어딘지 모르는 곳에서 나타나서 낮은 종족인 고교생들을 멸하여 근절시켜 버린다. 그래서 이 같은 이론을 믿고 있는 사람들에게 크로마뇽인이 일찍이 네안데르탈인과 같았듯이 대학생들도 일찍이 고교생들이었음을 이해시키기란 아마도 불가능할 것이다.


### 고대의 집

인간 생활의 변천에 따라 그들의 집도 점차 변천해 갔다.

집의 역사를 쓰려면 우리는 먼저 동굴에서부터 시작해야 한다. 자연에 의하여 생겨난 이 집은 인간이 지은 것이 아니라 찾아낸 데 불과했다.

그러나 자연은 그다지 훌륭한 건축가가 못 되었다. 자연이 산을 일으키고 그 속에 동굴을 만들있을 때는 누가 동굴에 실 건 말건 그런 것은 생각할 필요조차 없었기 때문이다.

그러니 인간이 동굴을 찾아냈다고 해도 그곳에서 자신의 생활에 필요한 것을 발견하는 경우는 극히 드물었다. 이 셋집의 천장은 지나치게 낮았고, 벽은 언제 허물어질지 몰랐으며, 출입구는 너무 좁아 엎드려서 드나들기도 어려웠다.

이 집 안을 살기 좋게 손질하기 위해서 집단 전체가 일에 착수했다. 동굴 바닥과 벽은 돌 조각이나 나무토막으로 깎고 다듬어 넓고 평평하게 만들었다.

출입구 가까이에는 화덕을 만들기 위해 구덩이를 파고 돌을 쌓아올렸다. 어머니들은 여러 모로 마음을 써서 어린아이들을 위한 잠자리를 마련해 주었다. 즉 바닥을 조금 파고 그 속에 요 대신 화덕의 따뜻한 재를 깔아 준 것이다.

한쪽 구석으로는 새끼 곰의 고기며 그 밖의 여러 식료품을 넣어 둘 창고를 만들었다.

이렇게 인간은 자연이 만들어 놓은 동굴을 자기들의 노동력으로 개조하여 그들이 살 집으로 바꾸어 놓았다.

그리고 시간이 지나감에 따라 자기들의 집을 짓기 위한 인간의 노동은 더욱더 늘어만 갔다.

바위로 된 자연의 지붕인 추녀를 발견하면 인간은 거기에다 벽을 세웠다. 벽을 발견하면 그 위에다 천장을 만들어 얹었다.

남프랑스의 산간 지방에는 원시인들의 집터가 남아 있다. 그 지방 사람들은 이 집터를 '마귀의 화덕'이라는 이상한 이름으로 부른다. 그 사람들은 큰 돌로 된 동굴 속의 화덕에서 물을 따뜻하게 할 수 있었던 것은 오직 마귀밖에 없다고 생각했기 때문이다. 그 지방 사람들도 자기 조상의 역사를 좀더 알게 되면 '마귀의 화덕'은 마귀가 아니라 인간의 손으로 만든 것임을 알게 될 것이다.

원시 시대의 사냥꾼들은 언젠가 차양처럼 툭 튀어나온 바위 천장 밑에 산기슭에서 굴러 떨어진 돌로 만든 두 개의 벽을 발견했다. 그들은 자연이 만들어 놓은 이들 벽에 다시 두 개의 벽을 덧붙였다. 한쪽에는 넓적하고 커다란 돌을 세우고, 다른 쪽에는 나뭇가지를 얽은 후 흙을 발라서 만든 막대기를 세웠다.

그러나 이 벽은 이미 없어져 버린 지 오래이므로 우리는 다만 그렇게 추측해 볼 뿐이다.

움막집, 즉 넓은 공간은 사방이 벽으로 둘러쳐졌다. 그 바닥에는 부싯돌 파편과 뼈나 뿔로 만든 도구가 남아 있다.

'마귀의 화덕'은 집과 동굴의 혼혈아다. 그런데 이것은 이미 진짜 집과 그다지 거리가 먼 것도 아니었다.

인간이 두 개의 벽을 만들 수 있게 되면서부터 네 개의 벽을 만드는 것쯤은 그다지 어렵지 않았다. 그리하여 우리는 야외에 세워진 인류 최초의 '집'을 보게 된다.

이 집들은 현대의 우리가 사는 집에 비하면 아직도 땅굴에 가깝다.

인간은 땅속에 깊고 넓은 구덩이, 즉 움막을 팠다. 벽이 무너져 내리지 않도록 인긴들은 그것을 돌이니 매머드의 거대한 뼈로 단단하게 굳혔다. 눈이나 바람을 막기 위해서는 나뭇가지로 엮고 흙을 바른 막대기로 지붕을 덮었다.

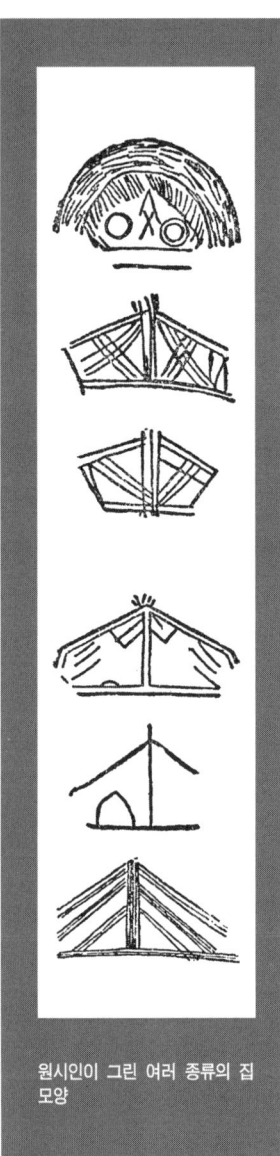

원시인이 그린 여러 종류의 집 모양

이것은 기묘한 집이었다. 밖에서는 그저 조그마한 둥근 산처럼 보이는 집일 뿐이었다. 집 안으로 들어가기 위해서는 '굴뚝'을 통과해야 했다. 왜냐하면 유일한 출입구는 지붕에 뚫어 놓은 구멍뿐이었고, 연기도 그리로 빠져나갔기 때문이다.

움막 벽께에는 의자 대신으로 매머드의 턱뼈가 놓여 있었다. 대지의 어머니인 땅바닥은 침대 구실을 했다. 인간은 머리를 흙베개 위에 올려놓고 단단하게 다진 직사각형의 작은 단 위에서 잤다.

이 집 속에는 뼈로 된 의자랑 흙침대 외에 돌 탁자도 있었다.

화덕 옆의 제일 밝은 자리에는 편평하게 깎은 돌로 된 '작업대'가 놓여 있었다. 이러한 작업대 위에서는 지금도 여러 가지 연장과 완전히 만들어지지 않은 재료의 파편들이 발견된다.

보라. 작업대 위에 뼛조각들이

흩어져 있다. 파편 가운데 어떤 것은 이미 완전히 세공질이 끝났거나 구멍이 뚫려 있으며, 또 어떤 것은 손을 대다가 그만둔 것도 있다. 직공은 뼈 막대기에 많은 잔금을 그려 놓았으나 아직 눈금대로 하나하나의 파편으로 자르지는 않았다. 그때 필시 일을 방해하는 어떤 사건 때문에 인간은 일을 집어치우고 그곳을 떠나야만 했을 것이다.

분명히 커다란 위험이 닥쳐왔음에 틀림없다. 그렇지 않고서야 인간이 이처럼 훌륭하게 다듬은 창의 촉이나 금을 그은 뼈 바늘이며 여러 가지 일에 필요한 작은 돌칼 등을 버리고 갔을 리 없지 않은가.

이런 물건들을 만든다는 것은 결코 쉬운 일이 아니다. 그 하나하나를 만들기 위해 인간은 오랫동안 일하지 않으면 안 되었다.

뼈바늘을 예로 들어 보자. 이것은 인류 역사상에 나타난 최초의 바늘이다. 하찮은 물건으로 보이지만 이것을 만들기 위해서는 많은 기술이 필요했다.

어떤 유적 속에서 여러 가지 설비와 재료, 그리고 아직 미완성품인 뼈바늘 제작소가 발견된 적이 있다. 그곳에는 모든 것이 고스란히 남아 있었다. 만약 누군가 뼈바늘이 필요했다면, 그 이튿날로 그것을 만들어 낼 수 있었을 것이다. 그러나 이제는 그와 같은 일을 해낼 만한 직공을 찾기가 어렵다.

바늘은 다음과 같은 순서로 만들어졌다. 우선 토끼의 뼈에 작은 칼을 대어 돌칼로 작은 뼈막대기를 잘라 낸다. 그리고는 톱니 모양으로 생긴 석판(石板)으로 그것을 뾰족하게 만든다. 그 다음에는 돌송곳으로 한쪽 끝에 구멍을 뚫고 맨 마지막에 그 바늘을 가는 것이다.

한 개의 바늘을 만들어 내는 데도 이렇게 많은 도구와 노동이 필요했던 것일까?

어느 인간의 집단에나 모두 바늘을 만드는 기술자가 있었던 것은 아니다. 그래서 뼈바늘은 가장 귀중한 것 중 하나이기도 했다.

그럼 여기서 잠시 원시 사냥꾼들의 생활상을 살펴보기로 하자.

눈 덮인 초원에 몇 개의 작은 산 같은 것이 보이고, 거기서 연기가 피어 오른다. 우리는 그곳의 한 작은 산 주위로 다가가서, 눈에 스며드는 연기도 아랑곳하지 않고 천장에 뚫린 구멍을 통해 안으로 들어간다.

우리는 요술 모자를 쓰고 있기 때문에 아무도 우리를 볼 수 없다고 가정하자. 이 움막 안은 연기가 자욱하고, 어두컴컴하며, 소란스럽다. 거기에는 적어도 열 남짓한 수의 어른과 좀더 많은 어린아이들이 있다.

눈이 연기에 익숙해지자 점차로 그곳에 있는 인간의 형체와 얼굴을 알아볼 수 있게 된다. 이들 인간에게는 이미 원숭이를 연상시키는 것이 조금도 남아 있지 않다. 키가 크고 균형이 잡혔으며, 등도 곧아 보기에도 늠름하다. 넓은 광대뼈와 양미간이 좁은 얼굴, 그 거무튀튀한 몸뚱이에는 붉은 물감의 문신이 잔뜩 그려져 있다.

여자들은 방바닥에 앉아서 뼈바늘로 털가죽 옷을 만들고 있다. 달리 장난감이 없는 어린아이들은 말의 다리뼈랑 사슴뿔을 장난감 삼아 놀고 있다. 화덕 옆의 '작업대'에서는 기술자 하나가 쭈그리고 앉아서 일을 한다. 그는 투창 자루에 뼈촉을 맞추고 있는 중이다. 그 곁에서는 다른 기술자가 뼈판(骨板)에다 작은 돌칼로 무언가 그림을 새기고 있다.

좀더 가까이 다가가서 무슨 그림을 그리고 있는지, 아니 좀더 정확하게 말해 무슨 그림을 새기고 있는지 살펴보기로 하자.

뼈판 위에는 유목하고 있는 말의 형체가 가느다란 몇 개의 선으로 새겨지고 있다. 놀라운 기교와 인내로 늘씬한 다리와 긴 목, 짧은 말갈기의 커다란 머리가 완성되어 가고 있다. 말은 살아 있는 듯, 금방이라도 뚜벅뚜벅 걸어 나올 것만 같다. 이 예술가는 바로 앞에 있는 말을 보고 그리듯이 참으로 솜씨 있게 다리의 움직임이나 머리의 방향 등을 새겨 간다.

그림이 다 된 모양이다. 그러나 이 예술가는 그냥 손을 놓지 않고 일을 계속한다. 이번에는 그 말 위에 사선을 그어 간다. 두 줄 세 줄 계속해서 그어 간다. 이윽고 말의 그림 위에는 무엇인지 모를 기묘한 그림이 완성되어 간다.

이 원시의 예술가는 무엇을 하고 있는 것일까? 현대의 예술가라도 부러워할 그런 그림을 왜 망치고 있는 것일까?

그 그림은 차차 복잡해져 간다. 마침내 우리는 말의 몸뚱이

위로 움막집이 나타나는 것을 보고 몹시 놀란다. 첫째 움막집에 이어 또 둘째 움막집이 나타나고, 이렇게 하여 이 예술가는 마을 전경을 그려 간다.

이 기묘한 그림은 무엇을 뜻하는 것일까?

이건 예술가의 변덕에서 나온 우연한 장난일까?

그렇지는 않다. 우리는 원시인들의 동굴 속에서 이와 같은 기묘한 그림을 많이 수집할 수 있다.

매머드 위에 움막집이 두 개나 그려진 그림이 있고, 세 개 그려진 들소의 그림도 있다. 또 이런 그림도 있다. 한복판에 반쯤 잡아먹힌 들소의 몸뚱이가 그려져 있는데, 손대지 않은 곳은 머리와 허리께와 다리뿐이다. 긴 코에다 갈기 달린 머리는 앞발 사이에 가로놓여 있다. 그 곁에는 두 줄로 늘어선 인간들이 서 있다.

뼈판이나 넓적한 돌 혹은 바위 위에 이와 같은 동물이나 인간이나 집을 그린 이상한 그림은 지금도 많이 남아 있다. 하지만 가장 많은 것은 동굴 벽에 그려져 있는 그림이다.

동굴의 입구를 발굴하기 시작했을 때 우리는 그 벽 위에서 그림을 발견한 적이 없었다. 그때 우리가 본 것은 다만 입구 바로 가까이에서 인간들이 먹거나 자거나 일을 했던 자리를 보았을 뿐이다.

그렇다면 동굴의 좀더 깊숙한 곳을 들여다보고, 그 종횡으로 들어선 좁은 길을 살펴보자. 몇십 미터든 몇백 미터든 뻗쳐 있는 갈라진 바위틈을 들어가 보자.

지하 화랑

우리는 등불을 가지고 동굴 속으로 들어간다. 도중에 꺾어지는 모퉁이나 십자로가 있다면 잘 외어 두자. 지하의 미로에서는 곧잘 길을 잃어버릴 수 있다.

바위 복도는 차차 좁아지고, 천장에서는 물이 뚝뚝 떨어진다. 우리는 등불을 높이 쳐들어 그 빛으로 주의 깊게 벽을 비춰 본다.

지하수의 흐름은 불빛을 받아 동굴을 번쩍이는 결정체로 장식해 놓는다. 그러나 그곳에는 아직 인간의 손이 닿은 흔적이 보이지 않는다.

우리는 다시 좀더 안쪽을 향해 걸어간다. 돌연 누군가가 외친다.

"저것 봐!"

가까이 다가가 보니 벽 위에는 검은색과 빨간색으로 그린 들소가 있다. 들소는 앞다리를 꺾은 채 꼬부라져 있으며, 그 둥근 잔등에는 투창이 꽂혀 있다.

우리는 몇만 년 전의 예술가가 그린 작품을 보면서 한동안 그곳에 서 있다.

조금 더 안으로 들어가니 다른 그림이 있다. 벽 위에서는 괴물이 춤을 추고 있었는데, 짐승을 닮은 인간도 아니고, 인간을 닮은 짐승도 아니다. 털이 많은 그 괴물의 머리에는 구부러진 뿔이 달려 있고, 등에는 혹이 있으며, 꼬리는 털북숭이다. 손과 발은 인간의 것과 같고, 손에는 활을 들고 있다. 좀더 자세히 살펴보니 이것은 들소 가죽을 뒤집어쓴 인간이었다.

이 그림 외에도 다른 여러 가지 그림들이 죽 그려져 있다.

그렇다면 이 기묘한 화랑은 도대체 무엇을 위한 것일까?

현대의 예술가는 밝은 화실에서 그림을 그린다.

미술관에서는 빛이 잘 드는 쪽에 그림들을 걸어 둔다.

그런데 원시인들은 어째서 인간의 시선도 미치지 않는 이 같은 어두운 지하에서 그림 전람회를 연 것일까?

원시인은 분명히 남에게 보이기 위해 그림을 그린 것은 아닌 모양이다.

그렇다면 원시 예술가는 대체 무엇 때문에 그림을 그린 것

**프랑스 라스코 동굴의 들소와 새 머리의 인물**
들소의 길이 112cm

일까?

짐승의 가면을 쓰고 춤추는, 우리로서는 도저히 이해할 수 없는 이들 인간의 그림은 도대체 무엇을 뜻하는 것일까?

### 수수께끼의 해답

"춤추는 데는 몇 사람의 사냥꾼이 참가합니다. 토착인들은 모두 들소 머리에서 벗겨 낸 가죽이나 뿔을 달아 만든 가면을 머리에 쓰고, 손에는 활과 창을 쥐고 있지요. 이 춤은 들소 사냥을 나타내는 것입니다. 이윽고 그중 하나가 지치면 쓰러지는 시늉을 하죠. 그러면 다른 토착인이 그것을 보고 끝이 뭉툭한 화살을 쏩니다. 들소는 숨이 끊어진 것처럼 춤판에서 끌려 나오고, 사람들은 그 위에다 칼을 휘두르는 시늉을 합니다. 이 들소가 끌려나가면 그 대신 들소 가면을 쓴 다른 토착인이 들어오지요. 이 춤은 잠시도 쉬지 않고 2~3주일 동안 계속될 때도 있습니다."

이것이 원시 사냥꾼의 춤에 대한 이야기다. 그렇지만 대체 누가 어디서 그러한 춤을 엿볼 수 있었겠는가?

우리는 현대 여행자의 수기 속에서 불쑥 원시 예술가가 동굴의 벽 위에 그린, 사냥꾼들의 춤에 관한 기술을 발견해 냈다.

이 여행자는 북아메리카의 초원에서 그것을 보았다. 그곳

인디언들에게는 지금도 원시 시대 사냥꾼들의 습관이 그대로 보존되어 있다.

이렇게 해서 우리는 이상한 그림의 수수께끼를 풀 수 있었다. 그러나 이 해답 속에는 또 다른 수수께끼가 있다.

이 이상한 춤이 몇 주씩 계속되는 것은 대체 무슨 까닭일까?

현대인에게 춤이란 오락 아니면 예술이다. 그러나 인디언들이 단지 예술에 대한 애정이나 혹은 위안 때문에 3주간이나 계속 쓰러질 때까지 춤을 춘다고는 상상하기 어렵다. 사실 인디언의 춤은 춤이라기보다는 의식(儀式)에 가깝다.

우리의 춤을 지도하는 것은 물론 무용 선생이다.

그러나 인디언의 춤은 마술사가 지도한다. 마술사는 춤추는 무리들이 공상 속에서 뒤쫓을 짐승이 움직여 갈 방향으로, 손에 들고 있는 조그만 관 속으로부터 연기를 뿜어낸다. 마술사는 그 연기로 지도를 하면서 무리들을 북으로, 동으로, 서로, 남으로 향하게 한다.

춤이 마술사에 의해 움직여지는 것이라면 그것은 이미 춤이 아니라 마술적인 의식임을 의미한다.

인디언들은 그 이상한 동작으로 마술을 걸고는 숨은 요술의 힘으로 대초원 속에 있는 들소를 불러내려고 애쓴다.

그리고 바로 이 점이 동굴의 벽에 그려져 있는 그림이 의미하는 바와 같다. 즉 춤추는 사람은 단순히 춤을 추는 사람이 아니라 마술적인 의식을 행하고 있는 사람이며, 횃불 밑에서 동굴 벽에 그림을 그리기 위해 지하로 숨은 예술가는 단순한 예술가가 아니라 마술사였다.

그는 짐승의 가면을 쓴 사냥꾼들이나 상처받은 들소를 그림으로써, 사냥이 성공적으로 끝나도록 마술을 건다.

우리에게는 그것이 원시인의 무의미한 행위로 느껴지겠지만, 그들은 춤이 반드시 일을 도와 주리라고 확신하고 있다.

집을 짓고자 할 때 우리는 석수나 목수의 동작을 흉내내면서 춤추지는 않는다. 만일 학교에서 교사가 수업 전에 자〔尺〕를 손에 들고 춤출 궁리를 했다면 정신 병원으로 보내질 것이다. 하지만 우리에게는 어이없이 생각되는 것도 우리의 조상들에게는 진지한 것이었다.

이로써 우리는 기묘한 그림의 수수께끼 하나를 풀었다. 우리는 무엇 때문에 동굴 벽에 춤추고 있는 인간이 그려졌는지를 알았다.

그런데 우리는 수수께끼 같은 또다른 그림을 보지 않았는가.

동굴 속에서 뼈판 위에 칼로 파서 새겨 놓은 그림을 발견했던 것을 여러분은 잊지 않았을 것이다. 그 뼈판 가운데에는 들소의 시체가 있고, 그 둘레에는 사냥꾼들이 서 있었다. 들소의 몸뚱이는 모두 먹히고, 남은 건 오직 머리와 앞발뿐이었다.

이 그림은 무엇을 의미하는 것일까?

이 수수께끼를 풀기 위해서는 아메리카가 아니라 러시아의 북극 지방으로 가야 한다.

시베리아에서는 수십 년 전까지 사냥꾼들이 곰을 잡으면 '곰의 축제'를 열었던 시대의 풍습을 재현했었다.

사냥한 곰이 집으로 옮겨지면 곧 곰은 경건하게 상좌에 놓인다. 곰의 머리는 두 앞발 사이에 놓이고, 그 머리 앞에는 빵이나 자작나무 또는 자작나무 껍질로 만든 사슴의 모형이 놓여진다. 이것은 곰에게 바치는 희생물이다. 곰의 코끝에는 자작나무 껍질의 컵이 장식되고, 눈꺼풀 위에는 은화를 놓는다.

그러고 나서 사냥꾼들은 곰 곁으로 다가가 그 코끝에 입을 맞춘다.

이것은 그로부터 몇 밤이고 계속되는 축제의 서막에 지나지 않는다. 사람들은 밤마다 곰의 시체를 에워싸고 춤추고 노래 부르고 한다.

자작나무 껍질이나 나무로 만든 가면을 쓴 사냥꾼들은 곰 곁으로 다가가 경건하게 머리를 숙인 뒤에 곰의 뒤뚱대는 걸음걸이를 흉내내면서 춤을 추기 시작한다.

이윽고 춤과 노래가 끝나면 그 곰을 먹기 시작하는데, 머리와 앞발에는 손도 대지 않고 다른 부분의 고기만 먹는다.

여기서 우리는 뼈판 위의 그림이 무엇을 뜻하고 있는지 알 수가 있다.

그것은 '들소의 축제'였다.

들소를 에워싸고 있는 사람들은 들소가 자기들에게 고기를 제공해 준 데 대해 감사하고, 다음 기회에도 이와 같은 혜택을 베풀어 주기를 빌고 있다.

인디언들에게로 다시 되돌아가면 여기서도 비슷한 수렵제가 행해지고 있는 것을 발견할 수 있다.

  인디언의 한 종족 중에는 사냥꾼들이 죽인 사슴을 그 뒷다리가 동쪽을 향하도록 놓는 종족이 있다. 그리고 사슴의 코끝에다가는 온갖 먹을 것이 담겨진 대접을 늘어놓는다. 사냥꾼들은 차례로 사슴에게 다가가 오른손으로 코에서부터 꼬리까지 만지며 사슴이 자진해서 죽어 준 것에 대해 감사한다.

  이때 그들은 말한다.

  "형제여, 편히 쉬시라!"

  마술사는 사슴을 향해 연설한다.

  "너는 우리에게 그 뿔을 가져다 주었으므로 우리는 너에게 감사의 마음을 바친다."

# 2장 조상들과의 대화

우화의 세계

여러분은 누구나 어렸을 때 '이반 왕자'나 '불새' 또는 '꼽추 망아지' 등의 이야기를 읽었을 것이다. 이러한 우화 속에는 인간으로 변하는 동물과 언제든 동물로 변할 수 있는 인간의 이야기가 쓰여 있다.

이야기책 내용에 의하면, 착하든 악하든 보이든 보이지 않든 간에 이 세상 도처에는 무엇인가 비밀이 존재하고 있다. 이러한 세계에서는 복수의 마술사나 사악한 귀신의 노여움이 우리 몸에 닿지 않도록 끊임없이 조심해야 한다. 여기서는 추한 모습이 눈 깜짝할 사이에 미녀가 되기도 하고, 선량한 소년이 무서운 뱀이 되기도 하므로 자기의 눈을 믿을 수가 없다. 또한 죽은 자가 되살아나고, 잘려 떨어진 목이 이야기하기도 하며, 물에 빠져 죽은 자가 물속으로 어부를 끌고 가기도 하는 등 온갖 일들이 어떤 특별한 법칙에 의해서 행해진다.

푸슈킨의 시에 다음과 같은 것이 있다.

기적이 일어나는 곳,
숲의 요정이 떠도는 곳,
요정은 나뭇가지에 앉아…….

우리는 이야기책을 읽고 있는 동안만은 적어도 거기에 쓰여 있는 것들을 믿는다. 그러나 책을 덮으면 금방 현실의 세계로 돌아온다. 여기에는 마술사도 귀신도 없다. 그리고 무슨 일이든 계산하고 설득시킬 수가 있다. 그 세계가 아무리 매혹적이라 해도 우리는 우화의 세계에서 살고 싶은 생각은 들지 않는다.

그 세계에서는 여우 떼나 마술사의 눈에 발각되어 죽음을 당하지 않으려면 '이반 왕자'와 같이 행복하게 태어나야만 하지 않는가.

그런데 우리의 조상은 현실의 세계와 우화의 세계를 동일시하고 두 세계를 구별하지 못했다. 조상들은 모든 일이 선악과 더불어 이 세계를 지배하고 있는 어떤 보이지 않는 힘의 의지에 의해 일어나는 것으로 생각했다.

우리는 돌부리에 걸려 넘어지면 자기 자신의 부주의 탓이라고 생각한다. 그런데 원시인은 그것이 자기 자신의 죄가 아니라 그 돌을 길바닥에 놓아둔 어떤 사악한 요물 때문이라고 생각했다.

우리는 단검에 찔려 사람이 죽으면 '사람이 단검에 찔려 죽었다'고 한다. 그러나 원시인은 그 사람이 죽은 것은 단검에 마술에 걸려 있었기 때문이라고 한다.

물론 지금도 남이 자기를 기분 나쁜 눈으로 쏘아보면 병에 걸린다든가, 월요일에 무슨 일을 시작하면 잘되지 않는다든가, 토끼가 앞길을 가로질러 가면 불행이 찾아온다는 따위의 미신을 믿는 사람이 있기는 하다.

우리는 이와 같은 사람들을 비웃는다. 현대에 있어서는 미신이 전혀 용납되지 않기 때문이다. 무엇인지도 모르는 힘을 믿는다는 것은 무지한 경우에만 일어난다. 미신이란 거미줄처럼 어두컴컴한 구석에서만 진을 치는 법이다.

그러나 우리는 마술사나 요정을 믿었다고 해서 우리의 조상을 비난하는 일은 그만두자. 그들은 주위에서 일어나는 모든 일을 어떻게든 설명하려고 정직하게 애썼다. 그러나 너무나 지식이 모자라 올바른 설명을 찾아내지 못했다.

오늘날에도 문화의 혜택을 입지 못한 많은 인종들이 역시 이와 비슷한 상태에 놓여 있다.


선교사와 여왕의 초상

뉴기니의 모토모토족(族)이 살고 있는 지방에 전염병이 발생한 일이 있었다. 토인들이 잇달아 죽었다. 어느 집에서나 신음 소리가 흘러나왔고, 이 종족 전체가 공포에 휩싸였다.

대체 어디서 이런 무서운 병이 찾아왔을까?

토인들은 이 재액의 원인에 대해 생각했다. 토인들은 백인, 즉 선교사나 그 가족들이 이 지방에 살게 된 뒤부터 이러한 병이 발생했다는 것을 깨달았다. 백인들이 없었을 때에는 병도 없었다. 백인들이 오니까 병도 따라왔다.

원주민들에게는 이러한 생각이 정당한 것으로 여겨졌다. 그리하여 토인들은 창과 부메랑이라는 팔매 도구 등으로 무장한 채 선교사의 집으로 몰려가 집을 에워싸고 아우성치기 시작했다.

"백인들을 모두 죽여 버려라! 놈들은 우리에게 마술을 써서 무서운 병에 걸리게 했다!"

선교사는 새파랗게 질린 채 문간으로 나왔다. 선교사가 말했다.

"사랑하는 형제 자매여!"

그러나 그 목소리는 사나운 노호에 눌려서 들리지도 않았다. 성난 그들의 귀에 타이르는 말을 불어넣어 주기란 정말 힘든 일이었다. 가엾은 선교사가 이토록 웅변적이었던 적은 일찍이 없었을 정도였다. 그때 선교사가 토인에게 한 연설은, 상당히 구체적이고 논거가 확실했다는 점에서 늘 하던 여느 설교보다도 훌륭한 것이었다. 그런 때의 문제란 타인의 영혼을 구원하는 일이 아니라 바로 자기 자신의 생명을 구하는 일이기 때문이었을 것이다.

노호는 진정되었다. 토인들은 귀를 기울이기 시작했다. 위기는 사라진 듯이 보였으나 긴장 상태는 여전히 계속되었다.

그런데 선교사로서는 실로 다행스럽게도 갑자기 울타리 너머에서 양이 나타났다. 양은 꼼짝 않고 토인들을 응시했고 토인들은 양을 응시했다. 토인들은 다시 생각하기 시작했다.

'이 양은 백인과 함께 왔다. 혹 병의 원인이 양에게 있는 것은 아닐까?'

누군가가 외쳤다.

"양을 죽여 버려라! 저놈이 나쁘다!"

그 순간 양의 운명이 결정되었다. 몇십 명의 손이 울타리를 부수기 시작했다. 선교사는 잠자코 이 행동을 보고만 있었다. 차마 자기의 양을 감싸 줄 엄두가 나지 않았다. 불쌍한 양은 창에 찔려 죽고 토인들은 환성을 지르며 돌아갔다.

2~3일이 지났다. 죄를 뒤집어쓴 양은 애처롭게 벌을 받았으나 전염병은 물러가지 않았다. 토인들은 다시 이 재액의 원인을 찾기 시작했다. 토인들은 선교사가 숫양 외에 다른 두 마리의 염소를 데리고 왔다는 것을 생각해 냈다.

토인들은 다시 선교사의 집을 에워싸고 수염을 기른 악마를 넘겨 달라고 요구했다. 그러나 선교사는 더이상 양보할 수는 없다고 생각했다. 토인들은 오늘은 염소를 내놓으라고 하고, 내일은 소를, 그 다음에는 또다른 것을 내놓으라고 할 것이다.

선교사는 염소를 토인들에게 넘겨주는 것을 단호하게 거절했다. 염소에게는 아무런 죄가 없다는 것을 선교사는 토인들에게 극력 설득하겠다고 생각했다.

그러나 대체 누구를 나쁘다고 한단 말인가?

어떤 일이든 원인이라는 것이 있다.

토인들은 선교사의 집 창문으로 안을 들여다보는 동안에 돌연 식당 벽에 걸려 있는 초상화에 시선이 갔다. 그것은 어깨가 드러난 훌륭한 의상을 걸치고 있는 여자의 초상화였다. 그 가슴은 성장(星章)으로 장식되고 머리 위에는 작은 관이 얹혀 있었다. 그것은 당시 영국을 지배하고 있던 빅토리아 여왕의 초상이었다.

몇천 매나 복사된 초상화는 런던의 어떤 여관에나 가게에도 걸려 있는 흔한 것이었다. 그러나 모토모토족이 살고 있는 이 지방에서는 전혀 낯선 물건이었다.

초상화는 토인들의 눈길을 끌었다. 이제야 토인들로서는 모든 것이 명백해졌다. 병의 원인은 이 초상화다! 이 요사한 것이 종족 전체에 이런 무서운 재액을 가져온 것이다!

다시 소동이 일기 시작했다. 토인들은 창을 휘두르면서 집 안으로 난입했다.

우리는 사건이 어떤 모양으로 결말이 났는지는 모른다. 토인들이 영국 여왕의 초상화로 만족했는지 아니면 그들의 분노를 예전에는 본 일조차 없었던 다른 것, 가령 선교사의 침실용 슬리퍼라든가, 정교하게 세공된 도자기 커피포트, 또는 괴상하게 추가 움직이고 있는 벽시계 등으로 방향을 돌렸는지 그건 알 수 없다.

그런데 문제는 그러한 경과에 있는 것이 아니다.

이것을 실례로 든 것은, 자연의 법칙에 대해서 아무런 이해조차 없는 인간들은 그들을 놀라게 하는 여러 가지 사건의 원인을 그냥 어림짐작으로 아무렇게나 찾아내려고만 서두른다는 것을 시사하고 싶었기 때문이다.

여러 가지 경험은 이 세상의 모든 것이 서로 연관되어 있음을 인간에게 암시해 준다. 그러나 어디에 그것이 결부되어 있는지를 모르는 사람들은 어떤 하나의 현상에 대해 다른 현상의 마술적인 작용을 믿는다.

아프리카를 여행한 어떤 학자는 다음과 같이 말했다.

"로앙고 연안 지방의 주민들은 새로운 선구(船具)를 단 돛배, 또는 다른 배보다 큰 굴뚝을 가진 기선을 보면 금방 흥분해 버린다. 방수용 망토, 색다른 모양의 모자, 흔들의자 등 여태껏 보지 못했던 각양각색의 기구도 토인들에게는 최악의 의혹을 불러일으킬 수 있다."

즉 토인들은 낯선 것은 무엇이든지 마술의 도구인 양 생각했다.

그리하여 마술로부터 도피하기 위해 악어 이빨로 된 목걸이나 코끼리의 꼬리로 만든 팔찌 같은 부적을 몸에 지니고 있지 않으면 안 되었다. 부적은 그것을 몸에 지니고 있는 자를 재액에서 지켜 주는 역할을 했다.

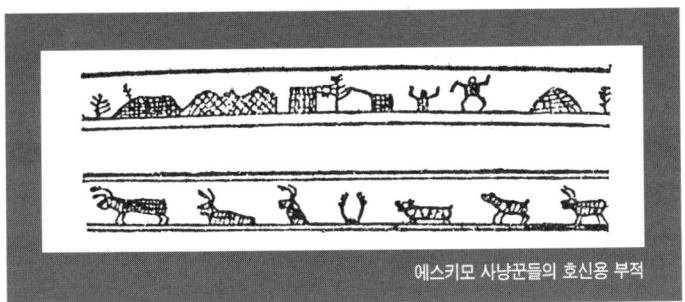
에스키모 사냥꾼들의 호신용 부적

원시인들은 세상일에 대해서 아프리카의 토인들보다도 무지했다.

그리고 또한 마술사나 요술 할멈을 믿고 있었을 것이다. 이런 사실은 발굴된 여러 가지 부적들이나 동굴 안쪽 벽에 그려진 요괴스런 그림이 잘 말해 주고 있다.

### 우리 조상들의 세계관

인간에게 있어 법칙을 알 수 없는 세계에서 살아간다는 것은 곤란한 일이었다. 인간은 이러한 불명(不明)한 힘 속에서 자신을 약하고 무력한 존재라고 느꼈다. 무엇이든 부적으로 보이고, 모든 인간이 마술사로 보였다. 그들은 도처에 복수심으로 가득 찬 죽음의 요귀가 방황하면서 살아 있는 자에게 덤벼든다고 생각했다. 그리고 사냥에서 잡은 짐승은 언젠가는 자기를 죽인 자에게 복수할 것이라고 믿었다.

이러한 불행을 피하기 위해 끊임없이 빌고, 부탁하고, 설복시키고, 물건을 바쳐서 요귀들의 비위를 맞추려 애쓰지 않으면 안 되었다.

무지가 공포를 낳은 것이다.

인간은 무지했기 때문에 이 세계의 지배자로서가 아니라 공포에 질린 불쌍한 탄원자처럼 행동했다.

인간이 자신을 자연의 지배자로 생각하기에는 아직 너무 일렀다. 인간은 그들의 지혜로써 이 세상의 어떤 동물보다도 강해졌고 매머드도 쓰러뜨렸다. 그러나 자신의 힘으로 제어할 수 없는 강한 자연의 힘과 비교한다면 아직 너무나 미약했다. 사냥이 뜻대로 되지 않으면 인간은 결국 며칠이고 굶을 수밖에 없었고, 눈보라가 한번 휘몰아쳐 오면 그들의 숙영지는 눈 속에 묻혀 버리고 말았다.

그렇다면 무엇이 인간에게 싸울 수 있는 힘과 한 걸음 한 걸음씩 자연을 정복해 나갈 힘을 주었을까?

인간에게 그 힘을 준 것은, 인간은 혼자가 아니라는 사실이었다.

인간은 집단 전체의 힘으로 자연의 적성(敵城) 세력과 싸웠다. 인간은 그 집단 전체의 힘을 합하여 일했고, 그 일 속에서 새로운 경험과 지식을 쌓아 갔다.

인간 자신은 이 일을 충분히 이해하지 못했으며, 또 이해했다 하더라도 그것은 다분히 제멋대로 이해한 것에 지나지 않았다.

인간은 인간의 집단 또는 인간의 사회가 어떤 것인지를 몰랐다. 그러나 자기들이 서로 결합되어 있다는 것, 그리고 하나의 집단으로서의 인간이란 마치 손을 많이 가진 한 사람의 거인과 같다는 것을 막연히 느끼고는 있었다.

그럼 무엇이 인간을 결합시켜 놓았을까? 그것은 첫째로 혈연 관계였다. 인간은 언제나 가족과 함께 살아오지 않았던가. 다시 말해 아이들은 어머니와 더불어 살고, 그 아이들은 또 아이들을 낳아 형제 자매나 친척, 그리고 어머니와 할머니들과 살아왔다.

종족은 이런 모양으로 이어져 갔다.

원시 시대의 사냥꾼들에게 있어 사회란 동일한 조상에서 나온 종족이었다. 인간은 모두 조상으로 인해서 결합되었다. 즉 선조들은 인간에게 사냥과 연장을 만드는 방법을 가르쳐 주었고, 또 주거지와 불을 주었다.

노동하고 사냥하는 일은 조상들의 뜻을 받들어 수행하는 것을 의미한다. 조상들이 가르친 대로 하는 자는 불행이나 위험에서 벗어난다.

조상은 눈에 보이지 않지만 자손들과 같이 살고, 사냥터나 집으로 찾아 든다. 또한 조상들은 악을 벌하고 선에는 보답한다.

이렇게 공통된 이익을 위해 협동하여 일을 한다는 것은 원시인의 생각으로는 어디까지나 동일한 조상들의 가르침에 따르고, 함께 그 뜻을 받들어 행한 것을 의미한다.

그런데 원시인들은 일 그 자체에 대해서는 우리와 다르게 생각했다.

우리 생각에는 들소를 쫓는 사냥꾼을 먹여 살리는 것은 사냥이다. 그러나 원시 시대의 사냥꾼은 자기를 먹여 살리는 것은 들소라고 생각했다. 오늘날에도 우리는 예로부터의 이 습관에 따라 소를 '은인'이라 부르고, 대지를 '어머니'라 부르지 않는가. 우리는 소의 승낙 없이 소에게서 젖을 짜낸다. 그런데도 우리는 소가 우리에게 젖을 '준다'고 말한다.

원시 시대의 사냥꾼에게 있어 들소와 매머드 및 사슴 등은 그들의 '은인'이었다. 사냥꾼의 관념에 따르자면, 자기가 짐승을 잡은 것이 아니라 짐승이 그에게 고기와 가죽을 제공해 주는 것이다. 아메리카 인디언들은 짐승의 뜻을 어기고 짐승을 잡을 수는 없다고 믿는다. 들소가 잡히면 그것은 그 들소가 인간을 위하여 자기를 희생한 것이고, 죽기를 원했던 것이 된다. 따라서 들소는 종족의 은인이고 보호자임과 동시에 공통된 조상이었다.

그리하여 아직 이 세상의 법칙을 뚜렷이 이해하지 못하는 인디언들의 머릿속에서 보호자로서의 조상과 종족을 먹여 주는 은인으로서의 짐승이 동일한 존재가 되어 버렸다

때문에 원시인들은 "우리는 들소의 자손이다."라고 말하고 있다. 실제로 그들은 자기들의 조상이 들소였다고 믿었다. 원시 시대 예술가가 들소를 그리고, 그 위에 세 개의 움막집을 그렸을 때는 들소 자손들의 진영(陣營)이라는 뜻이었을 것이

다.

　이렇게 인간은 노동 가운데서 동물들과 맺어졌다. 그러나 혈연 관계가 없는, 상사성(相似性)이 없는 결합은 이해되지 않는다. 짐승을 잡으면 인간은 그 짐승을 형님이라 부르고 용서를 빌었다. 의식을 거행하거나 춤을 출 때 그 가죽을 덮어쓰기도 하고, 동작을 흉내내기도 하면서 자기의 형제인 짐승과 닮으려고 노력했다.

　인간은 아직 자기 자신을 '나'라고 부르지 않았다. 그는 자기 자신을 씨족의 일부로 생각했고, 도구로 느꼈다. 어느 씨족에게나 그 씨족의 특유한 이름과 그들이 숭배하는 동식물의 토템이 있다. 이름이란 다름 아닌 그들의 조상이며 보호자인 동물의 이름이다. 이리하여 '들소'니, '곰'이니, '사슴'이니 하는 이름의 씨족이 생겨나기 시작했다. 인간은 씨족을 위해서 언제나 생명을 바칠 각오를 했다. 씨족의 관습을 토템의 명령이라고 생각했기에, 씨족의 명령은 그들에게 있어 하나의 법칙이었다.


조상들과의 대화


　이제 다시 한 번 원시인의 동굴 속으로 들어가 보자. 원시인과 함께 화덕 옆에 앉아 그 습관이나 신앙에 대해서 이야기해 보자. 여러 가지 수수께끼에 대한 우리의 풀이가 옳은지 어떤

지를, 또 원시인이 동굴 벽 위에 뼈 또는 뿔로 만든, 바로 우리를 위해 남겨 놓은 것 같은 부적에 새긴 그림을 우리가 바르게 해석했는지 어떤지를 원시인 자신의 입으로 이야기하도록 해 보자.

그러나 어떻게 동굴 주인으로 하여금 이야기하도록 할 수 있을까?

이미 아득한 옛날에 바람은 화덕의 재를 불어 흩뜨려 버렸다. 언젠가 이곳 불가에서 돌이나 뿔로 도구를 만들고, 짐승 가죽으로 의복을 만들고 있던 인간의 뼈는 이미 오래전에 썩어 버렸다. 오직 땅속에서 누렇게 바래고 다 부서진 두개골을 가끔씩 발견할 수 있을 뿐이다.

두개골이 말하게 하려면 어떻게 해야 할까?

우리가 동굴을 판 것은 도구의 파편을 찾아내어 그 도구로써 원시인들이 어떤 모양으로 일하고 있었는가를 알기 위해서였다.

그럼 고대어의 잔재나 단편은 어디서 찾아야 한단 말인가?

그것은 현재 사용되고 있는 말 속에서 찾아야 한다.

이와 같은 발굴에는 삽이 필요 없다. 파내는 곳은 땅속이 아니라 사전이기 때문이다. 어떤 사전이나, 어떤 언어라도 그 속에는 귀중한 과거의 자취를 보존하고 있다. 그것은 그럴 수밖에 없다. 몇백 년, 몇천 년에 걸친 세대의 경험이 말 속에 있으면서 우리에게까지 전해져 왔으니 말이다.

언어를 배우고 조사하는 일은 간단할 것이라고 생각하기 쉽다. 책상 앞에 앉아 사전과 씨름하면 되니까 말이다.

그러나 그렇지가 않다.

연구가들은 고대어를 찾기 위해 지상을 편력하고, 산을 오르며, 바다를 건넌다. 때로는 밀림 벽지의 미개한 소민족(小民族)에게서 다른 어떤 언어 속에도 남아 있지 않은 가장 오래된 말을 찾아내기도 한다.

모든 언어는 마치 인류의 진화 도상(途上)에 있는 숙영지와 같다. 그 대표적인 예로 오스트레일리아나 아메리카의 수렵 종족의 언어는 우리가 훨씬 이전에 지나쳐 온 숙영지다. 그리고 또 연구가들은 우리가 잊어버리고 만 고대의 관념이나 표현을 찾아내기 위해서 대양을 건넌다. 이를테면 폴리네시아 같은 곳으로 말이다.

연구가들은 말을 찾아서 남쪽의 사막이나 북쪽의 툰드라 지대라도 기꺼이 찾아 들어간다.

북극 지방 민족의 언어 속에는 아직 소유라는 관념이 없던 시대, 즉 인간이 '나의 무기', '내 집'이라는 것이 무엇을 뜻하는지를 몰랐던 시대의 말이 남아 있다.

고고학자들이 숙영지에서 주거나 도구의 유품을 파내듯이, 고대어의 흔적을 캐내기 위해서는 이들 언어 속을 끝없이 찾아 돌아다니지 않으면 안 된다.

준비니 지식이 없어서도 안 된다. 오래된 말이 박물관에 보존된 유물들처럼 언어 속에 그대로 보존되어 있겠는가. 오랜 세대의 흐름 속에서 말은 몇 번이나 변화했다. 말은 한 언어 속에서 다른 언어 속으로 옮겨 가서 서로 어울리고, 어미나 접두사에도 변화를 일으켰다.

때로는 하나의 낱말에서 타 버린 나무처럼 낡은 뿌리만 남아 있을 때도 있다. 그러나 그 뿌리만으로도 그 말의 유래는 충분히 알 수 있다.

몇천 년이 지나는 동안에 말은 형태뿐만이 아니라 그 의미도 달라졌다. 고어에 새로운 뜻이 부여되는 경우가 자주 있었기 때문이다.

이러한 현상은 오늘날에도 일어나고 있다. 물론 새로운 것이 생기면 당장 그것에 대한 새로운 명칭을 생각해 낼 수는 없다. 그렇지만 이미 존재하는 언어들 속에서 옛 낱말을 꺼내어 그것을 꼬리표처럼 새것에 꽉 붙여 준다.

만년필이라는 것은 이미 붓〔筆〕이 아니다. 손잡이라는 것은 손〔手〕과는 전혀 다르다. 스팀 해머라는 것은 하는 일은 망치와 같지만 형체는 이미 망치가 아니다. 비행선은 배〔船〕가 아니며, 쏜다는 말은 활을 쏠 때뿐만 아니라 대포를 쏠 때도 쓰인다.

이렇게 우리는 '붓', '손', '망치' 또는 '쏜다' 등의 말을 가져다가 새로운 이름을 붙였다.

이것들은 모두가 아주 최근까지 언어의 상층에 남아 있는 것들로서, 쉽게 이들 언어의 이전 의미를 찾아낼 수 있다.

마르(Marr, N. Y.)라는 위대한 언어학자는 고대와 현대의 민족어를 연구하여 현재의 많은 말이 한때는 전혀 다른 의미를 지니고 있었다는 것을 증명했다. 이 학자는 어떤 언어 속에서 '말〔馬〕'이라는 말이 어느 때인가는 '사슴' 또는 '개'를 뜻하고 있었다는 것을 발견해 냈다. 왜냐하면 예전에는 말보다도 개나 사슴을 타고 돌아다녔기 때문이다. 이 학자는 또 농부의 아내들이 예전에는 빵을 도토리라고 했다는 것을 증명했다. 인간들이 빵을 먹기 시작하기 이전에 먼저 도토리를 먹었기 때문이다.

사자를 '큰 개'로, 여우를 '작은 개'로 불렀던 언어도 있다. 이것은 '개'라는 말이 '사자'나 '여우'라는 말보다 먼저 생겨났기 때문이다.


고대어(古代語)의 파편

언어 발굴을 계속해서 하다 보면 가장 오래된 고대의 파편을 발견하게 된다. 메시챠니노프라는 학자는 그의 저서에서 이와 같은 언어의 파편에 대해서 말하고 있다.

예를 들면 시베리아 동북부의 유카기르족의 언어 속에는 글자 그대로 번역하면 '인간 사슴 죽임'이라는 말이 있다. 이 기다란 말은 발음하기도 어렵지만 그 뜻을 이해하기란 더욱 곤란하다.

이것으로는 누가 누구를 죽이는지 모른다. 인간이 사슴을 죽이는지, 사슴이 인간을 죽이는지, 아니면 인간이 사슴과 합

세해서 누군가 제삼자를 죽이는지, 어느 제삼자가 인간과 사슴을 죽이는지 알 수가 없다.

물론 유카기르족은 이 말의 뜻을 알고 있다. 즉 "인간이 사슴을 죽였다(잡았다)."라고 말하고 싶을 때 이 말을 쓴다.

그러면 어디에 문제점이 있을까? 어떻게 해서 이런 기묘한 말이 생겨났을까?

이 말은 인간이 아직 자기를 가리켜 '나'라고 하지 않았던 시대, 즉 인간이 그 자신이 일하고, 사냥하고, 사슴을 쫓고, 그리고 죽인다는 것을 의식하지 못했던 시대에 생긴 것이다. 인간은 사슴을 죽인 것이 자기가 아니라 씨족 전체, 아니 씨족조차도 아니고 이 세상을 지배하고 있는 비밀스런, 눈에 보이지 않는 그 무엇이라고 생각했다.

인간은 자연 앞에 나가면 자기 자신이 아직도 몹시 약하고 보잘것없는 존재라고 생각했다. 자연은 인간이 원하는 대로 되어 주진 않는다.

오늘은 무엇인가 알 수 없는 힘에 의해 '인간 사슴 죽임'이 잘되었지만, 내일은 실패하여 빈손으로 돌아온다.

'인간 사슴 죽임'이라는 표현 속에는 주격(主格)이 없다. 원시인은 등장 인물이 그 자신이나 사슴이라고는 생각할 수 없었다.

원시인은 알 수 없는 비호자(庇護者), 다시 말해 인간과 사슴의 조상이 그들 인간에게 사슴을 주었다고 생각했을 것이다.

언어의 발굴을 계속하면서, 가장 오래된 고대어에서 새로운 말로 더듬어 내려오면 더욱더 인간이 자기 자신을 비밀스런 힘의 손에 붙잡힌 도구라고 생각하고 있던 시대의 말의 잔재와 맞부딪칠 것이다.

시베리아의 추크치족의 표현 속에는 다음과 같은 말이 있다.

"인간에 의해 개에게 고기를 준다."

오늘날 우리는 이 말이 뜻하는 바를 알 수 없다. 우리는 이것을 아주 옛날, 즉 인간이 아직 우리와 비슷한 생각조차 하지 못했던 시대의 언어 중에 충적된 언어층 속에서 발굴해 냈기 때문이다.

현재라면 '인간이 개에게 고기를 준다'고 할 것을 그때는 '인간에 의해 개에게 고기를 준다'라고 했다.

그렇다면 과연 누가 인간을 시켜서 고기를 준다는 것일까?

그는 바로 인간을 도구처럼 쓰는 어떤 비밀스런 힘이다.

다코다라는 종족의 인디언들은 '내가 짠다'고 하는 대신 '나에 의해 짜여진 편물'이라고 했다. 그것은 마치 갈고리를 쓰고 있는 것은 인간이 아니고, 인간이 편물을 하기 위한 갈고리에 지나지 않는다는 식의 표현이다.

고대어의 단편은 유럽인들의 말 속에도 많이 남아 있다.

프랑스인들은 'Il fait froid'라고 말하는데, 이것은 '춥다'는 뜻이다. 그러나 글자 그대로 번역하면 '그것은 추위를 만든다'가 된다.

여기에도 마찬가지로 세계를 지배하고 있는 '그것'이 존재한다.

러시아어 속에도 고대어나 사물에 대한 사고방식 등의 자취가 남아 있다. 러시아인들은 '벼락에 의해 그는 죽임을 당했다'고 한다.

누가 죽였는가? 역시 비밀의 힘인 '그것'이다.

또 이런 것도 있다. '그 사람은 경련을 일으켰다' 이 말의 러시아어 글자 그대로의 뜻은 '그 사람을 경련하게 했다'이다. '그 사람은 열병에 걸렸다'는 '그 사람의 신상에 불행이 있으라고 빌었다'이다.

그 사람을 경련하게 하고, 그 사람의 불행을 기뻐하는 것이란 대체 무엇인가?

마찬가지로 불가사의한 비밀의 '그'가 모습을 감추면서 오히려 그 표현 속에 파고든 말은 그 밖에도 많이 있다.

우리는 어떤 비밀스런 힘도 믿지 않는다. 그런데 우리의 말 속에는 그와 같은 힘을 믿고 있었던 고대인들의 말이 아직도 남아 있다.

우리는 언어층을 발굴함으로써 거기에서 원시인들의 말뿐만 아니라 사물에 대한 사고방식까지 발견한다. 원시인은 비밀의 세계, 이해할 수 없는 세계에 살고 있었다. 그 세계에서는 인간이 노동하고 사냥하는 것이 아니라 누군가에 의해서 인간이 일하고, 누군가에 의해서 인간이 사슴을 죽이며, 그래서 불가사의한 존재의 의지에 따라 일체의 노동과 사냥이 이루어지고 있었다.

그러나 세월은 흘렀다. 인간은 스스로 강해지면 강해질수록 세계나 세계에 있어서의 자신의 위치를 점점 분명하게 깨닫기 시작했다. 언어 속에도 '나'라는 표현이 등장했다. 행동하고 투쟁하고, 여러 가지 사물과 자연을 자신에게 종속시켜 가는 인간이 나타났다.

이제 '인간에 의해 사슴을 죽였다'고 말하는 대신에 '인간이 사슴을 죽였다'고 말한다.

하지만 아직까지도 현대의 언어 속에는 과거의 그림자가 어른거리기도 한다. 가령 지금도 러시아어로는 '싣고 오지 않는다'는 말은 '불운하다'는 뜻이고, '제재받았다'는 말은 '결정되었다'는 뜻이다.

누가 행운을 실어다 주지 않는다는 것인가? 누구에게 제재당했다는 말인가?

그것은 바로 운명이고 천명이다.

운명이나 천명은 원시인이 그렇게까지 두려워했던 '불가사의한 존재'가 아닌가.

'운명'이라는 말은 아직 우리의 말 속에도 존재한다. 그러나 언젠가는 사라져 버릴 것이라고 지금이라도 예언할 수 있다.

농부는 큰 확신을 가지고 자기의 논밭에 씨를 뿌린다. 풍작인지, 흉작인지는 자기 자신의 노력과 방법 여하에 달렸음을 알고 있다.

불모의 땅을 풍요의 땅으로 만드는 여러 가지 기계 사용도, 곡식의 생명을 지배하는 일을 도와 주는 여러 가지 과학도 농부 자신에게 봉사해 주는 것들이다.

선원은 대담한 용기를 가지고 바다를 향해 떠난다. 그는 깊은 바다 밑의 암초를 볼 수 있고, 태풍이 불지 어떨지를 미리 알 수 있다.

'운명이었다'느니 '태생이 그랬다'는 말 따위는 차차 듣지 않게 될 것이다.

무지는 공포를 낳는다.

지식은 확신을 준다.

자연의 법칙을 몰라서, 그래서 힘으로 자연을 지배할 수 없었던 인간은 자기 자신을 자연의 노예, 불명한 존재의 노예라고 느꼈다.

자연의 법칙을 알고, 자기 자신의 존재 법칙을 인식하는 인간은 자기 자신의 운명의 주인이 되어 자유를 얻을 수 있을 것이다.

# 3장 위대한 봄

후퇴하는 얼음

해마다 해빙기가 되면 숲에도 들판에도 시골길에도 길가의 도랑에도, 가는 곳마다 수다스러운 냇물이나 조그만 폭포가 모습을 나타낸다.

봄이 되면 물은, 지붕 밑에 가만히 있지 못하는 개구쟁이들처럼 흐물흐물 녹기 시작한 눈 밑에서 달려나와 돌 위를 뛰어넘고, 길을 비스듬히 가로질러 기운찬 소음으로 주위를 진동시키면서 곧장 앞으로 흘러간다.

눈은 양지바른 경사면이나 훤히 트인 들판에서 밀려나, 5월경까지 햇볕을 피할 수 있는 산골짜기나 개천 속으로 물러난다.

그렇게 되면 자연의 경치는 하루하루 달라져 간다. 불과 2, 3일 사이에 햇볕은 벌거벗은 산등성이를 풀로 덮고, 벌거숭이 가지에 잎이 돋아나게 한다.

겨울 동안 쌓였던 눈이 녹아내리는 봄은 언제나 이렇다.

그러면 새하얀 모자로 지구의 머리를 덮고 있던 거대한 얼음의 겉면이 녹기 시작했을 때는 어떤 일이 일어났을까?

그때 얼음 밑에서 달려나오기 시작한 것은 작은 개울이 아니라 많은 양의 물이 넘쳐흐르는 큰 강이었다. 이러한 강물은 도중에 크고 작은 물줄기를 모아 가며 바다로 흘러들어가 대부분 지금에까지 이른다.

이것이야말로 대자연의 소생이며, 북쪽의 벌거숭이 평원을 울창한 숲으로 뒤덮은 위대한 봄의 힘이었다.

그러나 이렇게 찾아온 봄도 당장에 모든 권리를 주장한 것은 아니다. 4월이 되어 따스한 날이 계속되다가도 갑자기 추운 바람이 휘몰아치는 때도 있다. 아침에 눈을 뜨면 온 세상이 하얀 눈에 덮여 봄은 아직 아무 데도 오지 않은 것처럼 느껴지는 때도 있다.

위대한 봄도 이렇듯 단번에 추위를 정복하지는 않았다. 얼음은 마치 몇백 년이나 자리잡고 있던 곳을 할 수 없이 떠나기라도 하는 듯이 느릿느릿 물러갔다.

조금 물러섰다가 한참 동안은 다시 전력을 다해 머물러 있는 듯이 보이고, 이윽고 다시 공격 태세로 나온 일도 있었다. 그때는 얼음과 더불어 툰드라도 길동무인 순록(馴鹿)을 이끌고 남쪽으로 이동했다.

　평원에서는 풀을 괴롭히면서 이끼와 바위옷(지의류)이 돋아나고, 들소와 말들은 남쪽의 풀 있는 목장으로 떠나갔다.

　추위와 따뜻함과의 싸움은 오랫동안 계속되었다. 결국 따뜻한 기운이 승리했다. 녹아내리는 얼음장 밑으로는 물이 기운차게 흘러내렸으며, 대지를 덮었던 눈 모자는 작아지기 시작했다. 얼음의 분계(分界)는 북쪽으로 물러가고 툰드라도 그 뒤를 따랐다.

　이끼나 바위옷이 돋아나 있던 곳, 드문드문 키가 작고 폭이 좁은 소나무 숲이 눈에 띄었던 곳에는 아름드리 소나무가 빽빽하게 들어선 숲이 우거졌다.

　그리고 날이 갈수록 따뜻해져 갔다.

　소나무 잎 사이로 뻗어 오르는 백양나무와 자작나무의 수가 점점 더 많이 선명하게 눈에 띄었다. 그 뒤를 이어 활엽의 떡갈나무와 보리수가 무성하게 북쪽으로 몰려왔다.

　'소나무 시대'는 '떡갈나무 시대'로 바뀌었다.

　이 숲의 집은 저 숲의 집에 자리를 내주었다. 그런데 어느 숲의 집에도 그 주인은 있었다.

　활엽수의 숲과 더불어, 그리고 관목과 딸기와 버섯 등과 더불어 그 숲 속의 먹이를 먹고사는 짐승들도 북쪽으로 옮겨 왔다. 멧돼지가 왔고, 순록이 왔다. 나뭇가지와 같은 좋은 뿔을 가진 사슴이 왔다. 갈색 곰이 맛있는 들꿀을 찾아 돌아다니면서 나뭇가지를 부러뜨리기 시작했다. 이리가 떨어진 잎사귀를 주의 깊게 밟으며 토끼의 발자취를 찾아 뒤쫓아갔다. 얼굴이 둥글고 다리가 짧은 비버가 둔덕을 만들기 위해 숲 속의 개울에 모습을 나타냈다. 숲 속은 갖가지 새들의 노랫소리로 가득 찼다. 백조와 거위는 숲의 호수에서 헤엄치며 돌아다녔다.


### 얼음에서 해방되다

자연 속에서 이와 같은 일체의 변화가 진행되고 있을 때, 인간만이 한쪽 옆에 물러나 무관심한 방관자로 있을 수는 없었다. 주위의 모든 것이 마치 연극의 무대가 바뀌듯 일변했다.

다만 연극과 다른 점이 있다면 여기서는 어느 막(幕)이나 모두 몇천 년간 계속되고, 무대는 수백만 제곱킬로미터의 넓이라는 사실이었다.

인간은 이 세계적인 구경거리 속에서 구경꾼이 아니라 등장인물이었다.

인간은 무대의 배경이 바뀔 때마다 거기서 살아남기 위해 그 생활을 바꾸고 또한 고치지 않으면 안 되었다.

툰드라가 남쪽으로 밀려 이동했을 때 사슬에 묶어 놓은 죄인처럼 순록들도 함께 끌고 갔다. 이 눈에 보이지 않는 '사슬'의 한쪽 끝에는 순록이, 다른 끝에는 이끼와 바위옷이 비끄러매어 있었다.

순록은 이끼와 바위옷을 먹으며 툰드라 속으로 옮겨 살았고, 인간은 또 그 순록의 뒤를 쫓으며 옮겨 살았다.

인간은, 초원에서는 들소나 말을 사냥했지만 툰드라에서는 순록을 잡는 사냥꾼이 되지 않으면 안 되었다.

툰드라에는 순록밖에 없었기 때문이다.

매머드는 거의 멸종 상태에 놓여 있었다. 인간이 그들을 몇 천 마리라고 할 것도 없이 무제한적으로 잡아먹었기 때문에 숙영지 근처에는 매머드의 뼈가 산처럼 쌓여 있었다. 인간은 또한 엄청나게 많은 말들을 잡아먹었다. 인간의 손에서 겨우 살아남은 말 떼는 메마른 바위옷으로 초원이 덮여 버리자 멀리 남쪽으로 사라져 갔다.

이렇게 되자 순록은 툰드라에서 인간을 먹여 살릴 수 있는 유일한 존재가 되었다. 인간은 순록의 고기를 먹고, 순록의 가죽으로 옷을 만들어 입었으며, 순록의 뿔로 창이나 작살을 만들었다. 그리하여 인간의 모든 생활을 순록의 생활에 적응시키기 위해 힘썼다.

인간은 순록의 뒤를 쫓아 따라다녔다. 숙영지에서는 여자들이 재빨리 움막을 짓고 가죽으로 지붕을 덮었다. 그러나 여자들은 한군데서 오래 살지는 못한다는 것을 알고 있었다. 파리나 파리매 떼에 쫓겨 순록이 다른 툰드라로 이동하면, 인간 역시 그들과 함께 살던 곳을 버리고 떠나는 수밖에 없었다.

여자들은 움막을 분해하여 등에 짊어지고 지칠 대로 지쳐서 툰드라 속을 걸어가야 했고, 남자들은 여자들과 나란히 작살이나 창만 손에 든 홀가분한 차림새로 걸어갔다. 주거에 대한

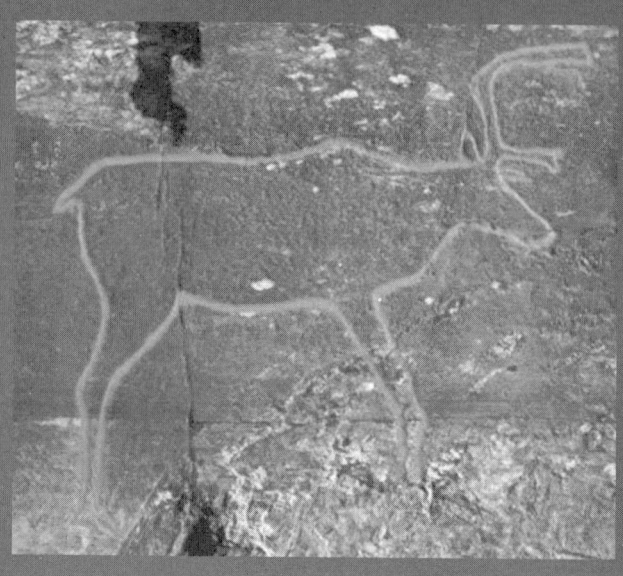

**노르웨이의 중석기 시대 순록 벽화(상)**
순록 길이 180cm
툰드라 지대의 유일한 식량이었던 원시 시대의 순록은 매우 거대했다.(하)

걱정을 하는 것은 남자들의 일이 아니었기 때문이다. 그런데 드디어 툰드라는 순록 떼를 거느리고 퇴각하기 시작했다. 툰드라가 있었던 곳은 빠져나갈 길조차 없을 정도로 울창한 숲이 빽빽이 들어찼다.

그러면 같은 시기에 인간은 어떻게 했을까?

수렵하던 어느 씨족은 순록 떼의 뒤를 쫓아서 모르는 사이에 북극 지방으로 이동해 갔다. 이것은 무엇보다도 간단한 방법이었다. 인간에게 있어서 북쪽의 자연은 이미 익숙해져 있었기 때문이다. 이미 춥고 거친 기후가 3만 5000년간이나 계속되었고, 인간은 이 3만 5000년 동안에 추위와 싸우는 방법을 배워 익혀 왔으며, 짐승에게서 따뜻한 털가죽을 벗겨 입는 방법도 알아냈다. 날씨가 추워지면 추워질수록 바람을 막은 움막집의 화덕에서는 더욱더 따뜻한 불이 타올랐다.

그러므로 북극 지방으로 가는 편이 원래의 자리에 머무는 것보다 훨씬 수월했다. 그러나 수월한 길을 택한 것이 항상 좋으라는 법은 없다. 툰드라와 더불어 북쪽으로 가 버린 인류의 대부분은 소멸되고 말았다. 그곳에서는 빙하 시대가 너무 오래 계속되었기 때문이다. 현재도 그린란드의 에스키모인은 극심한 추위와 빈약한 자연과의 영원한 투쟁을 계속하면서 여전히 얼음 속에서 살고 있다.

그러나 이전의 장소에 그대로 머물러 있던 종족은 그전의 생활과는 다른 길을 걷게 되었다. 물론 처음에는 주위의 무성해진 삼림 속에서 산다는 것이 쉬운 일만은 아니었다. 하지만 그 대신 그들은 그들의 조상들이 몇천 년간이나 갇혀 살고 있던 얼음의 세계에서 마침내 해방될 수가 있었다.


숲과 싸우는 인간

툰드라가 물러간 다음에 들어선 삼림은 오늘날의 삼림과는 여러 가지로 달랐다. 그것은 발을 들여놓을 수 있는 길조차 없는 울창한 밀림이 몇천 킬로미터나 계속되어 강물이나 호수와 접해 있는가 하면, 어떤 곳에서는 삼림이 해변까지 뻗어 있었다.

이 새롭고 낯선 세계에서 산다는 것은 인간에게 있어서 쉬운 일이 아니었다. 삼림은 털북숭이 손으로 인간을 덮쳐 질식시켰고, 생계를 해결해 주지도 또 지나는 길을 열어 주지도 않을 것처럼 보였다. 그래서 인간은 끊임없이 삼림과 투쟁하며 잘라 내고 개간하지 않으면 안 되었다.

툰드라에서는 거주지를 물색하는 일쯤은 아무것도 아니었다. 주위가 온통 벌판이었기 때문이다. 그런데 숲 속에서는 먼저 그 장소부터 쟁취해 내야만 했다.

삼림에서는 아무리 좋은 장소라 하더라도 나무가 자라고 관목이 무성했다. 숲과 싸우기 위해서는 적의 요새를 대하는 것과 같이 도전해야만 했다.

그런데 전쟁은 무기 없이는 불가능하다. 나무를 잘라 내기 위해서는 도끼가 필요했다. 그래서 인간은 긴 도끼 자루 끝에 무거운 삼각형 돌을 박았다.

전에는 딱따구리만이 소리를 내고 있던 숲 속에서 새와 짐승들을 놀라게 하는 최초의 도끼 소리가 울려 퍼졌다.

예리한 돌칼은 나무의 동체 깊숙이 파고들었다. 그 상처에서는 짙은 수지(樹脂)가 뚝뚝 떨어졌다. 나무는 삐걱거렸고 신음 소리를 내면서 인간의 발밑에 쓰러졌다.

해를 거듭할수록 인간은 끈덕지게 나무를 찍어 쓰러뜨림으로써 점점 숲의 세계 속에 자기들만의 장소를 마련해 갔다.

인간은 빈땅을 마련하기 위해 나무 그루터기와 수풀을 불살라 버렸다.

이렇게 인간은 삼림과 맞서 싸웠고, 드디어 승리했다. 그러나 인간은 이것만으로 만족할 수 없었다. 정복하고 쓰러뜨린 적을 다시 이용했다.

인간은 가지를 다듬어 통나무를 만들고 그 한쪽 끝을 깎았다. 그리고 끝이 뾰족한 통나무를 땅에 대고 돌망치로 두들겨 박았다. 그 최초의 기둥과 나란히 제2, 제3, 제4의 기둥이 울타리처럼 늘어섰다. 그 기둥과 기둥 사이에 나뭇가지로 엮은 벽이 세워졌다.

숲 속에 숲을 닮은 통나무집이 세워졌다. 즉 숲 속과 마찬가지로 가지를 엮어 합친 나무줄기가 죽 늘어섰다. 그런데 그 나무줄기들은 아무렇게나 무질서하게 세워진 것이 아니라 인간이 그렇게 연구한 질서를 유지한 채 늘어서 있었다.

숲의 세계에서 인간이 자기의 자리를 마련한다는 것은 참으로 어려운 일이었다. 그러나 식량을 구하는 일은 더욱더 어려웠다.

그들이 초원에서 살 때는 떼지어 돌아다니는 짐승을 사냥했었다. 떼지어 돌아다니는 짐승은 멀리서도 알아보기가 쉬웠다. 그것은 초원 속의 언덕처럼 매우 분명하게 보였기 때문이다.

그러나 삼림 속에서는 사정이 달랐다. 숲 속은 그곳에 둥지를 틀고 사는 여러 동물들로 꽉 차 있었으나 그것들을 눈으로 볼 수는 없었다. 그 숲의 주인들은 모두 그들 특유의 목소리나 바스락대는 소리 등의 온갖 소음으로 숲의 어느 곳에서고 소란스러웠다. 하지만 그들의 모습을 찾거나 발견하기란 힘든 일이었다.

예를 들어 보자. 무엇인가가 발밑에서 바스락거리는 소리를 내며 머리 위를 날기도 하고 나뭇잎에 부딪힌 것 같기도 하다.

그러나 나무줄기 사이로 점점이 보이는 각양각색의 빛깔 속에서 그런 가냘픈 소리나 희미한 냄새를 어떻게 구별할 수 있단 말인가?

숲의 짐승이나 새는 모두가 보호색을 가지고 있다. 새는 얼룩덜룩한 나무 껍질과 같은 색을 띠고, 짐승의 황갈색 털은 떨어져 쌓인 나뭇잎 빛깔과 흡사했다.

사정이 이렇다 보니 짐승을 발견하기란 매우 어려웠을 뿐만 아니라, 발견한다 하더라도 울창한 숲 속 깊숙이 모습을 숨기기 전에 실수 없이 죽여야만 했다.

그래서 사냥꾼들은 투창보다 좀더 빠르고 정확한 화살을 써야만 했다.

활을 손에 들고 화살 통을 등에 멘 채 숲을 헤치고 들어간 사냥꾼은 멧돼지를 잡고, 늪지에서는 거위와 물오리를 쏘아 잡게 되었다.


네 발 가진 동료

어느 사냥꾼에게나 친구가 있다. 그것은 커다랗고 민감한 귀와 후각이 뛰어난 예민한 검은 코를 가진 네 발 가진 친구다.

사냥할 때 이 네 발 가진 친구는 사냥꾼을 도와 새나 짐승을 찾아낸다. 식사 때는 나란히 앉아서 "내 몫은?" 하고 묻는 듯이 사냥꾼의 눈을 들여다본다.

이 네 발 가진 친구는 1년 정도가 아니라 이미 몇천 년 간이나 신뢰와 성실로써 사냥꾼을 도와 왔다. 인간은 가벼운 새 깃이 달린 화살로 들새나 짐승을 죽이고 있었을 무렵부터 개를 길들여 데리고 다녔다.

그리하여 숲 속의 토탄지(土炭地)에서는 인간의 뼈와 함께 개의 뼈가 나란히 발견되기도 한다.

작은 마을이 있었던 곳으로 보이는 근처의 부엌 쓰레기 퇴적물 속에서는 지금도 개 이빨 자국이 난 짐승의 뼈가 발견된다. 그때 이미 개는 식사 때 사냥꾼 옆에 앉아서 짐승의 뼈다귀를 먹었다는 것을 명백히 알 수 있다.

왜냐하면 아무 소용도 없는데 인간이 그들 곁에 개를 두고 길렀을 리가 없기 때문이다.

사냥꾼은 강아지를 길들여 새나 짐승을 발견하는 법을 가르쳤고, 한 사람 몫을 하는 조수로 삼았다.

이러한 인간의 선택은 잘못된 것이 아니었다. 개는 인간보다 훨씬 날쌔게 짐승의 발자국을 찾아냈다. 짐승의 자취를 인간보다 훨씬 먼저 느낀 개는 코로 킁킁거리며 냄새를 맡기 시작한다. 두세 번 코를 쳐들어 나뭇잎에서 나는 냄새를 맡는 것만으로도 이미 무슨 자취인지 알 수 있다. 아직 주위에 있는 사람들이 아무것도 보지 못하고 어떠한 소리도 듣지 못했는데도, 개는 벌써 자기의 중요한 책임인 추적에 온몸을 던져 숲속을 종횡으로 달린다. 사냥꾼은 그런 개의 뒤를 따라가기만 하면 되는 것이다.

이렇게 하여 인간은 개를 길들임으로써 전보다 더욱 강해졌다.

인간은 자기 코보다 몇 배나 훨씬 예민하게 냄새를 맡는 개의 코뿐만이 아니라, 그 다리도 이용했다. 말이 짐차를 끌게 되기까지 인간은 오랫동안 개로 하여금 사람을 실어 나르도록 했다.

시베리아의 크라스노야르스크 근처에 있는 고대 사냥꾼의

숙영지에서는 멍에의 부속품과 함께 개의 뼈가 발견된 일이 있다.

이것을 통해 개는 인간의 사냥을 도왔을 뿐만 아니라 인간을 등에 실어 나르는 일도 했다는 것을 알 수 있다.

이리하여 우리는 인류의 전기(傳記) 속에서 친구로서의 개와 최초로 만난다.

산속에서 길손을 살린 개에 대해서, 싸움터에서 부상자를 운반한 개에 대해서, 주인집 현관을 지키고 국경을 지킨 개에 대해서 얼마나 많은 이야기가 쓰여졌던가. 개는 집에서도, 사냥터에서도, 싸움터에서도, 그리고 현대 과학의 실험실에서도 충실하게 인간을 돕고 있다.

과학과 인류의 이익을 위하여 학자가 개를 수술대 위에 올려놓을 때, 개는 언제나 주인에게 생명을 바칠 결심이 되어 있다는 충실한 눈으로 학자를 바라본다.

레닌그라드(지금의 상트페테르부르크) 근처의 파블로프 연구소 건물에서는 학자들이 인간의 뇌 작용을 연구하고 있는데, 그 건물 앞에는 높직한 기념비가 서 있다.

이 기념비는 우리의 충직한 네 발 가진 친구들의 명예를 기리기 위해 세워졌다.


강물과 싸우는 인간

모든 인간이 다 울창한 밀림 속으로 들어간 것은 아니었다. 밀림 속에서 강변이나 호반으로 나온 인간도 있었다.

그 인간은 물과 숲이 있는 좁은 지역에 통나무집을 세웠다.

강변은 그래도 숲 속과 비교해 볼 때 널찍한 터가 있었다. 그러나 그곳에서 살아가는 것은 숲 속보다 훨씬 어려웠다. 강은 불안한 이웃이었기 때문이다. 봄이 되면 범람하여 강가를 침식하고, 얼음덩이와 쓰러진 나무줄기 등을 실은 세찬 물결은 자주 인간이 지어 놓은 움막집을 휩쓸어 버렸다. 인간은 이 범람을 피하기 위해 나무 위로 올라가는 수밖에 없었다. 그곳에서 강물의 노여움이 자비로 바뀔 때까지 기다리는 것이다. 그리하여 강물이 원래의 흐름으로 되돌아가면 인간은 다시 강기슭에다 파괴된 개미탑을 재건했다.

처음에는 강의 범람이 불시에 인간을 엄습해 왔지만 인간은 강물의 습관을 주의해서 관찰하는 가운데 지혜를 짜냈고, 드디어는 그 힘을 꺾을 수 있게 되었다.

그들은 약간의 나무를 잘라 내어 그것들을 한데 묶고 강가에 놓았다.

이 제1열의 통나무 위에 이번에는 경사지게 제2열을 쌓아올렸다. 계속 그런 방법으로 쌓아올리자 차차 높고 넓은 통나무 대(臺)가 만들어졌다. 인간은 그 통나무 대 위에다 자기들의 움막집을 세웠다. 그리하여 이제 인간은 강물의 범람도 두려워하지 않게 되었다. 성난 강물이 기슭 위로 올라와도 집의 기초조차 흔들리지 않았다.

이것은 인간의 위대한 승리였다. 낮은 기슭을 높이는 것은 쉬운 일이 아니다. 오늘날 우리가 강물의 흐름을 억제하기 위해 만들고 있는 방수제나 둑도 사실 모두 이 통나무 대에서 비롯되었다.

인간은 강물과의 싸움으로 많은 노력과 시간을 허비했다. 그러면 무엇이 인간을 거들어 강가에서 살게 했을까? 무엇이 인간을 물가로 이끌었을까?

여기에 대해서는 온종일 인내심을 가지고 수면의 낚시찌를 바라보며 물가에 앉아 있는 낚시꾼들에게 물어보라.

인간이 강에 이끌린 것은 그 속에 살고 있는 물고기 때문이다.

그렇다면 어떻게 사냥꾼이 어부가 될 수 있었을까? 물고기를 잡으려면 사냥과는 전혀 다른 도구가 필요했을 텐데 말이다. 전혀 다른 방식이나 숙련이 필요하지 않겠는가?

사물을 잇고 있는 사슬 가운데서 끊어진 곳을 발견하면 바로 그 고리를 찾으려고 시도해 보아야 한다.

사냥꾼이 당장에 어부가 될 수는 없었다. 즉 물고기를 낚기 전에 우선 물고기 사냥부터 해야 했으니까.

사실이 그랬다. 최초의 어부가 쓴 도구는 창과 별반 다를 바 없는 작살이었다. 인간은 허리까지 차는 물속으로 들어가 여기지기 돌아다니면서 돌 틈에 숨어 있는 물고기를 작살로 찔렀다. 그 뒤로는 좀더 다른 방법으로 고기를 잡기 시작했다. 인간은 이미 그물로 새를 잡기 시작하고 있었으므로 물속에

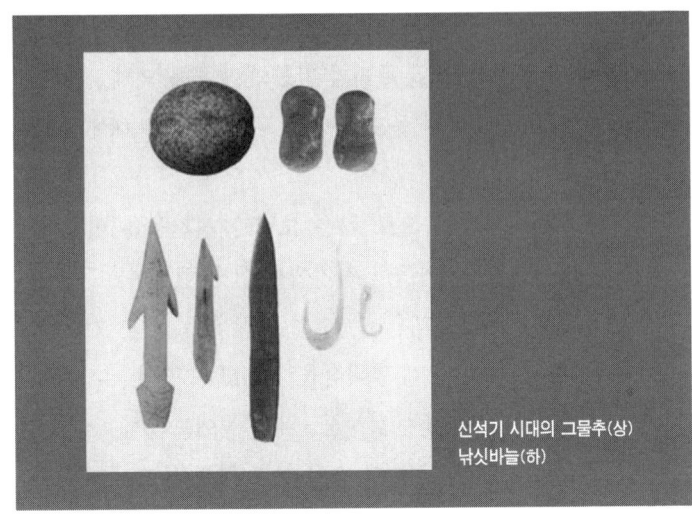

신석기 시대의 그물추(상)
낚싯바늘(하)

그물을 던져 보았다.

이렇게 하여 인간은 점차 물고기를 잡는 도구를 갖추게 되었다. 고고학자들은 작살 대신에 그물추와 뼈로 만든 낚싯바늘을 땅속에서 발견했다.

배의 조상

지금으로부터 약 60년쯤 전에 러시아의 서북부에 있는 라도가 호에서 노동자들이 운하를 파고 있었다. 토탄층과 모래층을 파 내려가던 그들은 인간의 두개골과 여러 가지 석기를 발견했다.

이 말을 듣고 현지로 달려온 고고학자들은 토탄밖에는 아무 것도 없을 것으로 생각되었던 소택지(沼澤地) 밑바닥에서 마치 박물관 진열장 속에서처럼 온갖 것들을 차례로 꺼내기 시작했다. 고고학자들은 돌도끼, 돌칼, 돌낚싯바늘, 화살촉, 날이 달린 작살, 뼈를 깎아 만든 바다표범 형상의 부적 등을 파냈다.

**배의 조상 통나무 배**

고고학자들은 돌이나 뼈로 만든 여러 가지 도구를 찾던 중 다시 토탄층 속에서 카누(canoe)를 원상 그대로 끌어올리는 데 성공했다. 이 통나무 배는 완전한 형태를 보존하고 있어서 당장이라도 물에 띄울 수 있을 것만 같았다.

그렇지만 그 형체는 오늘날 우리가 보는 배와는 전혀 달랐다. 우리의 보트나 기선을 비롯한 모터보트의 조상은 바로 하나의 굵은 떡갈나무 줄기를 움푹 파내서 만든 것이었다.

이 떡갈나무 줄기를 주의 깊게 관찰해 보면 돌도끼로 속을 파내던 모습이 눈앞에 생생하게 떠오른다.

나뭇결을 따라 도끼로 찍어 내고 파내는 것은 그런대로 잘 되었다. 나무는 편평하게 깎였다. 그러나 이물[船首]이나 고

물〔船尾〕 쪽은 나뭇결을 가로로 찍어 파내지 않으면 안 되었다. 이것은 이미 일이라기보다는 고난이었다. 나무는 이쪽저쪽으로 잘리고 깎여 나갔으나 도처에 혹이나 옹이 구멍이 생겼다. 그것은 마치 떡갈나무가 성이 나서 이빨을 드러내 놓고 있는 것처럼 보이기도 했다. 또한 돌도끼가 전혀 소용없는 곳이 나올 때는 어쩔 수 없이 나무와 싸우는 도끼의 구원병으로 불이 등장했다.

통나무 배의 고물은 온통 검고 금이 간 탄화한 숯 껍질로 덮여 있었다.

그 당시 카누를 만든다는 것은 오늘날 커다란 기선을 건조하는 것에 못지않을 만큼 어려운 일이었다는 것은 분명하다.

토탄층 속에서는 통나무 배와 더불어 그것을 도려낸 돌도끼도 발견되었다. 도끼의 날은 제법 날카롭게 갈려 있었다. 그 옆에는 숫돌도 있었다. 다시 말해 이 시대의 도구는 단순히 돌조각으로 깎였을 뿐만 아니라, 숫돌에 대고 날을 갈아 세운 것도 있었다.

날이 서지 않은 도끼가 단단한 떡갈나무를 당할 수 있겠는가.

인간은 통나무 배를 만들기까지 오랫동안 떡갈나무 줄기와 씨름하지 않으면 안 되었다. 그래도 인간은 기어이 통나무 배를 완성하여 그 배를 물에 띄웠다. 인간은 작살과 낚싯바늘 등 여러 가지 것으로 짜서 만든 어구(漁具)를 가지고 물고기를 잡으러 나섰다.

호수는 크고 물고기는 많았다. 하지만 아직 인간은 강을 따라 멀리 갈 결심이 서지 않았다.

물이란 아직도 인간에게 있어 생소한 자연 현상이었기 때문이다. 사람들은 물의 성질을 어떻게 이해해야 할지 알 수가 없었다. 물은 조금 전까지 얌전하고 조용하게 흐르는가 하면 갑자기 성내고 출렁댄다.

어떤 태풍에라도 꿈쩍 않을 것 같던 떡갈나무 줄기도 물결에 밀리면 가벼운 널빤지처럼 핑글핑글 돌아간다. 그렇게 되면 인간은 공포에 떨면서 물가로 노를 저어 되돌아온다. 그들에게 익숙한, 꼬떡도 하지 않는 대지로 되돌아오는 것이다. 대지는 흔들리지도 물결에 떠밀리지도 않는다.

인간은 자기를 키워 준 어머니인 대지에 어린아이처럼 매달린다.

인간은 고기를 잡기 위해 수평선 멀리까지 펼쳐진 믿을 수 없는 물 위로 나가는 대신 물가에서 고기가 오기를 기다리기로 했다. 그러나 인간은 서서히 조심스럽게 넓은 물 위를 정복하기 시작했다.

그때까지 인간의 세계는 육지에 국한되어 있었고, 물이 있는 기슭은 어디나 '출입 금지' 구역이라는 푯말이 붙은 벽으로 차단되어 있는 것 같았다.

그러나 보라. 인간은 이 보이지 않는 장벽을 뚫었다. 물론 그렇다고는 해도 아직 인간은 이 새로운 세계에 겨우 발을 들여놓은 것에 불과했다. 그러나 무슨 일이든 그 처음이 가장 어려운 법이다. 이윽고 때가 오면 인간은 기슭에서 벗어날 것이다.

인간은 낡아 빠진 통나무 배가 아니라 큰 배를 타고 넓은 바다를 향해 떠날 것이다. 이제까지 국한되어 있던 보이지 않는 벽 저쪽에 자기와 같은 인간이 살고 있는 새로운 땅을 발견하기 위해서다.


최초의 기술자

최근에 도끼나 대패나 또는 망치, 드라이버 등을 갓 손에 든 기술자 여러분!

여러분은 미래의 야금 기사(冶金技士)이고, 화학자이고, 기계나 비행기의 설계사이며, 빌딩이나 배의 건조자다.

이 책은 앞으로 자기의 도구와 일을 사랑하게 될 여러분을 위해서 쓰여졌다. 여러분은 앞으로 도구와 재료와의 쟁투가 얼마나 힘든 것인지, 그러나 그 승리가 얼마나 기쁜 것인지를 직접 체험할 것이다.

나무토막을 손에 들면 여러분은 그것으로 만들고자 하는 물건을 눈앞에 떠올릴 것이다. 대수로운 일이 아닌 듯하다.

우선 톱으로 켜고, 송곳으로 구멍을 뚫고, 나뭇조각을 파내야 한다. 그러나 재료는 좀처럼 뜻대로 되어 주지를 않는다.

나무토막은 날을 세워 덤벼드는 칼에 전력을 다해서 항거한다.

이 도구에서 저 도구로 연장을 수없이 바꿔 간다. 칼로 깎기 힘든 곳에는 손도끼가 출동하고, 그것도 여의치 못한 곳에는 몇십 개의 톱날이 나무를 먹어 들어간다.

그리하여 필요로 하는 형체를 덮고 있던 쓸데없는 것들은 이제 모두 도끼밥이나 대팻밥 또는 톱밥이 되어 내버려진다.

이것으로 여러분은 승리했다. 그러나 이긴 것은 여러분만이 아니다.

오랜 세대에 걸쳐 도구를 발견하고 개량하고 새로운 재료나 새로운 일의 방법을 꾸준히 연구해 온 기술자 모두가 여러분과 같이 승리를 거둔 것이다.

여러분은 이미 이 책 속에서 칼과 도끼 등을 만들어 낸 최초의 기술자들과 만났다.

여러분은 여러분이 일하고 있을 때와 마찬가지로 곤란과 희열을 느끼고 있던 그들을 보았다.

이들 최초의 목공이나 토공 또는 석공들은 짐승의 가죽을 입고 있었다. 그들의 도구는 조잡하고, 썩 잘 만들어진 것이 아니었기 때문에 허술한 배 하나를 만드는 데도 몇 달씩이나 걸렸다. 그들에게는 점토로 취사용 냄비를 만드는 것이 오늘날 우리가 돌이나 금속을 조각하는 것보다도 훨씬 어려운 일이었다.

그러나 오늘날 이 지상의 상태를 변모시켜 가고 있는 건축가도, 화학자도, 야금 기사도 모두 이들 목공, 토공 그리고 도공에서 나왔다.

고대의 도공을 예로 들어 보자. 그들은 점토를 가지고 자연 속에는 없었던 새로운 재료를 만들어 낸 최초의 사람들이다. 예전에 최초의 기술자들이 돌로 도끼를 만들거나 뼈로 작살을 만들었을 때도 재료를 만들어 내는 일은 없었다. 다만 그 형체를 변화시켰을 뿐이다. 그런데 여기서는 결코 전에는 없었던 일이 일어났다. 인간은 점토로 그릇의 거푸집을 만들어 그것을 화덕에 넣어 구웠다. 불은 점토의 성질 자체를 바꾸어 식별할 수 없는 것으로 만들어 놓았다.

녹색이었던 점토는 불에 굽자 갈색으로 변했다. 전에는 물이 스며들면 찐득찐득해지며 반죽처럼 되던 것이 불에 들어갔다 나온 뒤로는 물도 무서워하지 않았다. 이제 그 속에 물을 담아도 풀어지지 않고 그 겉모양도 변하지 않았다.

인간은 불의 도움을 받아 점토를 새로운 재료로 만들어 냈다. 이것은 이중의 승리였다. 즉 점토에 대한 승리인 동시에 불에 대한 승리였다.

사실 불은 그 이전부터 인간을 도와 주고 있었다. 추위를 막아 주고, 들짐승을 쫓아내 주었으며, 숲을 개간하는 데 도움을 주었고, 통나무 배를 만들 때도 도끼의 지원병으로 와 주었다. 인간들은 이제 불을 얻는 일을 솜씨 있게 해냈다. 나무의 조각을 시로 비비면 불은 공손히 인간 앞에 그 모습을 나타냈다.

이제 인간은 새롭고 좀더 복잡한 일, 어떤 물질을 다른 물질로 변형시키는 일에 불의 힘을 빌렸다.

불의 성질을 잘 알게 된 인간은 점토를 구워 내고, 음식을 끓이고, 빵을 굽고, 구리쇠를 녹이는 데 불을 이용했다.

오늘날 우리 생활에서 한 물질을 다른 물질로 변화시키는 일에 불을 사용하지 않는 공장은 없을 것이다.

불은 우리가 광석에서 쇠를, 모래에서 유리를, 나무에서 종이를 얻는 일을 돕는다. 야금 기술자나 화학자들 모두가 공장의 용광로에서 타고 있는 불을 지휘하고 있다. 그래서 이들 현대적인 용광로는 고대의 도공들이 그 속에서 볼품없고 밑바닥이 뾰족한 최초의 흙냄비를 구워 내던 그 원시적인 핏줄이 이어져 있다.


## 낟알의 증언

고고학자들은 어떤 고대 사냥꾼들의 숙영지에서 발굴된 여러 가지 유적 중에서 흙으로 구운 도기의 파편을 발견했다.

그 파편의 표면은 선과 얼크러진 줄무늬 등 서투른 모양으로 장식되어 있었다. 이 무늬는 흙냄비가 어떤 형으로 떠지고, 구워졌는가를 우리에게 설명해 준다.

우선, 엮은 바구니 내부에 점토가 발라진다. 그리고 그것을 모닥불 속에서 구워 낸다. 바구니는 다 타 버리고 흙냄비만 남는다. 그 때문에 바구니를 엮은 잔가지의 자국이 점토 그릇에 새겨져 줄무늬로 나타나 보이는 것이다.

그 뒤 좀더 대담하게, 이젠 바구니의 도움을 빌리지 않고 점토 그릇을 만들 수 있게 되었어도 도공들은 일부러 흙냄비 위에 얼크러진 낯익은 줄무늬를 그려 넣었다. 도공들은 할머니나 증조 할머니가 음식을 끓여 내던 흙냄비와 비슷하지 않으면 절대로 맛있는 음식을 끓여 내지 못한다고 생각했다.

이 당시의 기술자들은 어떤 물건이든 그 속에는 비밀스런 힘의 성질이 깃들어 있다고 믿었다. 그래서 그릇의 일체의 힘은 그 무늬에서 나오는 것이라 생각하여 그 무늬를 바꾸는 것을 꺼렸다. 만약 그릇의 무늬를 바꾸면 불행과 걱정과 기아가 찾아올지도 모른다고 생각했다.

때로는 흙냄비를 악한 존재의 눈으로부터 지키기 위해 그 위에다 개를 그리기도 했다. 개는 파수꾼이다.

"개로 하여금 그 모습이 그려져 있는 흙냄비를 지키게 하라."

바둑판 무늬가 그려진 도기의 파편도 여러 곳에서 발견되었다. 그런데 프랑스의 캉피니 시 근방에서 발견된 그들 파편 중의 하나는 특히 중요한 의미를 지닌다. 고고학자들은 그 도기의 파편을 조사하다가 그 위에 보리의 낟알 자국이 나 있다는 것을 알아냈다.

이에 흥분한 고고학자들은 발견된 것들을 모조리 살펴보았다. 이것은 단순히 곡식의 낟알이 아니라 증인, 즉 인류 생활에 있어서 일대 전환기를 말하는 작은 증인이었기 때문이다.

보리 낟알이 있는 곳이라면 농업이 존재했음이 틀림없다.

과연 그 유적지에서는 낟알을 찧는 도구와 파종 전에 흙을 부드럽게 하는 돌가래 등도 발견되었다.

우리의 사냥꾼이나 어부가 동시에 농부가 되었다는 것을 알 수 있다. 어떻게 해서 이런 일이 일어난 것일까?

인간은 그 종족 전부가 수렵이나 어업에 종사했던 것은 아니라는 것을 미리 말해 두어야겠다.

남자들이 사냥하러 간 동안 여자들과 아이들은 손에 바구니나 단지를 들고 땅에 떨어져 있는 먹을 것을 찾아 숙영지 근방을 돌아다녔다. 바닷가에서는 조개류를 줍고, 숲 속에서는 버섯, 딸기, 호두 등을 땄다. 그들은 도토리를 빻아 그 가루로 과자도 만들었다. 어떤 종족이 오랫동안 빵을 도토리라고 부른 것도 까닭 없는 일은 아니다.

그러다가 야생 꿀벌의 집을 처음으로 발견했을 때는 미칠 듯한 기쁨이 솟아올랐다.

어떤 바위 위에는 꿀을 채취하고 있는 여자를 그린 그림이 남아 있다. 그 여자는 나무를 기어오르고 있다. 한쪽 손은 벌집 속에 깊이 찔러 넣고, 다른 한 손은 단지를 들고 있다. 그 주위에는 꿀벌들이 성난 듯이 날고 있다. 그러나 여자는 전혀 개의치 않고 벌집 속에서 꿀이 가득 든 봉방(蜂房)을 끄집어내고 있다.

여자들과 아이들은 어쨌든 나가기만 하면 딸기와 꿀, 야생 능금과 배 등을 잔뜩 따 가지고 돌아왔다.

그것은 실컷 먹을 수 있을 정도였다.

**봄의 여신 페르세포네와(좌) 대지의 여신 데메테르(우)**

**명계(冥界)의 신 하데스와 그의
아내 페르세포네**

그리스 신화에 의하면 하데스와 페르세포네는 지하에 살면서 봄에 페르세포네가 싹을 틔우고 꽃을 피우면 하데스는 자기의 힘을 과시하기 위해 곡식을 여물게 했다고 한다.

그러나 그들은 여축해 두는 것을 잊지 않았다. 아이들을 적당히 쫓아 버리고 될 수 있는 한 많은 양을 사발이나 통 속에 감추어 두었다. 음식물의 저장은 늘 필요한 일이었기 때문이다. 사냥이 언제나 풍부한 수확을 거둔다고 할 수는 없지 않은가.

이렇게 하여 인간을 찾아온 따뜻한 기후는 그들을 다시 채집가로 만들었다. 이것은 채집에서 파종으로 발전했다. 다시 말해 그것은 채집가와 농부를 구별하는 한 발 앞으로의 전진이었다.

여자들은 딸기와 그 밖의 과실과 더불어 야생의 보리와 밀의 낟알도 주워 왔다. 이 낟알을 단지 바구니에 저장할 때, 우연히 땅 위에 떨어진 낟알 중의 일부가 싹이 텄다. 저절로 파종이 행해진 것이다.

이렇듯 우연히 파종한 낟알은 처음에는 쓰지 못하게 되었다. 그러나 그 뒤부터 인간은 점차 계획적으로 낟알을 파종했다.

묻혔다가 다시 부활하는 낟알에 대한 신화나 전설은 아직도 많은 민족에게 남아 있다.

신화나 전설에서는 기적에 의해 다시 지상으로 돌아가기 위하여 산 채로 죽음의 나라로 오는 처녀나 젊은이들에 대해서 이야기하고 있다.

고대에는, 여자들이 가래질을 하여 그 땅속에 낟알을 묻을 때, 이윽고 황금의 이삭을 가지고 자기들에게로 돌아올 비밀의 신(神)을 묻고 있는 것이라고 믿었다. 가을이 되어 곡식을 거두고 곡식단을 묶을 때는 신이 지하의 세계에서 다시 돌아온 것을 기뻐했다.

여자들은 마지막 다발을 땅에 놓고 그 둘레에서 춤을 추며 노래를 부르곤 했다. 물론 그것은 단순한 춤이 아니라 주술적인 의식이었다.

여자들은 낟알의 부활을 축복하면서, 언제까지나 인간에게 이렇게 깊은 자비를 베풀어 줄 것을 대지에게 빌었다.


### 새로운 것 속의 낡은 것

금세기 초만 해도 러시아에는, 해마다 가을이 되어 추수가 끝나면 괴상한 축제를 벌이는 지방이 있었다.

여자들은 마지막 곡식 다발에 두건을 씌우고 치마를 입힌다.

그리고는 손에 손을 잡고서 그 주위를 돌며 이웃 마을에까지 들릴 만큼 큰소리로 노래를 부른다.

우리의 밭은
오늘이 추수라네.
하느님 덕분일세.
여기 이 밭에서는

추수를 하고
저기 저 밭에서는
씨를 뿌리네.
하느님 덕분일세.

야생적인, 어딘지 모르게 구슬픈 노래다. 아가씨들과 젊은 이들이 전원의 밤을 돌아다니며 부르는 명랑한 민요와는 유사한 점이 별로 없다.

'추수제'는 농경 시대 초기 때부터 이어져 내려온 오래된 의식이다.

이와 같은 의식의 많은 잔재가 오늘날에도 유희나 노래 속에 남아 있다.

아이들은 손을 마주잡고 노래 부른다.

우리는 뿌렸네 뿌렸네.
에헤라 디드 리아드
뿌렸네 뿌렸네.
(디드 리아드는 민요의 후렴)

이것은 농경제를 지낼 때 부르던 의식의 노래였다.

몇천 닌이라는 세월이 흐르는 동안에 의식 속의 주술적인 의미는 풍화되고, 기쁨의 표현만이 남았다.

또 어린 전나무를 신성시했던 시대가 있었다. 인간은 전나무를 에워싸고 춤을 추었다. 그것은 주술적인 동작으로써, 잠들어 있는 숲이나 들에 생명을 불어넣어 주기 위해서였다.

다시 말해 겨울 뒤에 봄이 오도록 기원하는 의식이다.

전나무에 여러 가지 것을 매달아 크리스마스 트리를 장식하는 오늘날의 아이들은 전나무가 신성한 나무였다고 하면 웃을지도 모른다. 오늘날의 아이들에게 전나무는 겨울 동안의 즐거운 위안거리요 일한 뒤의 휴식이니 말이다.

고대의 대부분의 의식이나 마(魔)를 쫓는 주문은 오늘날의 아이들에게도 살아남아 있다. 마치 자기 둘레에 숱한 자손들을 모아 놓고 흐뭇해하는 노인처럼.

비야 비야 그쳐라!
비야 비야 내려라!

아이들은 비를 부르고 구름을 쫓아 버리기 위해서가 아니라, 이런 노래를 부르는 그 자체가 즐겁기 때문에 부를 뿐이다.

어른들도 전에는 전혀 다른 의미를 지녔던 유희나 노래를 즐길 때가 있다.

프랑스나 이탈리아에서는 오늘날에도 카니발 장송제가 행해진다.

가령 이탈리아의 아브루치 주에서는 다음과 같은 행사가 열린다.

군중이 거리로 몰려나온다. 그 선두에는 얼룩덜룩한 누더기를 걸친 카니발의 허수아비를 치켜든 상여꾼들이 걸어간다. 상여꾼들은 아무 말 없이 근엄한 얼굴로 행진한다. 저마다 입에는 파이프를 물고 주머니에는 술병을 넣어 두고 있다. 가끔씩 행렬은 멈추어 서고, 상여꾼들은 술을 마시며 기운을 차린다.

행렬 맨 앞쪽에는 카니발의 허수아비 아내로 보이는 아낙이 간다. 아낙은 우는 듯한 시늉을 하면서 군중 쪽을 바라본다. 그것을 보고 군중은 웃는다.

이윽고 그 행렬은 광장에 이른다. 광장 한가운데에는 모닥불이 타고 있다.

상여꾼들은 카니발의 허수아비를 불속에 던진다. 허수아비는 북소리가 둥둥둥 울리는 가운데 타 버린다. 그리고 그때 질풍 같은 환희가 인다. 무용수들이 거리를 누비며 지나간다. 광장에서는 음악이 연주되고, 무도꾼들은 짝을 이뤄 미쳐 돌아간다.

이런 의식으로 허수아비를 장사지내는 카니발이란 대체 무엇인가?

만약에 여러분이 좋아서 날뛰는 상여꾼들이나 카니발 허수아비의 '과부'에게 이런 질문을 한다면, 그들은 옛날부터 전해 내려오는 풍습이라고민 대답할 것이다. 그러나 어디서 이런 풍습이 시작되었는지를 설명하는 사람은 아무도 없다. 몇천 년이라는 세월이 흐르는 동안 그 의식의 의미는 잊혀졌다.

그 의미는 이렇다. 카니발이라는 것은 겨울에 들판을 흰 수의로 뒤덮는 죽음을 뜻한다. 그 죽음이 영원히 이 세계를 지배하게 되는 일은 없을 것이다. 하지만 원시인은 겨울 뒤에 봄이 올 것인지 아닌지에 대해서 아무런 확신을 가질 수가 없었다. 원시인은 아직 자연의 법칙을 모르고 있었기 때문이다. 원시인은 해마다 오는 봄이 기적이라고 생각되었다. 자연의 기적적인 부활로 보인 것이다. 그렇기 때문에 인간은 마술적인 의식으로 기적을 가까이 불러들이기 위해 온갖 짓을 다 했다.

겨울을 장사지내고 봄을 소생시키며, 들에는 꽃을, 나무에는 잎을 소생시키기 위해 인간은 유희나 춤으로 축제를 벌였다. 오로지 봄의 소생을 위해 겨울을 태워 묻어 버렸다.

이와 같은 고대의 의식이나 신앙은 즐거운 유희 속에 오늘날까지 남아 있다.

그러나 그것들이 유희 속에만 남아 있는 것은 아니다.

교회에서 엄숙한 부활제의 예배가 진행되고 있을 때, 그 기도문 속에도 고대의 주술적인 노래의 여운이 남아 있다는 것을 알 수 있다.

원시 농부들의 노래와 마찬가지로 이들 기도 또한 죽음과 부활에 대해서 이야기하고 있다.

교회 밖에서는 유희나 춤으로 변해 버린 것이 교회 안에서는 의식으로 남아 있다.

## 기적의 곳간

여자들이 가래나 삽으로 땅을 갈고 있을 때 남자들도 가만히 앉아 있지는 않았다. 하루 종일 사냥을 한 남자들은 밤이 늦어서야 포획물을 잔뜩 가지고 집으로 돌아왔다.

멀리서 아버지나 형의 모습을 발견한 아이들은 그들을 맞기 위해 달려나갔다. 사냥의 성과를 빨리 알고 싶었기 때문이다. 아이들은 구부러진 송곳니가 툭 튀어나온 피투성이 멧돼지와 나뭇가지처럼 생긴 사슴뿔을 호기심에 찬 눈으로 바라보았다.

그리고 사냥꾼들이 살아 있는 짐승, 즉 겁 많은 양의 새끼라든가 연약하고 아직 뿔이 돋지 않은 송아지를 데리고 왔을 때는 무엇보다도 기뻐했다.

사냥꾼들은 이들 네 발 달린 짐승들을 금방 죽이지는 않았다. 짐승들을 울타리 안에 가두어 클 때까지 사육했다. 집 주위에서 송아지와 양의 새끼가 우는 소리를 들으면 사냥꾼들의 마음은 안정되었다. 설령 앞으로 사냥에 실패하는 날이 있다 하더라도, 우리 안에 여축된 고기가 있으므로 걱정을 덜 수 있기 때문이다.

더욱이 그것들은 스스로 자라고 살이 오르며 점점 불어나지 않는가.

그러나 처음에는 그들도 고기나 가죽을 얻기 위해 집에서 짐승을 길렀기 때문에, 목축이 갖는 이익 일체를 곧바로 이해할 수는 없었다. 사냥꾼들은 자기의 노획물로 잡은 짐승은 죽여 버리는 것이 상례였다. 소나 양은 죽이기보다 살려 두는 편이 보다 이익이라는 것을 쉽사리 생각해 내지 못한 것이다.

　소는 단번에 먹어 치워 버리면 그만이지만, 우유를 짜서 마시면 몇 해 동안이나 계속해서 마실 수 있다. 또한 잡지 않고 그냥 기르면 더 많은 고기를 얻는다. 소는 해마다 새끼를 낳을 것이기 때문이다.

　양도 역시 마찬가지다. 가죽을 벗기기는 수월하지만, 한 장의 가죽으로 그리 많은 이익을 올릴 수는 없다. 양의 털은 깎는 대로 새 털이 나온다. 따라서 한 마리의 양에서 한 장만이 아니라 몇십 장이고 얻을 수 있다.

　네 발 달린 짐승은 죽이는 것보다 목숨을 살려 두는 편이 낫다. 그들에게 다시 생명을 주면 그 공물을 취할 수 있기 때문이다.

　그러나 인간은 당장에 여기까지 생각해 내지는 못했다. 호전적인 사냥꾼이 양순한 목자가 되기까지는 많은 세월이 흘러야만 했다.

　그리하여 결과는 어떻게 되었던가?

　결국 인간은 자신들을 위해서 기이한 창고를 발견했다. 인간은 모아 온 낟알을 땅에 묻었다. 그러자 대지는 한 알 대신에 많은 낟알을 돌려주었다.

　인간은 사냥한 짐승을 길러 두었다. 그러자 그것들은 커지고 그 수도 불어났다.

　인간은 한층 자유로워졌다. 그리하여 자연에 의지하는 마음도 점차 적어져 갔다. 인간은 짐승의 뒤를 쫓거나 죽이기는 잘 했지만, 어떻게 하면 모아 온 낟알을 바구니 안에 가득 채울 수 있는지는 결코 알지 못했기 때문에 자연 속의 비밀스런 힘이 인간에게 먹이의 혜택을 베풀어 주든가 않든가 둘 중 하나였다. 그런데 이제 인간은 그 자연에게 자신의 손을 빌려 주는 방법까지 알았다. 이삭을 기르고 소나 양을 치는 일도 배웠다. 아낙네들은 이제 이삭을 찾아 멀리까지 나갈 필요가 없어졌다. 사냥꾼들도 숲 속에서 짐승을 찾고 쫓고 할 필요가 없어졌다.

이삭은 집 둘레에서 자라고, 소나 양은 그 근처에서 놀았다.

인간은 자기 자신을 위해서 기적적인 곳간을 발견해 냈다. 좀더 정확하게 말하면, 인간은 그것을 발견한 것이 아니라 자기 자신의 노동에 의해서 만든 것이다.

경작지나 목장을 위해서는 토지가 필요하다. 이 토지는 밀림과 싸워 빼앗아 오지 않으면 안 된다. 그리고 또 파종 전에 그 땅을 일구어 부드럽게 갈아 놓지 않으면 안 된다. 이렇게 하기 위해서 얼마나 많은 노동이 필요했겠는가.

인간은 자연으로부터의 자유와 독립을 위해 산책하듯이 다가간 것이 아니었다. 노동함으로써 뚫고 나갔고, 몇천 가지의 장애를 물리쳐 이겼다.

새로운 일에는 기쁨도 있었고 걱정도 있었다. 햇볕은 곡식과 목장의 풀을 태워 말려 버리는가 하면, 비는 곡식을 썩혀 버리기도 했다.

원시 사냥꾼은 들소나 곰에게 그 고기를 달라고 빌었다. 원시 농부는 대지와 하늘과 태양과 물에 풍작을 가져와 달라고 빌었다.

이리하여 인간은 새로운 신을 만들어 내기에 이르렀다. 이들 신들은 아직도 그 이전의 신들과 닮아 있었다. 옛날부터의 습관에 따라 이 새로운 신은 짐승의 형체나 혹은 짐승의 머리를 가진 인간의 형체로 본이 떠졌다. 이 짐승들에게는 새로운 이름이나 새로운 역할이 주어졌다. 어떤 것은 '하늘'이라 불리고, 어떤 것은 '태양'이라고 불렸으며, 또 어떤 것은 '땅'이라고 불렸다.

이들 신의 일은 빛과 어둠을 베풀어 주고, 비와 가뭄을 내려 주는 것이었다.

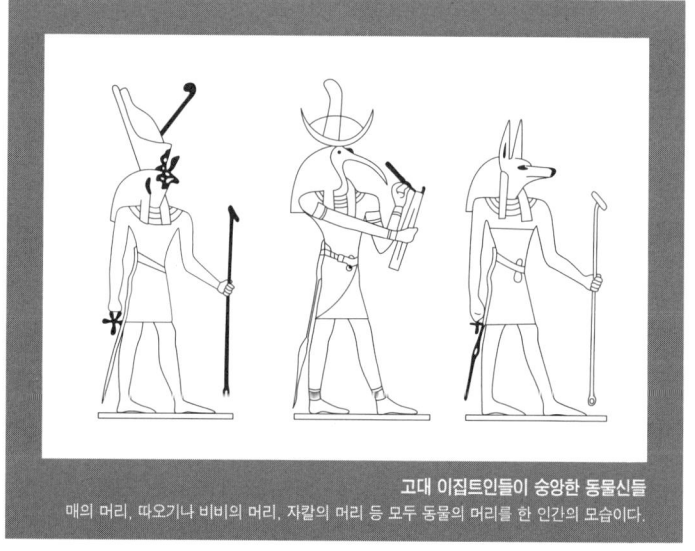

**고대 이집트인들이 숭앙한 동물신들**
매의 머리, 따오기나 비비의 머리, 자칼의 머리 등 모두 동물의 머리를 한 인간의 모습이다.

우리의 주인공은 이렇게 성장하여 점점 강해졌으나 아직 자기의 힘을 충분히 인식하지는 못했다. 그는 전과 마찬가지로, 나날의 식량이 자신의 노동의 대가로 얻어지는 것이 아니라 하늘이 내리는 것이라고 믿고 있었다.

# 4장 문명의 새벽

농업의 시작

여기서 역사의 시계 바늘을 몇천 년쯤 뒤로 보내 놓자. 현대에서 거슬러 올라가면 약 40세기 전이 된다.

40세기! 이것은 한 인간의 일생이나 한 민족의 역사를 두고 생각할 때는 굉장히 긴 세월이다. 하지만 우리는 개개의 인간에 대해서가 아니라 인류 전체의 역사에 대해 이야기하고 있지 않은가.

인류의 연령은 적어도 100만 년은 된다. 40세기의 역사쯤은 절대 많은 것이 아니다.

어쨌든 바늘은 앞으로 돌아가 버렸다. 지구는 또 몇천 번이나 태양 둘레를 회전했다. 이 사이에 지구는 어떻게 되었을까?

한눈에 보아도 지구의 머리가 꽤 많이 벗겨졌음을 뚜렷이 알 수 있다. 새하얀 눈 모자 주위에 울창한 숲이 들어선 지도 이미 오랜 세월이 흘렀다. 그리하여 지금은 숲도 엉성해져서 군데군데에 넓은 초원이 끼어들었다. 햇볕을 받은 공지(空地)가 여기저기 빽빽한 숲을 밀어냈다. 또한 숲은 강물이나 호숫가 기슭에 갈대와 관목 덤불을 남겨놓은 채 물가에서 멀찍이 물러났다.

그런데 강기슭 근처의 작은 산은 어떠한가. 그 경사면은 마치 황금빛 천 조각을 씌워 놓은 것 같다.

이것은 인간의 손에 의해 변조된 대지의 일부다. 황금빛 이삭 사이로 구부린 아낙네의 등이 보인다. 낫이 재빨리 움직이며 탐스런 이삭을 베어 나간다.

망치를 구경한 지는 꽤 오래되었지만 낫을 보기는 지금이 처음이다. 이 낫은 오늘날 농민들이 쓰는 낫과는 전혀 다르다. 그것은 돌과 나무로 만들어졌고, 나무 끝에는 얇은 돌날이 달려 있다.

이것은 이 지상에 최초로 나타난 낫 중의 하나다. 이와 같은 황금빛 헝겊 조각은 인간의 손이 닿지 않은 거친 대자연에 비하면 아직도 그 수가 많지 않았고, 반면 주위의 잡초는 곡물의 종자를 압박했다. 인간은 아직 잡초를 제거하는 방법을 몰랐다. 그러나 결국 이삭은 잡초를 이겨 낼 것이고, 대지 위에는 이삭의 황금 물결이 넘실거릴 날이 올 것이다.

강가의 푸른 풀밭에는 희고 누런 작은 점들이 밀려서 보인다. 그것은 사방으로 흩어지는가 하면 다시 한곳으로 몰려들며 움직이고 있다.

어떤 모습은 크고 어떤 모습은 작다. 이것은 소와 양, 염소 등 가축의 무리다. 인간의 노력으로 변화되고 재훈련된 그들 동물의 수는 아직은 지극히 적지만, 이들 동물도 결국에는 스스로 자기를 보호해야 하는 야생 동물들보다는 훨씬 많이 불어날 것이다.

2, 3천 년만 지나면 이 지상에는 야생 물소가 가축 소보다 훨씬 적어질 것이 틀림없다.

밭이 있고 가축이 있다면 이것은 반드시 마을이 있음을 뜻한다. 그것은 물에 씻겨진 강기슭의 험한 곳에 있다. 그곳에는 나무 기둥과 나뭇가지로 만든 움막집 대신에 지붕이 경사진 진짜 목조 가옥이 서 있다.

가옥의 벽은 점토로 발라져 있고, 입구 위쪽의 지붕 밑으로는 들보가 앞으로 쑥 나와 있다. 들보에는 목각의 황소 머리가 걸려 있다. 소는 집을 지켜 주는 신이다. 마을은 높다란 나무 울타리와 토담으로 둘러싸여 있다.

연기와 비료와 신선한 젖 냄새가 난다. 모두 우리가 어려서부터 맡아 온 친근한 전원 냄새다.

집 둘레에서는 아이들이 뛰어놀고 지저분한 돼지와 그 새끼가 꿀꿀거리고 있다. 활짝 열어젖힌 문으로 화덕 옆에 앉아 있는 할머니가 작은 빵을 뜨거운 재 위에 올려놓고 그 위에 점토로 된 흙냄비를 씌워 굽고 있는 모습이 보인다. 흙냄비는 지금의 화로 대신이다. 나무 탁자 위에는 무늬를 새긴 대접과 접시가 나란히 놓여 있다.

마을을 나와 강가로 내려가 보자. 강가에는 물에 뜬 카누가 흔들리고 있다. 우리가 강을 따라 거슬러 올라가면 강물의 원천인 호수까지 가게 되는데, 거기서도 작은 마을을 볼 수 있다. 그러나 그것은 아까 본 마을과는 아주 다르다. 이 마을은 강기슭에 세워진 것이 아니라 섬처럼 물 가운데 서 있기 때문이다.

호수 바닥에 말뚝을 박아 그 위에 통나무를 포개 놓고, 통나무 위에는 널빤지를 깔았다. 작은 다리가 물가로부터 이 나무로 된 섬에 놓여져 있고, 벽에는 고기잡이 그물이 걸려 있다.

호수 위의 주거지 복원도

이 호수에는 물고기가 많이 있음이 분명하다. 그러나 이 마을의 주민들이 물고기만 잡으면서 사는 것은 아니다. 집과 집 사이에는 뾰족한 지붕의 원형 곳간이 보인다. 이 곳간에는 낟알이 보관되어 있다. 또한 집과 집 사이에 있는 가축 우리에서는 소가 울고 있다.

지금 우리가 말한 것과 같은 이 고대의 작은 마을은 이미 사라진 지 오래다. 집이 서 있던 주변은 물에 뒤덮이고 말았다. 어떻게 호수 바닥에서 주거지의 흔적을 찾아낸단 말인가? 그것은 불가능한 일인 것 같다. 그러나 때로는 호수가 스스로 물을 빼 버림으로써, 오랜 세월 동안 보존해 온 것을 우리 눈앞에 보여 줄 때가 있다.


## 호수 이야기

1853년, 스위스에 심한 가뭄이 들었다. 골짜기의 물은 다 말라 버렸다. 호수의 물이 기슭에서부터 말라 진구렁투성이의 바닥을 드러냈다.

취리히 호반에 있는 오벨메이렌 시민들은 가뭄을 이용하여 호수에서 한 조각의 땅을 얻으려 했다.

그러기 위해서는 물이 빠진 지대에다 제방을 쌓지 않으면 안 되었다.

곧 호수 바닥에서 일이 시작되었다. 일요일이면 화려하게 차려입은 시민들이 하늘색과 녹색의 보트를 젓던 곳이었으나 이제는 마부들이 제방에 흙을 운반하는 말을 다그쳤다. 사람들은 육지가 되어 버린 호수 바닥에서 흙을 파냈다.

그런데 갑자기 어떤 인부의 삽이 반쯤 썩은 말뚝에 부딪혔다. 잇달아 말뚝이 발견되었다. 이미 아득한 그 옛날에 인간들이 바로 이 장소에서 일하고 있었음이 분명했다. 거의 삽을 한 번 휘두를 때마다 돌도끼와 낚싯바늘, 흙냄비 등의 파편이 쏟아져 나왔다. 고고학자들이 연구를 시작했다.

고고학자들은 호수 바닥에서 발견된 말뚝과 여러 가지 물품을 조사하고, 그의 저서에 그 옛날 취리히 호(湖) 위에 세워졌던 호상(湖上) 마을을 위하여 지면을 할애했다.

아직도 이와 같은 마을은 여러 곳에서 발견된다.

최근 고고학자들은 스위스의 또다른 호수들을 조사했다.

한 호수의 바닥을 파헤쳐 본 결과 학자들은 호수 바닥이 여러 층으로 나뉘어 있음을 알아냈다.

만두의 껍질과 속이 쉽사리 떨어지듯이, 지층 역시 다른 층과 쉽게 구분되었다. 제일 아래에는 모래층이 있고, 그 다음에는 사람의 주거지, 집기의 연장이 남겨진 진흙층, 그 다음에는 다시 모래층인 식으로 그것은 몇 번이고 반복되었다. 그런데 단 한군데만은 모래의 층과 층 사이에 두터운 석탄층이 가로놓여 있었다.

이들 층은 어떻게 해서 형성된 것일까?

모래는 물이 옮겨 올 수 있다. 그런데 석탄은 어디서 가져온 것일까?

이것은 불을 가지고 일한 적이 있다는 사실을 말해 준다.

각 층을 연구한 결과, 학자들은 호수의 모든 역사를 알아냈다. 언젠가 훨씬 옛날에 인간들이 이 호수 기슭에다 마을을 형성한 적이 있었는데, 오랜 세월이 지난 뒤 호수가 범람하여 그 기슭을 삼켜 버린 것이다.

인간들은 침수된 마을을 버리고 떠나갔다. 붕괴된 모든 건물들은 물속에서 썩어 버렸다. 이전에 제비가 지저귀던 지붕 위에서는 작은 고기 떼가 헤엄쳐다녔고, 문이 활짝 열려 있는 집 안에서는 이빨이 날카로운 꼬치고기가 지느러미를 흔들면서 나왔다. 화덕 곁의 나무 책상 밑에서는 새우의 수염이 움직였다. 폐허는 진흙 속으로 빨려 들어가 모래에 묻혔다.

호수는 계속해서 변화했다. 물은 다시 바닥을 보이면서 조금씩 조금씩 기슭에서 물러갔다. 언젠가 그 위에 마을이 서 있던 모래층이 다시 백일하에 드러났다. 그러나 마을은 이제 찾아볼 수조차 없었다. 그 폐허가 된 모래층 깊숙이 묻혀 버렸기 때문이다.

인간들은 다시 강기슭으로 왔다. 도끼 소리가 울려 퍼졌다. 누런 모래땅 위에는 하얗게 오그라든 대팻밥들이 흩날렸다. 기슭에는 다시 잇달아 튼튼한 집들이 들어섰다.

이렇게 하여 인간과 호수 사이에는 먹느냐 먹히느냐의 투쟁이 계속되었다. 인간들은 마을을 세우고 호수는 다시 그것을 파괴했다.

결국은 인간이 승리했다. 인간은 물가가 아니라 호수 바닥에 긴 말뚝을 박고 물 위에서 살기 시작했다. 인간은 널빤지 틈으로 자기들보다 훨씬 밑쪽에 있는 물을 내려다보았다. 이제 물은 두렵지 않았다. 너 좋을 대로 어디까지고 올라와 봐라. 널빤지까지 닿을 리는 없을 테니까.

그런데 물 외에도 인간에게는 또 하나의 적이 있었다. 그것은 불이었다.

훨씬 전, 인간들이 동굴 속에서 살고 있을 무렵에는 인간에게 있어 불은 두려운 존재가 아니었다. 불은 동굴의 바위를 태울 수가 없었기 때문이다. 그런데 최초의 나무집과 더불어 최초의 화재가 찾아왔다.

몇천 년 동안이나 아무 불평 없이 줄곧 인간을 지켜 온 불이라는 새빨간 짐승은 드디어 그 이빨을 드러냈다.

호수 바닥에서 발견된 두꺼운 재의 층은 다름 아닌 고대에 일어났던 화재의 흔적이었다.

그때의 호수 위의 광경이란 무서운 것이었다. 인간은 아이들을 껴안고 도망치기 위해 물속으로 뛰어들었다. 우리 안에서는 미처 날뛰는 가축들이 처절한 소리로 울부짖었다. 그러나 인간들은 가축을 돌볼 경황이 없었다. 나무로만 된 집들은 불꽃을 이글거리며 거대한 모닥불처럼 계속 탔다.

마을에 살고 있던 인간들에게 화재는 큰 불행이었다. 그러나 그들의 집을 불사른 불 자체가 우리와 우리의 박물관을 위한 귀중한 물건들, 즉 나무집기와 고기잡이 그물, 식물의 종자와 그 줄기를 보존시켜 주었다.

파괴자인 불이 어떻게 태워 버리기 쉬운 그 물건들을 우리를 위해 보존해 주었을까?

그것은 다음과 같은 이유에서다.

그것들은 불이 붙기 시작하자 물속으로 떨어졌다. 물은 불을 끄면서 그것들을 보호해 주었다. 그것들은 망가지지 않은 채 그대로 바닥에 가라앉았다. 그러나 거기서 다시 다른 위험에 시달렸다. 물속에서는 썩을 가능성이 많았기 때문이다. 하지만 탄화 작용이 이를 구했다. 그것들은 이미 불길에 한 번 닿지 않았던가. 즉 숯의 얇은 껍질이 그 물품들을 부패로부터 지켜 주었다.

불과 물이 개별적으로 작용했다면 어떤 것도 남아 있지 않았을 것이다. 그런데 여기서는 그 두 가지가 함께 작용함으로써, 몇천 년 전에 짜여진 아마포(亞麻布)같이 썩기 쉬운 천 조각까지도 우리를 위해 남겨 주었다.


## 맨 처음에 만든 직물

최초의 직물은 기계로 짜여진 것이 아니라 손으로 짜여졌다.

지금도 에스키모인은 기계로 직물을 짜지 않고 손으로 뜨개질을 한다. 에스키모인은 날실을 틀에 걸고 씨실은 북을 쓰지 않은 채 손가락 끝으로 일일이 걸고 나간다.

날실을 건 그 틀에서 오늘날의 직조기를 생각해 내기란 어려운 일이다. 그렇지만 직조기의 계도(系圖)는 네모진 이 단순한 틀에서 끌어내지 않으면 안 된다.

호수 바닥에서 발견된 탄화한 헝겊 조각은 인간의 생활에 대단히 중요한 일이 일어났음을 우리에게 말해 주고 있다. 전에는 짐승 가죽을 입던 인간이 이제는 들에 난 아마에서 인공적인 가죽을 만들어 냈기 때문이다. 직물이 생겨나기 몇천 년 전에 나와 있었던 바늘은 마침내 자신에게 가장 알맞은 일, 즉 생피(生皮)가 아니라 아마포를 깁는 데 사용되었다.

하늘색의 작은 꽃이 피어 있는 아마밭에서 여자들은 얼마나 새로운 분주함과 걱정을 맛보았겠는가. 낫을 놓자마자 얼마 쉬지도 못한 채, 손은 벌써 아마를 뿌리째 땅에서 뽑아 내지 않으면 안 되었다. 그리고 그것을 말려 씻고 다시 말린다.

그러나 그것으로 일이 끝난 것은 아니다. 말린 아마를 두들겨서 부드럽게 만들고 빗질한다. 그리하여 마침내 씻기고 빗겨져 하얗게 바랜 아마가 된다.

그러면 이번에는 물레가 돌기 시작하여 실이 되고, 이것을 비로소 베틀에 올려 짠다.

여자들은 이 아마 때문에 여러 가지로 바쁘게 움직여야 했다. 그러나 대신 그녀들의 손으로 멋진 손수건과 앞치마, 그리고 고운 술이 달린 치마 등을 만들 수 있게 되었다.

## 최초의 광부와 야금 기사(冶金技士)

오늘날에는 어느 가정에서나 인공적인 재료, 즉 자연 속에서는 찾아볼 수 없는 재료로 된 편리한 것들을 얼마든지 볼 수 있다. 자연 속에는 벽돌도, 도기도, 주철(鑄鐵)도, 종이도 없다. 도기나 주철을 얻자면 자연을 재료로 해서 그 원모습을 알아볼 수 없을 만큼 다른 물체로 바꾸지 않으면 안 된다.

정련된 주철은 그 모체인 광석과는 아주 다른 형태로 변해 있다. 얇고 해맑은 빛깔의 도기 찻잔에서 그 모체인 점토의 모습을 찾아볼 수 있다고 생각하는가? 나아가 콘크리트나 셀로판지, 인조 견사, 인조 고무 등등의 재료는 어떤가? 콘크리트에서 암석의 모습을 찾아볼 수 있는가? 나무에서 비단을 만들어 내는 것 같은 누에고치는 어디에 있는 것일까?

인간은 여러 가지 물질을 지배하면서 전보다 더욱 깊숙이 대자연의 일터로 파고들어갔다. 인간은 돌로 돌을 깎는 일에서부터 시작했다. 그리하여 지금은 현미경으로도 식별하기 힘든 조그만 분자나 원자까지도 처리하고 있다.

이 일은 화학, 즉 물질에 관한 학문이 생겨나기 훨씬 이전부터 이미 시작되었다. 인간은 자기 자신이 하는 일의 성질조차도 확실히 모르는 채, 어림짐작만으로 물질을 변화시키는 방법을 배워 갔다.

최초의 도공들이 점토를 굽고 있었을 때, 그들은 이미 무의식중에 물질을 지배하고 있던 것이나 다름없다. 이것은 쉬운 일이 아니었다. 극히 작은 물질의 파편은 돌을 변형시키듯 인간의 손으로 변형하거나 개조할 수가 없다. 그때는 손의 힘이 아니라 그 물질의 조직을 바꿀 수 있는 어떤 다른 힘이 필요하다.

인간이 불을 자기의 조수로 삼기 시작했을 때 인간은 그 힘을 발견했다. 불은 점토를 굽고, 밀가루를 빵으로 바꾸었으며, 구리〔銅〕를 녹였다.

우리는 호수 밑바닥에서 여러 가지 석기류며 구리로 만든 최초의 도구를 발견했다.

몇만 년 동안이나 계속해서 석기류를 만들고 있던 인간이 어떻게 해서 갑자기 금속으로 연장을 만드는 법을 익혔을까? 대체 어디에서 그런 금속을 찾아냈을까?

숲이나 들을 헤매 다녀도 우리는 구리 한 조각을 찾아내지 못한다. 천연동(天然銅)은 이제 대단히 진귀한 것이 되어 버렸다. 그러나 고대에는 그렇지 않았었다. 몇천 년 전에는 구리가 지금보다 훨씬 많았다. 그것이 인간의 발밑에서 뒹굴고 있었는데도 인간은 아무런 관심조차 갖지 않았다. 그들은 석기류만 만들고 있었기 때문이다.

인간이 천연동에 눈을 돌리기 시작한 것은 부싯돌〔石英〕이 귀해진 까닭이다.

부싯돌이 귀해진 까닭은 인간이 그것을 소홀히 다뤘기 때문이다. 인간은 일을 할 때, 그 주위에 소용없는 부싯돌의 파편이나 부스러기를 높이 쌓아올렸다. 그것은 마치 우리가 그 주위에 흩어져 있는 대팻밥을 보고 그곳이 목수의 일터였음을 아는 것과 같다.

몇만 년 동안에 부싯돌의 여축은 눈에 띄게 줄어들었다. 만약에 지금 우리가 부싯돌로 연장을 만들고자 해도 그것을 구할 수는 없을 것이다. 우리의 조상이 남겨 놓지 않았기 때문이다.

지상에서는 점점 부싯돌을 구하기가 어려워졌다. 이것은 커다란 불행이었다. 만약 오늘날의 공장에서 철이 부족할 경우를 상상해 보라. 우리는 어떻게 하겠는가. 아마 철을 얻기 위해서 땅속 깊이 계속 파고들어가 광석을 손에 넣을 것이다.

고대의 인간들도 이러한 입장에 서게 되었다. 즉 수갱(竪坑)을 파지 않으면 안 되었다. 이 세상 최초의 수직 갱도를 말이다.

깊이 10미터에서 12미터나 되는 고대의 수갱은 이곳저곳의 백악층(白堊層)에서 발견된다. 이따금씩 부싯돌과 백악은 서로 동반자가 되어 있기 때문이다.

그 무렵의 인간이 지하에서 일한다는 것은 지극히 무서운 일이었다. 수갱 속으로 내려갈 때는 밧줄이나 발 디딜 곳을 파놓은 기둥을 타고 내려가야만 했다. 지하에는 어둡고 찬 기운이 감돌았다. 인간들은 송진이 엉긴 소나무 가지에 불을 붙이거나 작은 등불 밑에서 일했나. 현재의 수식 갱노나 수평 갱도는 만약의 사태에 대비해 나무로 위벽(圍壁) 공사를 해 놓지만, 그 당시로서는 지하 통로의 벽이나 천장을 떠받쳐 굳혀야 한다는 생각은 아무도 하지 못했다. 그렇기 때문에 인간이 허물어져 내린 돌덩이에 깔려 죽는 일이 종종 일어났다. 이런 이유로 고대 부싯돌 수갱 속에서는 백악의 돌덩이에 깔려 죽은 광부들의 뼈와 사슴뿔로 된 곡괭이 등의 연장이 발견된다.

어떤 갱에서는 어른과 아이의 해골이 함께 발견되기도 했다. 아버지가 아들을 일터로 데리고 나갔다가 끝내 집으로 돌아가지 못한 것이 분명하다.

세월이 흐를수록 부싯돌은 더 귀해져서 그것을 얻기가 점점 더 어려워졌다. 하지만 부싯돌은 인간에게 없어서는 안 될 물건이었다. 그것은 도끼, 칼, 삽 할 것 없이 모든 연장의 재료였으므로, 인간은 무엇인가 부싯돌을 대신할 만한 것을 찾아내야만 했다.

마침내 인간은 천연동을 손에 넣게 되었다. 인간은 이 녹색 돌이 과연 무엇이며, 어디에 이용될 수 있을까를 유심히 살펴보기 시작했다.

인간은 구리 한 조각을 들어 망치로 두들겨 보았다. 그들은 구리를 돌인 줄 알고 돌을 가공하듯 손질하려 했다. 구리 조각을 망치로 두들기자 그것은 더욱 단단해지면서 그 모양이 변해 갔다. 그런데 두들기는 데도 요령이 필요했다.

구리는 부서지기 쉬운 물질이기 때문에 너무 세게 치면 산산조각이 난다.

이렇게 인간은 처음으로 금속을 가공하기 시작했다. 물론 이것은 열을 가하지 않은 차디찬 가공법이었다. 그러나 열을 가하기까지에는 그다지 많은 시간이 걸리지 않았다.

바로 이 무렵 천연동이나 동광석(銅鑛石) 조각이 우연히 화덕의 불속에 떨어졌거나, 아니면 인간이 점토를 구워 내듯이 일부러 구리를 구워 보았는지도 모른다.

아무튼 불이 꺼지고 난 후에, 인간은 돌화덕의 움푹 파인 바닥에 녹아서 뭉쳐 있는 구리 덩어리를 발견했다.

인간은 자기 자신의 손으로 이루어 놓은 이 '기적'을 경이적인 눈으로 바라보았다. 그들은 거무스름한 녹색의 돌을 아름다운 광택을 지닌 동으로 바꿔 놓은 것이 자기들이 아니라 '불의 신'이라고 생각했다.

구리 덩어리는 잘게 부서졌고, 인간은 그 파편을 돌망치로 두들겨서 도끼며 단검 또는 곡괭이를 만들었다.

이렇게 하여 인간은 기적의 창고 속에서 울림이 좋고 빛나는 광택을 지닌 금속을 발견해 냈다. 인간이 광석을 불속에 던

**대장장이의 신 헤파이스토스**
주변에 대장간에서 쓰였던 도구들과 만들어진 물건들이 걸려 있다.

져 넣으면 그것은 구리가 되었다.
 인간의 노동은 이렇게 기적을 만든 것이다.


 일의 역법

 우리는 '때'를 말할 때 1년이나 1세기, 또는 몇천 년이라는 식으로 계산하는 것에 익숙해져 있다. 그러나 고대인의 생활을 연구하는 자는 훨씬 다른 역법(曆法)과 시간의 척도로 말해야 한다. 즉 몇천 년 전이라고 하는 대신에 구석기 시대, 신석기 시대, 청동기 시대, 철기 시대라는 이름으로 말한다. 이것은 때에 따른 역법이 아니라 일의 구분에 따른 역법이다.
 이 역법에 따르면 인간이 어느 단계에 이르렀는지, 즉 그 긴 여행길에서 어느 지점까지 왔는지를 곧 알 수 있다.
 보통 '때의 역법' 가운데는 세기, 연, 월, 일, 시와 같은 크고 작은 시간의 척도가 있다.
 '일의 역법'도 크고 작은 척도로 나뉘어 있다. 예를 들면 '석기 시대는 돌도끼, 즉 타제 석촉(打製石鏃)의 시대'라든가 '석기 시대는 마제 석부(磨製石斧)의 시대'라는 식으로 말이다. 일의 역법과 시간의 역법은 일치하지 않는다.
 이 지상에는 지금도 석기로 일하는 인간들이 살고 있는 고장이 있다. 실제 폴리네시아에서는 현재도 말뚝 위에 세워진 수상(水上) 마을이 있다.

이것은 인간의 일이 어느 곳에서나 모두 똑같은 속도로 나아가고 있는 것은 아니라는 것을 말해 준다.

바다에 둘러싸여 전세계로부터 뚝 떨어져 있던 오스트레일리아는 인류의 경험을 받아들일 수 없었다. 자연히 뒤처질 수밖에 없었다.

그러나 유럽은 그렇지 않았다. 어디에선가 최초의 청동기나 최초의 도자기가 만들어지면 서서히 한 종족에서 다른 종족으로 그것들이 전해졌다.

인간은 구리를 호박(琥珀)과 교환하고 생피를 아마와 교환하기 위해서 카누를 타고 이 마을 저 마을로 강을 건너갔다. 어떤 종족에게는 부싯돌이 풍부했고, 어떤 종족에는 물고기가 많았으며, 또 제3의 종족에게는 솜씨 좋은 도공들이 많았다. 호수 위에 세운 마을의 주민들은 물건을 바꾸기 위해 자신들을 찾아오는 손님을 맞이했다. 그런데 물건의 교환에 따라 여러 가지 경험이나 새로운 작업 방법 따위가 이 종족에서 저 종족으로 전해졌다.

그럴 때마다 인간은 '몸짓말'로 의사 소통을 해야 했다. 왜냐하면 입으로 하는 말은 종족에 따라 여러 가지로 변해 버리는 경우가 있었기 때문이다. 그러나 때로는 먼 곳에 갔던 사람들이 돌아올 때에 진귀한 물건뿐만 아니라, 그들도 모르는 사이에 모밍하세 뷘 귀에 익시 않은 말늘을 익혀 가지고 돌아오는 일도 있었다.

이리하여 여러 종족의 방언이 서로 섞여서 교환되었다.

**우표에 그려진 스칸디나비아 지방의 배 (상)**
**노르웨이 오슬로 바이킹 박물관 소장의 배 모형 (하)**
고대인들은 문물을 교환하기 위해 배를 이용해 부락과 부락을 이동하였다.

언어와 함께 언어와는 떼려야 뗄 수 없는 사상도 함께 섞이고 교환되었다. 이에 따라 다른 종족의 신이 자기들의 신과 나란히 자리를 차지하고 앉아 있게 되었다. 그리고 마침내는 많은 신앙 가운데서 전세계를 포섭할 신앙이 자라나고 있었다.

즉 신들도 여행을 했다. 신이 새로운 장소에 오면 흔히 새로운 이름이 주어졌다. 그러나 그 본체만은 곧 드러났다.

고대 민족의 종교를 연구하다 보면 바빌로니아의 타무즈에서도, 이집트의 오시리스에서도, 그리스의 아도니스에서도 하나의 같은 신을 발견할 수 있다. 그 신들은 모두 고대 농부들의 죽음과 부활의 신이다.

우리는 때때로 신들이 여행한 자취를 지도 위에서 가리킬 수도 있다.

가령 아도니스는 셈족이 살고 있던 시리아에서 그리스로 왔다. '아도니스'라는 이름 자체가 이 사실을 말해 주고 있다. 이것은 셈족의 언어로는 '당신'이란 뜻이다. 그리스인들은 그 뜻을 몰랐으므로 이 말을 신의 이름으로 썼다.

이렇게 해서 물건과 말(言語)과 신의 교환이 이루어졌다.

이 교환이 언제나 평화적으로 아무 충돌 없이 이루어졌다곤 말하기 어렵다. 손님들은 구리나 직물이나 곡식을 힘으로 빼앗을 수 있다고 생각될 때는 결코 주저하지 않았다.

문물의 교환은 때로 서로를 기만하는 일도 있었고, 종족들 간의 약탈은 결국 무기를 든 싸움으로 번지기도 했다.

따라서 마을의 형태가 요새 모양으로 된 것도 자연스러운

추세였다. 마을은 불청객이 들어오지 못하도록 토담과 목책으로 에워싸였다.

이렇게 해서 그들은 타종족을 불신했고, 어느 종족이나 자기들은 인간이라 주장하면서도 다른 종족은 인간이 아니라고 생각했다.

그래서 자신의 종족을 '태양의 아들'이니, '하늘의 아들'이니 부르면서 다른 종족에게는 모욕적인 호칭이나 별명을 붙였다. 이러한 호칭이 그 종족 전체의 별명이 되고, 결국 그 종족의 이름이 되어 버린 일도 드물지 않았다.

아메리카 인디언 중에는 지금도 '먼지투성이 코'라든가 '비뚤어진 사람들'이라는 등등의 이름을 가진 종족이 있다.

이들 종족 스스로가 이와 같은 이름을 붙였을 리는 만무하다. 아마도 다른 종족을 예사로 약탈하고 죽이고 했기 때문에 붙여진 이름일 것이다.

그런데 다른 민족에 대한 이러한 고대의 적의(敵意)의 잔재나 단편들을 오늘날에도 볼 수 있다는 것이 이상하다. 철기 시대, 아니 알루미늄이나 전기 시대가 되었는데도 다른 민족에 대한 적의나 인종적인 증오를 주장하는 사람들이 있는데, 이러한 사람들은 자기들만이 인간이라고 생각하고 있다. 그들의 의견에 따르면 다른 사람들은 인간이 아니라 하등 존재처럼 보인다는 것이다.

이러한 '이민족(異民族)'에 대한, 즉 다른 혈연의 사람들에 대한 적의는 고대 원시인들의 감정과 신앙의 잔재다.

역사는 우리에게 이 지상에는 높은 민족도 낮은 민족도 없음을 가르치고 있다. 다만 진보한 민족과 문화적으로 뒤떨어진 민족이 있을 따름이다.

일의 역법에 따르면 일체의 현대인들이 모두 같은 시대에 속해 있는 것은 아니다. 진보한 민족은 뒤떨어진 민족을 도와주지 않으면 안 된다.

그러나 유럽에는 우월감에 젖어 흑인들이나 오스트레일리아인들, 또는 기타 '미개인들'을 위에서 내려다보는 태도를 취하는 나라가 있다.

이 같은 나라의 사람들은 가령 현재의 폴리네시아인이 과거의 유럽인이었음을 이해하지 못하고 있으며, 또 이해하려고도 하지 않는다.

# 5장 세계의 투쟁

### 서로 다른 세계

배를 타고 떠난 여행자들은 새로운 나라들을 발견했을 뿐만 아니라 훨씬 이전에 잊혀진 시대까지도 발견한 셈이었지만, 자신들은 그것을 깨닫지 못하는 경우가 많았다.

유럽인들이 오스트레일리아를 발견했을 때 그들로서는 그곳을 완전히 점령한 것이 큰 수확이었다. 그러나 오스트레일리아인으로서는 실로 커다란 불행이었다.

오스트레일리아인은, 일의 역법의 차원에서 보면 아직도 다른 시대에서 생활하고 있었다. 오스트레일리아인들은 유럽인들의 습관을 이해할 수 없었고, 그들의 제도에 복종하고 싶지도 않았다. 그 때문에 오스트레일리아인들은 들짐승처럼 박해

당하고 쫓겨났다.

오스트레일리아인들은 아직도 움막집에서 살고 있었으나, 유럽에서는 거대한 건물이 죽 늘어선 거리에서 생활하고 있었다.

오스트레일리아인들은 사유 재산이 무엇인지 알지 못했으나, 유럽에서는 다른 사람의 숲에서 사슴을 잡는 것이 불법이라 하여 그런 사람들을 형무소로 보냈다.

오스트레일리아인들에게는 관습으로 통하는 일이 유럽인들에게는 죄악이었다.

오스트레일리아의 사냥꾼들은 양 떼를 만나면 환성을 울리며 그들을 에워싼 다음, 놀란 양 떼를 향해 사방에서 창이나 부메랑을 던졌다. 그런데 그럴 경우 유럽인 농장주들은 엽총을 들고 나와 그들을 간섭하려 들었다.

유럽의 목축업자들에게는 양 떼가 그들의 재산이었으나, 오스트레일리아의 원시적인 사냥꾼들에게는 좋은 벌잇감이었다.

'양은 그것을 사서 기른 사람의 소유다'라는 것이 유럽인의 법칙이었으나, '짐승은 그것을 찾아낸 사냥꾼의 것이다'라는 것이 오스트레일리아인의 법칙이었다.

그리하여 오스트레일리아인들은 그들의 법칙을 따르는 것뿐인데도, 유럽인들은 오스트레일리아인들을 마치 양의 우리에 덤벼드는 이리 떼처럼 취급하며 총을 쏘았다.

이 두 법칙의 충돌은 오스트레일리아의 여자들이 감자를 심어 놓은 밭을 어디선가 발견했을 때에 일어났다. 그들은 별다른 생각 없이 막대기로 신기한 뿌리 열매를 캐냈다. 먹을 수 있는 뿌리가 그렇게 많이 한군데 모여 있다는 것이 그녀들에게는 마치 꿈만 같았다. 오스트레일리아의 여자들은 한 달이 걸려도 여기서 한 시간에 캐낸 것만큼의 식량을 채집할 수 없었다.

그렇지만 이 큰 수확이 오히려 그녀들에게는 대단한 불행이 되었다. 총소리가 귀를 찢고, 오스트레일리아의 여자들은 누가 무엇 때문에 자기들을 죽이는지조차 모르는 가운데 감자를 손에 거머쥔 채 쓰러졌다.

아메리카의 발견도 이와 같은 세계의 쟁투로 시작되었다.


아메리카 대륙의 발견


아메리카를 발견한 유럽인들은 세계를 찾아냈다고 생각했다.

콜럼버스는 다음과 같은 글이 새겨진 훈장을 받았다.

카스티야(스페인 왕국)와 레온을 위해
콜럼버스는
새로운 세계를 발견했다.

**콜럼버스의 귀환**
E. 들라크루아 작품, 스페인 톨레도 미술관 소장.

그런데 이 신세계는 실제로는 구세계였다. 유럽인들은 아메리카 대륙에서 벌써 오래 전에 잊어버렸던 자신들의 과거를 발견한 것에 불과했지만 그들은 그것을 미처 깨닫지 못했다.

바다를 건너온 유럽인들의 눈에는 아메리카 인디언의 습관이 야만적이고 이해할 수 없는 것으로 비쳐졌다. 인디언들은 유럽에 있는 것과 같은 집도 옷도 규율도 갖고 있지 않았다.

북쪽에 살고 있던 아메리카 인디언들의 경우에는 돌과 뼈로 막대기며 화살촉을 만들고 있어서 철 같은 것은 상상조차 할 수 없었다. 그러나 그들도 농업만은 이미 알고 있어 옥수수를 재배하기도 하고, 작은 이랑을 만들어 호박과 콩, 그리고 담배를 재배하고 있었다. 그렇지만 그들의 본업은 역시 사냥이었다. 그들은 목조로 된 집에서 살고 있었으며, 그 마을은 높은 울타리로 에워싸져 있었다.

좀더 남쪽의 멕시코에 살고 있던 인디언들은 구리로 만든 연장과 황금으로 된 장식물, 아직 굽지도 않은 벽돌에 시멘트를 바른 큰 집을 갖고 있었다.

이러한 당시의 상황들에 대해서는 아메리카 대륙을 처음 정복하여 식민지를 세운 사람들의 일기 속에 자세하고 정확하게 쓰여 있다.

그런데 여러 가지 일에 대해서 기록하는 것이 규율에 관해서 기술하는 것보다 오히려 쉽다. 아메리카 대륙의 규율이란 유럽인들에게는 전혀 이해할 수 없을 것 같은, 거기에 대해서는 혼란스럽고 불명료하게 기록할 수밖에 없는 실로 기묘한 것이었다.

이 신세계는 돈도 장사도 부자도 가난한 자도 없는 세계였다. 인디언들 중에는 이미 황금이 어떤 것인지를 알고 있는 종족도 있었으나, 그 가치에 대해서는 전혀 알지 못했다.

콜럼버스 일행이 처음으로 만난 인디언들은 코에는 황금으로 된 작은 막대기를 꽂고 목에는 황금 고리를 걸고 있었지만, 그들은 그 황금 장식물을 유리 구슬이나 장난감, 또는 헝겊 조각 따위와 서슴없이 바꿨다.

유럽인들은 전세계의 인간들이 모두 하인과 주인, 지주와 농부로 구분되어 있다고 알고 있었지만, 여기서는 누구나가 다 평등했다. 적을 생포해도 노예로 만드는 일 없이 죽여 버리든가 아니면 양자를 삼든가 했다.

여기는 자기 자신의 성이나 영지가 없었다. 사람들은 '긴집(Longhouses, 일자형 공동 주택을 말함. 이 종족은 집을 길게 지어 놓고 마을 전체가 한 집에 거주하고 있다)'이라고 불리는 공동의 집에서 살았고, 하나의 씨족은 모두 함께 살면서 공동으로 가정을 영위했다. 여기서는 남의 토지에서 일하는 농노도 없었다. 토지는 모두 씨족 전체의 것이었다.

봉건적인 농노 시대에 살고 있던 유럽인들을 어리둥절케 한 것은 이 일 하나로도 충분했지만 놀라운 것은 이 밖에도 허다했다.

유럽에서는 누구나 남의 물건을 훔치면 거리의 순찰병에게 목덜미를 잡혀 당장에 형무소로 보내졌다. 그러나 여기서는 개인의 소유물이라는 것도 순찰병도 형무소도 없었다. 그렇지만 이곳에도 규율이라는 것이 있었다. 그들은 유럽에서처럼은 아니었지만 모두들 그 규율을 지켰다.

유럽에서는 가난뱅이가 부자의 것을 훔치지 않게끔, 하인이 주인을 섬기게끔, 농노가 지주를 위해 일하게끔 정부가 지켜 주었다.

그런데 이곳에서 인간을 지켜 주는 것은 그 씨족이며 종족이었다. 누구든 한 사람이 살해되면 죽인 자에 대하여 전 씨족이 복수했다. 그러나 일단 그 사건이 평화롭게 해결되면 살해자의 혈연들은 살해된 자의 혈연들에게 사죄를 하고 선물을 보냈다.

여기는 왕도 없으며, 씨족 내의 문제는 추장 회의에서 결정되었다. 그 회의에는 전 씨족이 모두 참가했다. 추장들은 공적(功績)에 의해 선출되었으나, 만일 가정(家政)에 실패하면 당장 교체되었다. 추장이라고는 해도 그 씨족을 지배하는 권력자는 아니었다. 어떤 아메리카 인디언의 언어에는 '추장'이라는 말이 단지 '변사(辯士)'라는 뜻으로 되어 있다.

유럽에서는, 국가의 우두머리는 왕이고 집의 우두머리는 아버지였다. 가장 큰 집단은 국가이고, 가장 작은 집단은 가정이다. 아버지는 왕이 국민을 재판하고 벌하듯이 아이들을 재판하고 벌했다.

그런데 신세계에서는 아버지가 아이들에 대해 아무런 권리도 갖고 있지 않았다. 아이들은 어머니에게 속했고, 어머니를 따라다녔다. '긴집'에서는 여자들이 모든 일을 지시했다. 유럽에서는 아들들은 집에 남고 딸들은 모두 그들의 보금자리로부터 떠나갔다. 그런데 아메리카에서는 반대로 남자가 그 집에 아내를 맞아들이는 것이 아니라 여자가 남편을 맞아들였다. 따라서 집안의 권리도 아내에게 속했다.

어떤 여행가는 다음과 같이 이야기하고 있다.

"대개의 경우 여자들이 집안을 관리하고 있었다. 물론 모두가 굳게 그것을 지켰다. 저장물은 공동 소유물이었다. 그런데 어쩌다 사냥거리를 가져오지 못하는 남편은 정말 불쌍했다 집에 아무리 많은 자식과 재산이 있어도 언제 이불 보따리를 싸들고 나가라는 명령을 받게 될지 모르기 때문이다. 그리고 그 명령에 복종하지 않으면 더욱더 불리해진다. 도저히 집안에서 견딜 수가 없기 때문이다. 만약 어른들이 편을 들어주지 않으면 남편은 자기의 씨족에게로 돌아가든가 다른 씨족의 여자와 결혼하든가 하는 수밖에 없다. 아무튼 여자들의 세력은 대단했다. 여자들은 필요하다고 생각되면 주저 없이, 그녀들의 표현대로라면 추장의 머리에서 '뿔을 잘라 냈다' 다시 말해 추장을 뽑는 권리 또한 완전히 그녀들의 손아귀에 있었다."

유럽의 여자는 남편에게 복종하고 있었지만 인디언의 여자는 일가(一家)의 우두머리이고, 때로는 전 종족의 우두머리이기도 했다. 인디언의 손에 들어간 한 아메리카인에 대해 쓴 소설을 읽고 푸슈킨이 쓴 에세이에는 이런 내용이 있다.

그 아메리카인은 씨족의 추장이었던 여자의 양자(養子)가 되었다. 그 여자의 보트에는 언제나 깃발이 걸려 있어서, 영국군의 진지(陣地)에 가게 되면 축포(祝砲)로써 영접을 받았다. 인디언뿐만 아니라 백인들도 이 여자에게는 존경의 뜻을 표했다.

이와 같은 규율 밑에서는 인간의 출생이 부계(父系)가 아닌 모계(母系)를 따르는 것이 당연한 일이다. 유럽에서는 아이들이 아버지의 성을 따랐지만 신세계에서는 어머니 쪽 씨족의 이름을 따랐다. 만약에 아버지의 씨족이 '사슴' 족이고 어머니의 씨족이 '곰' 족이라면 아이들은 '곰' 족에 속했다. 어느 씨족이나 여자들과 그 아이들, 그 딸들의 아이들, 그리고 그 손녀딸의 손자로 인맥이 이어졌다.

　유럽인들로서는 이와 같은 모든 것들을 이해할 수가 없었다. 유럽인들은 인디언들의 습관을 야만이라 했고, 또 그들을 야만인이라고 불렀다.

　유럽인들은 활과 화살의 시대, 최초의 카누와 곡괭이 시대에는 그들 유럽인의 조상들도 이와 같은 규율 밑에서 살아왔다는 사실을 잊고 있었다.

　아메리카에 건너온 백인들은 몇백 년이 지나도록 토착 주민들의 습관을 이해하지 못했다. 그러한 상태는 L. H. 모건이라는 아메리카인이 《고대 사회》라는 책을 써서, 아메리카 그 자체의 사정을 확연히 밝힐 때까지 계속되었다. 모건은 아메리카 원주민이나 멕시코 토인의 마을 제도는 유럽인이 그 옛날에 밟아 온 단계와 아주 흡사하다는 것을 증명한 학자였다.

　하지만 모건이 쓴 그 책은 1877년에 나온 것이고, 우리는 지금 아메리카를 최초로 침략한 자들의 시대에 대해 이야기하고 있다.

　백인들은 인디언들을 이해하지 않았고, 인디언들은 왜 백인들이 한 줌의 황금 때문에 서로 목숨을 빼앗는지 알지 못했다. 또 왜 백인들이 아메리카에 건너왔는지, '남의 토지에 침략한다'는 것이 어떤 의미인지 몰랐다.

　원시인들의 신앙에 의하면 토지라는 것은 전 종족의 소유물이며, 토지를 빼앗는다는 것은 다른 종족의 신의 노여움을 자기들에게 불러들이는 것을 의미했다.

물론 인디언들도 서로 싸우는 일은 있었다. 그러나 이웃 종족에게 이겨도 그들을 노예로 만들거나, 자기들의 규율을 그들에게 강요하거나, 그들의 추장을 교체시키거나 하지는 않았다. 오직 공물을 바치라고 명령할 뿐이었다. 추장을 교체시킬 수 있는 것은 단지 그 추장 자신의 씨족이나 종족뿐이었다.

이리하여 두 개의 세계, 두 개의 제도가 충돌했다. 아메리카의 역사는 두 세계의 투쟁사였다.

하나의 예로, 스페인 사람들에 의한 멕시코의 침략을 들 수 있다.

### 철(鐵)시대와 동(銅)시대의 싸움

1519년, 멕시코 해안에 커다란 전함 열한 척으로 편성된 함대가 나타났다. 어느 배나 모두 선복(船腹)이 불룩하고, 이물도 고물도 물 위에 쳐들려 있었다. 그리고 네모진 창구(艙口)에는 대포가 장치되고, 뱃전에는 병사들의 창과 격철총(擊鐵銃)이 죽 늘어 세워져 있었다. 기함(旗艦)의 뱃머리에는 베레모를 깊숙이 쓴, 어깨가 떡 벌어지고 수염이 많은 사나이가 있었다. 그는 해안에 몰려온 반나체의 인디언 무리들을 꼼짝 않고 바라보고 있다.

기함 위의 이 사람은 멕시코 침략을 위해 파견된 함대의 지휘자 에르난 코르테스였다. 당시 그의 주머니 속에는 스페인

정부가 그의 임무를 취소한다는 편지가 들어 있었지만 코르테스 같은 대담한 모험가에게 철수 명령쯤은 아무것도 아니었다. 끝없는 대양이 그와 스페인을 떼 놓고 있지 않은가. 여기서는, 즉 이 배에서만은 코르테스는 스스로 왕이라 생각했다.

배는 닻을 내렸다. 코르테스에게 붙들려 온 인디언 노예들은 보트에 무거운 대포와 포가(砲架), 탄약 상자와 격철총 등의 묶음을 쌓기 시작했다. 배의 갑판에는 놀라서 뒷발로 버티는 말이 끌려나왔다. 말을 뱃전에서 끌어내려 해안까지 운반하는 일은 무엇보다도 어려웠다.

인디언들은 바다에 떠 있는 집, 옷으로 몸뚱이를 감싼 흰 살갗의 사람들, 그리고 이상한 무기 등을 경이적인 눈으로 바라보았다. 그런데 무엇보다도 인디언들을 놀라게 한 것은 탐스런 털갈기와 꼬리를 가진 울부짖는 짐승이었다. 인디언들은 이런 괴물을 아직 한 번도 본 적이 없었다.

코르테스 Cortez
1485~1547
스페인의 멕시코 정복자. 말·대포 등을 처음 대하는 인디오들이 공포에 떨자, 멕시코에 들어가 황제 몬테수마 2세에게 스페인 왕에 대한 충성을 서약하게 했다.

백인들이 왔다는 소문은 눈 깜짝할 사이에 온 해안에 퍼져, 깊숙한 오지나 산간에까지 전해졌다. 벽처럼 솟은 산 저쪽 골짜기에는 멕시코 원주민 종족이 살고 있는 마을이 있었다. 이 중 가장 큰 마을은 호수 한가운데에 있는 테노치티틀란(아스테카 왕국의 수도, 지금의 멕시코시티)으로서, 그곳의 기슭은 다리로 이어져 있었다.

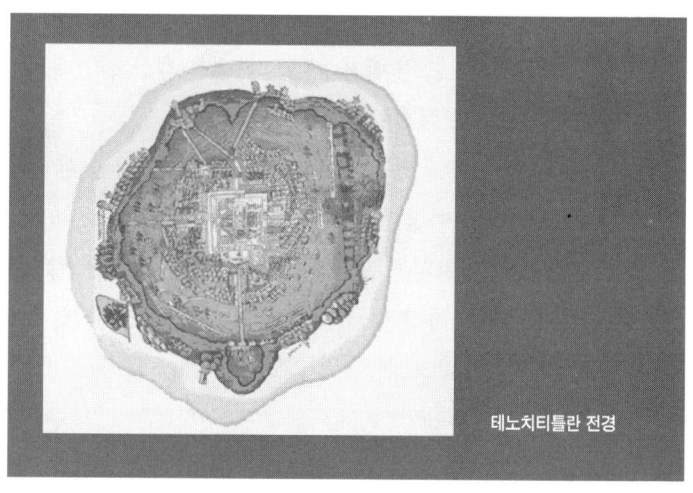

테노치티틀란 전경

석고로 희게 빛나는 집에서는 원주민들의 군대 대장인 몬테수마가 종족들과 함께 살고 있었다. 몬테수마는 백인들이 왔다는 소식을 듣고 곧 추장 회의를 열었다. 추장들은 오랜 시간에 걸쳐 어떻게 대처할 것인가에 대해 의논했다. 중요한 것은 백인들이 무엇 때문에 왔으며, 원하는 것이 무엇인지를 알아내는 일이었다.

사방에서 수집된 소문을 종합해 본 결과, 추장들은 백인들이 금을 좋아한다는 사실을 알아냈다. 그래서 추장들은 백인들에게 많은 공물을 보내어 자기 나라에서 돌아가 달라고 부탁해 보자는 데에 합의를 했다.

그러나 이것은 돌이킬 수 없는 실책이었다. 황금 선물은 오히려 백인들의 탐욕을 부채질하는 격이 되었으니 말이다. 그러나 멕시코 원주민들은 이 점을 몰랐고, 또 알 수도 없었다. 이들 인디언과 백인들은 전혀 다른 시대에 살고 있지 않은가.

사절(使節)들이 출발했다. 사절들은 수레바퀴만큼이나 큰 금 고리와 금 장식물, 그리고 금으로 만든 인형과 여러 가지 동물 따위를 잔뜩 가지고 갔다.

원주민들은 이러한 물건들을 차라리 땅에 묻어 버리는 편이 나았을 것이다.

코르테스와 그 동반자들이 이 황금들을 본 순간 멕시코 원주민의 운명은 결정되어 버렸다. 사절들은 코르테스에게 바다 저쪽으로 돌아가 주기를 탄원했으나 아무 소용이 없었다.

스페인 사람들은 멕시코의 황금에 대해서 전부터 소문으로 들어 알고 있던 터였다. 그런데 막상 눈앞에서 그것을 확인하니 그들의 눈은 불타올랐다. 소문은 사실이었다.

사절들의 애원이 스페인 사람들에게는 우스꽝스럽게 보였다. 보물 더미를 눈앞에 버려두고 바다 저쪽으로 물러가 달라니, 그것은 어림도 없는 수작이었다.

더욱이 스페인 사람들은 이곳으로 오기까지 얼마나 쓰라린 고난을 겪었던가. 이로 깨물 수도 없는 딱딱한 건빵, 사람으로 꽉 들어찬 선실의 서글픈 잠자리, 나뭇진을 바른 선구(船具)를 만져야 하는 고된 작업 등, 그 모든 고통을 오직 꿈속에 그리던 보물을 바라고 참아 왔다.

코르테스는 출동 명령을 내렸다. 노예들은 무기와 식량을 짊어졌다. 짐을 운반하는 동물이 된 노예들은 끙끙거리며 천천히 앞으로 나아갔다. 어떻게 전진하지 않을 수 있겠는가. 멈추면 총검으로 몰아세우고 복종하지 않으면 목이 날아갈 판인데 말이다.

이때의 광경은 멕시코인들의 그림에도 남아 있다. 등에 짐을 진 사람들이 세 줄로 서서 걸어가고 있다. 한 사람은 포가의 수레바퀴를 끌고, 다른 한 사람은 격철총 다발을, 또다른 한 사람은 짐 궤짝을 짊어지고 있다. 스페인 사관은 몽둥이를 치켜들고 원주민들의 머리를 내려치려고 한다. 원주민의 머리

**멕시코를 정복한 코르테스 일행**
파리 국립도서관 소장.

채를 휘어잡고 장화발로 걷어차는 자도 있다. 곁에 있는 바위 위에는 아이러니하게도 십자가가 세워져 있다.

 침략자들은 스스로를 '선량한 가톨릭 교도'라고 생각했다. 그래서 스페인 사람들은 침략하는 고장에 십자가를 가지고 왔다. 그 그림에는 여기저기 처참하게 잘려진 원주민들의 머리와 손도 그려져 있다.

 스페인 사람들은 한 걸음 한 걸음 전진해 갔다. 그리하여 마침내 그들은 산꼭대기에서 호수와 그 한가운데 서 있는 마을을 보았다.

 멕시코인들은 스페인 사람들에게 아무런 저항도 하지 않았다. '손님들'은 거침없이 마을로 들어왔다. 그리고 그들이 최초로 한 짓은 손님으로서의 예의를 완전히 벗어난 것이었다. 스페인 사람들은 멕시코 원주민 군대의 대장인 몬테수마를 그들의 추장이라 생각하고 포로로 잡아들였다.

 코르테스의 명령에 따라 몬테수마는 사슬에 묶였다. 스페인 사람들은 몬테수마에게 스페인 왕에 대한 충성을 맹세케 하려 했다. 포로는 강요된 암송문을 모두 빼놓지 않고 순순히 되풀이했다. 몬테수마는 왕이 무엇을 뜻하는지, 맹세가 무엇을 의미하는지 하나도 알지 못했다.

 코르테스는 자기를 승리자라고 생각했다. 멕시코 원주민의 추장을 포로로 만들었기 때문이다. 붙잡힌 추장은 그의 권력을 스페인 왕에게 바쳤다. 코르테스는 모든 일이 잘되었다고 생각했다.

그런데 그는 여기서 대단한 착각을 했다. 몬테수마가 스페인의 규율을 알지 못했듯이 코르테스 역시 멕시코 원주민의 규율을 알지 못했다. 코르테스는 몬테수마를 추장이라고 생각했으나 몬테수마는 군대의 대장이었을 뿐, 나라를 지배할 권리는 없었다.

코르테스가 자기를 승리자로 생각한 것은 속단이었다.

멕시코 원주민들은 코르테스가 생각지도 못했던 짓을 감행했다. 몬테수마의 동생을 새로운 대장으로 세운 것이다.

새 대장은 종족의 전 군대에게 스페인 사람들이 진을 치고 있는 큰 집을 습격하라고 명령했다.

스페인 사람들도 대포와 격철총으로 응전했다.

멕시코 원주민들은 돌을 던지고 활을 쏘았다. 포탄이나 총탄이 화살과 돌보다는 강했으나, 멕시코 원주민들로서는 자기들의 자유를 위한 전쟁이기 때문에 그 무엇으로도 그들을 막아낼 수는 없었다. 열 명 쓰러지면 백 명이 덤벼 왔다. 형은 아우를 위해, 큰아버지는 조카를 위해 복수하러 나섰다. 누구 하나 죽음을 두려워하는 자는 없었다. 멕시코 원주민들로서는 그 씨족이, 그와 함께 전 종족이 위험에 처해 있는 때였으므로 자기 자신의 목숨을 지푸라기처럼 여겼다.

사태가 불리해진 것을 깨달은 코르테스는 몬테수마를 중개로 하여 멕시코 원주민들과 협상을 해야겠다고 생각했다. 몬테수마는 추장이므로, 그에게 전투를 포기하라는 명령을 내리도록 해야겠다고 생각한 것이다.

사슬에서 풀려난 몬테수마는 편평한 지붕 위로 올라갔다. 그러나 그는 비겁자요, 배신자로 취급되었다. 그를 향해 돌과 화살이 날아왔고, 사방팔방에서 아우성이 일었다.

"아무 말 말아라! 너는 군인이 아니다. 너 같은 놈은 집 안에 들어앉아 베나 짤 계집이다. 개새끼들에게 붙잡히다니! 이 비겁자!"

몬테수마는 치명상을 입고 지붕 위에서 굴러 떨어졌다.

코르테스는 간신히 포위망을 뚫고 도망쳤다. 그러나 그가 거느렸던 병사의 반이 죽고 말았다.

하지만 다행스럽게도 멕시코 원주민들은 더이상 추격해 오지 않았다. 그렇지 않았다면 아마 한 사람도 살아서 도망치지는 못했을 것이다.

그러나 멕시코 원주민들이 코르테스를 그냥 살려 보낸 것은 큰 실수였다. 코르테스는 새로운 군대를 이끌고 돌아와 테노치티틀란을 포위했다.

멕시코 원주민들은 용감하게 방어했다. 그리하여 몇 달 동안은 스페인 사람들로부터 마을을 지켜 냈다. 그러나 어떻게 활과 화살로 대포를 막아낼 수 있겠는가. 결국 테노치티틀란은 점령당하여 무참히 짓밟히고 말았다.

'철시대'의 인간들은 이렇게 '동시대'의 인간들을 정복했다. 낡은 씨족 제도는 새로운 제도에 압도되어 퇴각해 버렸다. 역사 자체가 코르테스의 편을 들었지만, 동시에 스페인 사람들은 자신들의 손으로 자신들의 과거 역사를 피로 물들였다.

# 6장 살아 있는 도구

빨리 달리는 신발

　이전 세기의 어떤 작가가 쓴 이야기에 이런 것이 있다. 한 남자가 시장에서 보통 신발이 아닌 아주 빨리 달리는 신발을 샀다.
　이 이야기의 주인공은 멍청한 사내였다. 그래서 그는 한동안 자신의 신발이 빠른 속력을 낸다는 사실을 잊고 있었다. 그는 시장에서 돌아오는 길에 무엇인가 골똘히 생각에 빠졌다. 그런데 갑자기 심한 한기를 느껴 정신을 차리고 보니, 주위는 온통 얼음투성이였고 지평선 위에는 불그스름한 태양이 걸려 있었다. 빨리 달리는 신발은 어느새 이 주인공을 북극으로 데리고 온 것이다.

만일 다른 사람이 이런 일을 당했다면 이 불가사의한 물건을 이용해서 되도록 많은 사리사욕을 취했을 것이다. 그렇지만 이 주인공은 금전에 대한 욕심이 전혀 없었다. 다만 이 세상에서 이 사나이가 가장 사랑하고 있는 것은 과학이었다. 그리하여 그는 이 뜻밖의 기회를 이용하여 지구 전체를 돌며 연구하리라 결심했다.

그는 빨리 달리는 신발을 신고 지구를 마구 돌아다니기 시작했다. 북에서 남으로, 남에서 북으로 돌아다닌 그는 추위를 피해 시베리아 밀림에서 아프리카 사막으로 가기도 하고, 밤을 피해 동반구에서 서반구로 옮겨 다니기도 했다.

다 떨어진 검정 재킷에 수집(蒐集) 상자를 어깨에 멘 그는 작은 돌을 뛰어넘듯 섬을 넘어 오스트레일리아에서 아시아, 아시아에서 아메리카로 건너갔다.

불을 뿜는 화산을 넘는가 하면 눈에 덮인 준령을 지나고, 산에서 산으로 옮겨 다니면서 광물과 식물을 채집했다. 오래된 동굴과 성당도 조사했으며, 대지와 그 위에 사는 모든 생물도 연구했다.

그런데 우리도 인간의 생활을 연구하기 위해서는 그와 마찬가지로 빨리 달리는 신발을 신지 않으면 안 된다. 우리는 이 책 속에서 하나의 대륙으로 나아가고, 또 하나의 시대에서 다른 시대로 옮겨 가곤 했다.

때로는 공간과 시간의 확대 때문에 현기증이 날 때도 있었다. 그러나 우리는 쉬지 않고 걸었다. 우리는 보통 신발을 신은 사람들처럼 멈추어 서거나 지나치게 자질구레한 일을 조사할 수는 없다.

우리가 한 걸음에 몇 세대씩 건너뛰었을 땐 무엇인가 빠뜨렸을지도 모른다. 그러나 만약 잠시라도 빨리 달리는 신발을 벗고 보통 걸음으로 걸었다면, 자질구레한 일들이 무수히 밀어닥쳐 도저히 그 속에서 헤어나지 못했을 것이다.

숲의 나무 한 그루 한 그루를 살피고 있다가는 숲 전체의 모습을 파악할 수 없다.

우리는 빨리 달리는 신발을 신고 시대에서 시대로 옮겨 뛰었을 뿐만 아니라, 과학으로 옮아갔다. 우리는 동식물에 관한 과학에서 언어에 관한 과학으로 옮아가고, 언어에 관한 과학에서 도구의 역사로, 토지의 역사로 옮아갔다.

물론 이것은 결코 수월하고 간단한 일은 아니었다. 그러나 우리는 이를 회피할 수는 없다. 모든 과학은 인간에 의해서, 인간을 위해 만든 것이기 때문이다. 그래서 과학은 꽃잎의 형체나 청동 병기의 분류 등이 문제될 때가 아니라, 이 지상에서의 인간의 생활이나 이 세계에서의 인간의 위치가 문제될 때에 가장 필요하다.

그런데 우리는 이제야 겨우 스페인 사람인 코르테스 시대의 아메리카에 이른 것이다.

그럼 여기서 지금으로부터 3, 4천 년 전 유럽으로 돌아가 보자.

우리는 거기서도 아메리카나 멕시코 원주민들과 비슷한 종

**그리스 아테네의 수호신 아테나 Athena**
그리스 신화의 아테나는 로마 신화에서 아테네(Athene)이다.

족을 발견할 수 있다. 여자들이 모든 일을 맡아 다스리는 '긴 집'의 공동 주택도 있다.

  이 시대의 여자들은 일가의 존경을 한 몸에 받았다. 여자들은 집을 짓고 또한 종족을 퍼뜨리는 아이를 낳는 자였기 때문이다. 여자들은 겨울 동안에 먹을 양식을 저장하는 데 마음을 쓰며, 땅을 파서 곡식을 거둬들였다.

  이 사회에서 여자는 남자보다 일을 더 잘했으므로 남자보다도 많은 존경을 받았다. 그 당시는 어느 마을이나 집이나 할 것 없이 뼈 또는 돌로 조각한 어머니 형상의 여인상을 모셔 놓았다. 바로 그 씨족이 생겨난 어머니의 상(像)이다.

  이 여신상의 혼령은 집을 지켜 준다. 사람들은 이 혼령을 향해 곡식을 베풀어 줄 것과 적으로부터 집을 지켜 줄 것을 간절히 빌었다.

  시대가 흐르면서, 이 집을 지키는 어머니의 모습이 아테네에서는 창을 들고 거리를 지키는 무장한 여신(女神)으로 변했다.

  그리하여 이제는 작은 여인상이 아니라 거대한 여신의 입상이 여신의 이름을 딴 아테네 거리를 지켜 나간다.


## 무너져 가는 씨족 제도

  우리가 쓰고 있는 말에는 아직도 씨족 제도의 잔재가 남아 있지만, 우리의 기억 속에는 아무것도 남아 있지 않다.

오늘날에도 아이들이 남의 집 어른을 '아저씨', '아주머니' 또는 '할아버지', '할머니'라고 부르는 것은 마을 안의 사람들이 모두 친척이었던 시대로부터 내려온 제도의 잔재다. 마찬가지로 남을 부를 때는 '형님', '아우님'이라고 한다.

이와 같은 고대 생활의 잔재는 여러 나라의 언어 속에 남아 있다. 독일어에서는 '조카'라고 하는 대신에 '자매의 아이'라고 한다. 고대에는 자매의 아이들이 씨족 속에 남고, 형제의 아이들은 다른 씨족, 즉 그 아내의 씨족 쪽으로 따라갔기 때문이다.

자매가 낳은 아이들은 친척이고 '조카'였으나 형제의 아이들은 다른 씨족에 속했기 때문에 친척으로 치지 않았다.

씨족은 실로 공고한 것이었다. 그런데 어떻게 그것이 붕괴되었을까?

아메리카는 유럽에서 온 침략자들에 의해서 붕괴되었다. 그러나 유럽은 아메리카를 발견하기 수천 년 전에 이미 흰개미에 파먹힌 집처럼 자연 붕괴되고 있었다.

이것은 남자들이 점차 집안 세력을 장악하면서부터 시작되었다.

옛날에는 여자들이 밭을 갈고 남자들은 가축을 돌보았다. 가축의 수가 적었던 시기에는 여자들이 하는 농사일이 가장 중요한 위치를 차지하고 있었다. 고기는 자주 먹지 못했고, 우유도 식구 모두에게 고루 돌아가지 않았다. 여자들이 없어 곡식을 거둬들이지 못하면 집 안에는 먹을 것이 없었다. 그 무렵에는 구운 보리나 약간의 마른 낟알만이 식사의 전부였다. 그리고 입맛을 돋우는 들꿀이나 야생 과일 또한 여자들이 채집했다. 이리하여 여자들은 가정을 관장했고, 또 그 때문에 모든 일을 지배해 나갈 수 있었다.

그러나 언제나, 그리고 어디서나 꼭 그랬다는 것은 아니다. 초원 지대에서는 농사가 그다지 잘되지 않았다. 초원의 끈질긴 잡초가 농사를 방해했기 때문이다. 잡초는 그 뿌리를 굳건히 대지에 내리고 버티었다. 일굴 수 없을 정도로 단단한 땅이어서 가래질을 하기도 힘겨웠다. 이럴 때는 3~4명의 여자들이 한 가래에 덤벼들어야만 겨우 토지의 표면이 파헤쳐질 정도였다.

그래서 얕은 이랑에 뿌려진 종자는 햇볕에 말라 버리거나 새가 주워먹었으므로, 싹이 터서 자라나 식량이 되는 것은 얼마 되지 않았다. 게다가 가뭄이 들어 제멋대로 기승을 부리며 곡식을 태우고는, 어떤 조건에도 적응할 수 있는 잡초만을 남겨 놓았다.

이윽고 추수 때가 닥쳐와도 거둬들일 것은 아무것도 없었으며, 잡초 사이에 끼인 곡식 이삭은 거의 찾아볼 수가 없었다. 초원에 뿌리를 내린 잡초는, 일단 쫓겨났다가 다시 몰려온 적군의 깃발처럼 바람에 흔들렸다.

곡식 대신 이렇게 잡초만 무성하니, 허리를 구부려 손에 못 박이도록 일할 가치가 어디 있겠는가.

그런데 잡초가 인간에게 필요 없듯이 가축에게는 곡식이 필요 없다. 소와 양은 초원에서 얼마든지 배불리 먹을 수가 있다. 소나 양에게는 사방이 온통 먹이투성이 아닌가.

해마다 가축의 수는 불어 갔다. 남자들은 허리에 단검을 차고 가축을 몰았다. 목자의 충실한 친구인 개는 목자를 도와 양이 초원을 제멋대로 돌아다니지 않도록 한군데다 몰며 지켰다. 가축은 자라고, 그 수도 불어나서 고기며 양털을 인간에게 더욱 많이 공급해 주었다

어느 집이건 곡식은 모자랐지만 양의 젖은 남아돌았고, 냄비에는 양고기를 넣은 죽이 끓고 있었다.

따라서 초원 지방에서는 가축을 돌보는 남자들의 일이 제일 중요한 자리를 차지했다. 또 얼마 뒤에는 북쪽의 삼림 지방에서도 마침내 남자들이 여자들보다 우월한 지위를 차지하게 되었다.

스웨덴에서 바위 위에 농부를 그린 고대의 그림이 발견되었는데, 그 그림 속의 농부는 어린이들이 그린 것처럼 서툴고 거친 모습이었다. 그런데 그 그림이 잘 그려졌든 못 그려졌든 그런 것은 중요하지 않다. 우리에게 이것은 그림이라기보다는 하나의 증거이다. 이 증거는 농부가 보습을 낀 쟁기 뒤를 따라 걸어가고, 그 쟁기는 소가 끌고 가는 것을 또렷이 알려 주고 있다.

이것은 아마도 인류 역사상 최초의 쟁기일 것이다. 그것은 아직 가래 모양과 너무나 흡사하다. 틀린 점이라면, 쟁기에는

**곡식을 수확하고 있는 고대의 농부**
농사일에 소를 이용하고 있다.

멍에 채 같은 긴 막대기가 달려 있고, 이 채를 인간이 아니라 소가 끌고 있다는 점이다.

이는 인간이 최초의 발동기를 발명해 냈다는 것을 뜻한다. 쟁기에 매인 소는 살아 있는 발동기이자, 금속으로 된 오늘날의 트랙터의 살아 있는 조상이 아니고 무엇이겠는가. 인간은 소의 어깨에 멍에를 지움과 동시에 자기의 노역까지도 지웠다. 이전에는 고기와 젖과 가죽을 제공할 뿐이었던 소가 인간에게 그 힘마저 공급한 것이다.

소들은 그 어깨에 나무로 된 멍에를 지고 들에 나가 쟁기를 끌었다. 쟁기는 가래보다 지반을 더 깊이 뚫고 들어간다. 쟁기가 지나간 자리에는 검은 띠〔帶〕 모양으로 일궈진 대지가 펼쳐진다.

최초의 농부는 전력을 다해서 쟁기의 손잡이를 눌렀다.

소 또한 전력을 다해서 밭을 갈고 수확하고 곡식을 운반하지 않으면 안 되었다. 가을이 되면 소는 탈곡장으로 끌려가 바로 이삭을 쳐서 알곡을 떨어뜨렸다. 그리고 아직은 수레바퀴가 달려 있지 않고 톱니가 없는 써레 같은 무거운 짐수레를 끌고 들에서 집까지 곡식이 가득 든 부대를 날랐다.

이것은 목축이 농업을 도운 것을 의미한다. 목자였던 남자들은 동시에 농부였다. 이런 점이 집안에서의 남자의 위치를 이전보다 높여 주는 결과가 되었다.

사실 여자들의 분야에도 할 일은 다소 남아 있었다. 여자들은 베를 짜고 물레를 돌리며 곡물을 비축하고 아이들을 보살펴야 했다.

그러나 여자들은 이제 옛날 같은 존경은 받지 못했다. 그리하여 목장에서나 들에서나 남자들이 중요한 위치를 차지하게 되었다.

집안에서도 남편들이 야단맞는 일은 차차 드물어졌다. 남자들 쪽에서 잡아먹을 듯이 덤벼드는, 다시 말해 수세에서 공세로 뒤바뀌기 시작한 것이다. 옛날에는 백모나 할머니나 장모들이 남자를 쫓아내기가 예사였지만, 이제는 남자들을 소중하게 다루지 않으면 안 되었다. 다른 씨족에서 온 이 '타인'이 온갖 일을 맡아 하고 씨족을 부양했기 때문이다. 그러자 씨족은 그러한 남자들과 헤어지는 것을 좋아하지 않게 되었다.

이렇게 하여 오래 묵은 떡갈나무처럼 오랜 세대에 걸쳐 내려온 이 낡은 규율에 금이 가기 시작했다. 이제 인간들은 더욱 더 빈번하게 그때까지의 관습을 깨뜨렸다. 이전에는 여자 쪽에서 남편을 선택하여 집으로 맞아들였던 것에 반해, 이제는 남자가 아내를 선택하여 집으로 맞아들였다.

이것은 낡은 관습의 거역이었다. 그 때문에 위반자는 범죄자처럼 보였다.

왜냐하면 신랑은 간단하게 신부를 자기 집으로 데려갈 수가 없었기 때문에 신부를 훔치고 약탈하지 않으면 안 되었다.

어두운 밤에 망치와 단검으로 무장한 신랑과 그 친척들은 신랑의 씨족이 선택한 처녀가 있는 집으로 몰려간다. 개 짖는 소리가 온 집안 식구들의 잠을 깨운다. 백발이 성성한 신부의 조부도, 아직 수염이 나지 않은 형제도 무기를 찾아 든다. 쳐들어온 자들의 무서운 함성은 여자들의 울음소리를 눌러 버린다. 신랑은 같은 씨족의 동료들에게 호위되어 노획한 전리품, 즉 신부를 팔에 안고 돌아간다.

긴 세월이 흘렀다. 관습의 파괴가 차차 관습 그 자체가 되어 버렸다. 신랑이 신부의 집안에서 신부를 빼앗아 오는 것이 의식이 된 것이다.

유혈(流血)은 신물이나 배우도 변했다. 신부를 떠나보내는 어머니나 정다운 자매들의 석별의 눈물조차 결혼의 연극으로 변했다. 그리하여 이 연극은 술잔치로 끝났다.

지금도 다른 씨족, 즉 낯선 집에 시집온 어린 처녀가 자기의 운명을 슬퍼하며 우는 고대의 구슬픈 노래가 남아 있다.

이것은 전혀 바라지도 않던 운명이었다. 여자는 낯선 집안, 낯선 남자, 즉 남편의 권력에 넘겨졌다. 그 누구에게 호소할 수조차 없다. 시아버지도 시어머니도, 그 밖의 남편의 친척 모두가 남편 쪽이 아닌가. 집에 여자 일꾼이라도 하나 들여온 듯이 생각하는 그들은 눈을 부라리며 그녀가 손을 쉬고 있지는 않은지, 몰래 무얼 훔쳐먹지는 않은지 항상 감시했다. 모계 씨족이 부계 씨족으로 변한 것이다.

이제 아이들은 어머니와 같이 남는 것이 아니라 아버지와 아버지의 씨족에 남게 되었다. 그리하여 씨족의 계보는 모계가 아닌 부계를 따르게 되었으며, 인간의 이름에 본인의 이름과 그 씨족의 이름 밑에 '아무개의 아들'이라는 것이 덧붙여지기 시작했다.

러시아에는 그 당시부터 인간을 부칭(父稱)으로 부르는 습관이 남아 있다.

예를 들어 '표트르 이바노비치'라고 부르는 것은 옛날에 '이바노비치의 아들 표트르'라고 부르던 것과 같다.

이제 사람의 이름에 그 어머니의 이름을 덧붙인다는 생각은 아무도 하지 않게 되었다.


유목민이 나타나다

그 언젠가 인간이 발견해 낸 기적의 창고는 인간에게 더욱더 많은 것을 주었다. 초원에는 몇천 마리의 양 떼가 방목되고, 들에서는 농부가 검고 부드러운 흙을 느릿느릿 밟고 가는 소를 호통쳤다.

골짜기에서는 최초의 과수원에 꽃이 피고, 최초의 포도원에서는 싱그러운 향내가 풍겨 나왔다. 저녁이 되면 사람들은 문 옆의 무화과 그늘에 모여들었다.

노동은 인간에게 점점 더 많은 것을 가져다 주었으나, 그 대신에 인간은 더욱더 많은 일을 하지 않으면 안 되었다. 포도 송이송이마다, 밀 이삭 하나하나마다 사람의 노동이 즙액처럼 스며들었다.

단 한 송이의 포도에도 얼마나 번거롭게 마음을 쏟아야만 하는가! 묵직한 포도 송이를 모아서 압축기에 넣고 그것을 눌러 포도즙을 짜내면, 사람들은 이 검은 즙을 양피 부대에 담는다. 그들은 포도주에 감사하며, 양의 가죽을 입은 아름다운 신과 그 신의 노고를 찬양하는 노래를 불렀다.

강 하류 지방에서는 해마다 봄이 되면 범람하는 강물이 토지를 적시고 거름까지 주어 땅을 비옥하게 해주었다. 자연 그 자체가 인간의 농사를 염려해 주는 듯했다.

그러나 여기서도 농부의 손은 쉴 겨를이 없었다. 사람들은 들에 물을 대기 위해서 도랑을 파고 둑을 만들어, 물이 가장 필요한 곳으로 흐르게 했다.

사람들은 자기들의 노동이 없었다면 지상에는 잡초 이외의 어떤 것도 자라지 못한다는 사실을 잊은 채, 풍작을 베풀어 주십사고 강물에 빌었다.

농부들의 노고 또한 자꾸 늘어 갔지만, 목자들 역시 결코 쉴 겨를이 없었다. 풀이 우거진 초원의 목장에서는 가축들이 매일, 매시간 무럭무럭 자랐다. 그래서 가축이 불어나면 불어날수록 그에 따른 노동력 또한 늘어 갔다. 수십 마리의 양을 지키는 일은 예전의 단순한 목축과 비교해 볼 때 전혀 그 일의 성질이 달랐다. 가축의 대군(大群)은 무서운 기세로 목장을 먹어 치우므로 이번에는 다음 목장으로 몰고 가야만 했고, 그러다가 끝내는 마을에서 멀리 떨어진 곳까지 몰고 가야만 했다.

이리하여 마을 전체가 가축을 따라서 살던 곳을 뜨게 되었다. 사람들은 낙타 등에 천막을 싣고 자기들 앞에 펼쳐진 살아 있는 보물을 따라 출발했다.

뒤에는 잡초가 무성한 밭들이 버림받고 남겨졌으나 그리 아쉬워할 것도 없었다. 메마른 초원에서는 좋은 곡식을 얻을 수 없었기 때문이다.

이 세계에서 최초로, 한 종족 내에서의 인간 대 인간이 아닌 종족과 종족 간에 일의 구분이 생겨난 것이다.

초원에는 가축을 길러 그것을 곡식과 교환하는, 즉 목축 생활을 하는 종족이 나타났다. 그 종족은 같은 장소에 머무는 일 없이 목장에서 목장으로 유목하며 옮겨 다녔다.

유목민들의 생활은 야생적이면서 자유로웠다.

그들은 나무도 집도, 가로막을 것이라곤 없는 초원의 하늘 아래에 그들의 천막을 쳤다. 그들에게 있어서 그 모든 초원은 그들의 집이었다. 기나긴 이동 중에 아이들을 재운 것은 요람이 아니라 낙타의 흔들리는 등이었다.


## 살아 있는 도구

유목민의 생활은 평화롭고 조용한 것이 아니었다. 그들은 이동해 가는 도중 농부들의 밭이나 가축을 볼 때면 가끔 폭력으로 그것을 빼앗기도 했다.

강을 따라 골짜기에 이르거나 혹은 초원의 숲까지 오면 그들은 마을을 약탈하고 태워 버렸으며 파종지를 짓밟고 그 가축과 인간을 끌고 갔다.

그들이 무엇보다도 탐낸 것은 바로 인간들이었다. 인간에게는 일을 시킬 수가 있고, 가축을 돌보도록 시킬 수 있기 때문이다.

어느 종족이나 늘 일손이 부족했고 가족 수는 많았다. 한 명의 아버지가 열 명 또는 그 이상의 자식을 거느려야 했다.

그런데도 역시 일손은 부족했다. 가축은 목부(牧夫)가 감당해 내기 어려울 만큼 무서운 기세로 커 갔기 때문에, 어느 종족이건 노예로 삼을 포로를 끌고 와 모자라는 일손을 채워야 했다.

유목민들은 이처럼 행동했다.

그러나 농부들 또한 그리 평화적인 사람들은 아니었다.

가을에 추수가 끝나면 농부들도 저장된 곡식과 옷감, 장식물이나 무기 등을 약탈하기 위해 이웃 마을을 습격했다. 여기서도 가장 값비싼 노획물은 역시 포로들이었다.

농민들 역시 도랑을 파고 둑을 쌓고 경작지에서 소를 몰 일손이 부족했기 때문이다.

옛날에는 포로들을 노예로 삼는 일이 없었다. 손이 몇 늘어난다 해도 별다른 이익이 없었기 때문이다. 그들은 일했지만 일해서 얻은 것만큼 먹어 치웠다.

그러나 가축이 많아지고 비옥한 땅이 생기자 모든 것이 일변했다. 한 사람의 노동력은 그 사람이 필요로 하는 것 이상의 많은 곡식과 고기와 가죽을 공급해 주었다.

포로는 그 노역으로 자기 자신과 그 주인을 부양할 수 있었다. 주인은 다만 그 노예가 많이 일하고 적게 먹도록 감시만 하면 되었다.

옛날에 토지는 경작하는 자들 전체의 공동 소유였다. 그러나 이제 노예는 자기 것도 아닌 토지를 경작해야만 했다.

고대 이집트의 노예는 소를 몰면서 이렇게 노래했다.

소야,
이삭을 밟아라.
밟아라, 짓밟아라!

그게 어디 우리 것이더냐.


기억과 기념비

이제까지 우리의 과거로의 여행은 상당히 힘든 여행이었다. 우리는 동굴의 미로에서 헤매거나 또 오랫동안 발굴된 구덩이 안에 앉아 있기도 했다. 발견된 것은 그 모두가 풀지 않으면 안 될 수수께끼였다. 우리는 여행 도중 우리의 탐색을 도와 주는 지표(指標)나 기둥에 쓰여진 명구(銘句) 비슷한 것 하나 본 적이 없다. 하기야 쓴다는 것을 몰랐던 석기 시대의 인간이 어떻게 우리를 위해 그런 명구를 남겨 놓을 수 있었겠는가.

그런데 보라. 이제야 우리는 비로소 지표가 늘어선 길까지 나오게 되었다. 우리는 묘지의 기념비에서나 성당의 벽에서 최초의 명구를 발견한다. 이것은 이미 그 어떤 요괴에게 바쳐지는 그 옛날의 주술적인 그림은 아니다. 이것은 인간에 관한, 그리고 인간에 의한 일련의 그림 이야기다.

여기에는 아직 우리의 문자를 닮은 것은 하나도 없다. 소는 소 모양으로 그려지고, 나무는 가지 모양으로 그려졌다.

문자의 역사는 그림문자로부터 비롯된다. 이들 그림이 단순화되어 부호(符號)가 되기까지는 적지 않은 세월이 흘렀다.

오늘날의 문자들을, 그 문자의 원형이었던 그림을 생각하면서 풀어내기란 어려운 일이다. 'A'의 원형이 소의 머리라고 누가 생각하겠는가? 그런데 'A'라는 글자를 거꾸로 뒤집어 놓고 보면 뿔이 돋친 머리 모양이 될 것이다. 이 뿔이 돋친 머리는 고대 셈족이 사용하던 알파벳 속에서 첫 글자로 나타나 있다.

가령 러시아어의 어느 글자를 예로 들어 보더라도 비슷한 역사를 더듬을 수가 있다.

'O'는 눈이고, 'P(아르)'는 긴 목에 얹혀 있는 머리임을 알 수 있다.

이런, 우리의 빨리 달리는 신발이 우리를 너무 멀리 앞쪽으로 데려다 놓은 것 같다.

우리는 이 책 속에서 처음으로 그림문자가 나타난 시대에 막 도착한 참이다.

인간은 서서히, 그리고 확실치는 않으나 쓴다는 것을 익혀 왔다. 아니, 정말로 인간은 이제 쓰는 일을 배워도 좋을 시기에 다다랐다.

지식이나 견문이 많지 않았던 시기에 인간은 그런 것들을 쉽게 기억 속에 새겨 둘 수가 있었다. 구비(口碑)나 전설 또는 여러 가지 이야기가 모두 사람의 입에서 입으로 전해져 내려 왔다. 노인들은 모두가 '살아 있는 책'이었다. 인간은 옛날이야기며 전설 또는 처세훈 등을 한 마디 한 마디 기억 속에 새겨 두었다가 귀중한 물건인 양 자식에게 전했고, 자식은 이를 다시 그 자식에게 전했다. 그런데 그 물건이 많아지면 많아질수록 그것들을 머릿속에 간직하기란 쉽지 않은 일이었다.

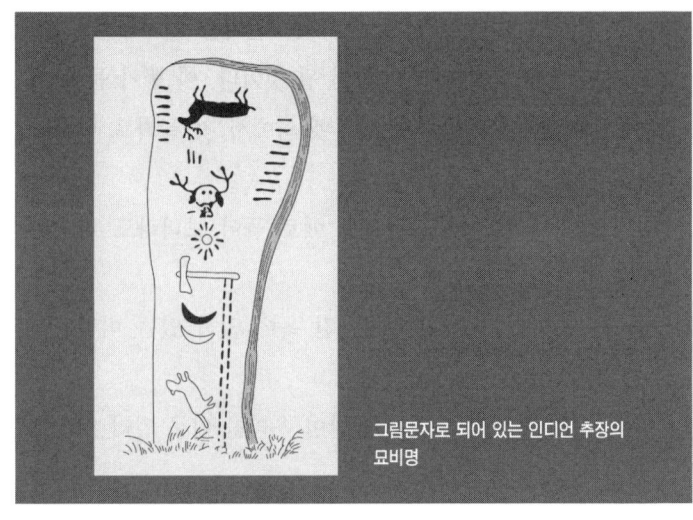

그림문자로 되어 있는 인디언 추장의 묘비명

그리하여 인간의 기억을 돕기 위해 기념비라는 것이 생겼다. 경험을 전할 때, '쓰는 말'이 '말하는 말'을 돕기 시작한 것이다.

족장들의 기념비에는 자손들이 그것을 알 수 있도록 그 족장들의 원정(遠征)이나 전투 광경이 그려졌다.

동맹을 맺은 종족의 족장에게 급한 전갈을 할 때는 나무껍질 조각이나 찰흙 도기의 파편 위에 기억을 위한 그림문자를 그려 넣기도 했다.

묘지의 기념비는 최초의 책이요, 자작나무 껍질의 한 조각은 최초의 편지였다.

오늘날 우리는 전화나 전신기, 녹음기를 자랑하고 있다. 그것들은 우리를 도와 거리와 시간을 정복하게 한다. 우리는 라디오를 통해 몇백, 몇천 킬로미터 저쪽까지 말을 전하는 법을 배웠다. 필름이나 음반에 기록된 우리의 목소리는 몇십 년, 몇백 년 뒤까지도 길이 남아 울릴 것이다. 우리는 많은 것을 얻었다. 그러나 그 공적을 과대 평가해서는 안 된다.

우리의 조상들은 우리보다 훨씬 앞서서 나무 껍질 한 조각을 보냄으로써 최초로 거리를 극복했고, 기념비로 시간을 정복했다.

오늘날에도 옛날의 원정이나 전투에 대해 말해 주는 기념비가 꽤 많이 남아 있다.

승리자들은 의기양양하게 집으로 돌아가고, 그 뒤에는 손을 뒤로 결박당한 포로들이 고개를 푹 떨구고 따라간다. 우리는 벌써 이 그림, 즉 '그려진 말' 속에서 노예의 낙인인 쇠고랑을 발견한다.

이 낙인은 인류의 역사에 있어서 새로운 장이 시작되었다는 것을, 즉 노예 제도가 생겨났다는 것을 말해 준다.

우리는 이집트의 사원 벽에서도 같은 그림의 증인들을 많이

노예들이 사원을 세우고 있는 그림.

보게 된다.

보라. 건물이 있는 곳에 벽돌을 지고 가는 노예들의 긴 행렬이 그려져 있다.

그중 한 사람은 어깨에 산더미처럼 올려놓은 벽돌을 두 손으로 받치고 있다. 다른 한 사람은 우리가 물통을 지고 가듯 멜대로 벽돌을 나르고 있다. 석공은 벽돌을 쌓아 벽을 만든다. 조금 떨어진 곳에는 감독이 벽돌 위에 걸터앉아 무릎에 팔꿈치를 세우고 있다. 그 손에는 긴 몽둥이가 들려져 있다. 그의 임무는 일하는 것이 아니라 일하는 노예를 부리는 것이다.

또다른 감독은 건축 중인 건물 둘레를 서성거리면서 위협하듯이 노예의 머리 위에 몽둥이를 쳐들고 있다. 틀림없이 무슨 마음에 들지 않은 일이 있는 모양이다.


노예와 자유민


그리스의 시인 테오그니스는 "장미는 양파에서 피어나지 않고, 자유의 인간은 노예에게서 태어나지 않는다."고 노래했다. 이 시대는 노예 제도가 이미 공고해서 규율의 기초가 되어 버린 때였다. 그러나 처음에는 노예를 그렇게 비천한 인종이라고 생각지는 않았었다. 사유민도 노예와 함께 살고 같이 일하며 하나의 대가족 제도를 형성했다.

이 가정이라는 단체의 우두머리요 명령자는 아버지, 즉 가장이었다. 그의 아들도, 그 아들들의 아내들이나 아이들도, 그리고 남녀의 노예들도 모두 아버지와 함께 한 지붕 밑에 살면서 무조건 아버지에게 복종했다. 아버지는 복종하지 않는 아들을 노예와 마찬가지로 '회초리'로 벌했다.

나이 먹은 노예는 주인을 부를 때 소박하게 '아드님'이라고 불렀으며, 주인은 전해 내려오는 습관대로 늙은 노예를 '아버지'라고 불렀다.

여러분이 《오디세이아》를 읽었다면, 늙은 돼지치기가 주인과 같은 식탁에서 별로 사양하는 기색도 없이 먹고 마시고 했던 것을 기억해 낼 수 있을 것이다. 《오디세이아》를 구성하는 민중 가수들은 종족의 족장을 '신과 같은'이라고 부르는 것과 마찬가지로 돼지치기도 '신과 같은'이라고 부른다.

그러나 노래의 말을 전적으로 믿어서는 안 된다. 돼지치기는 신과 같은 존재도 아니었을 뿐만 아니라 주인과 같은 존재도 아니었다.

그는 어쩔 수 없이 강제로 일했으나 주인은 자유 의사로 일했다. 노예는 그 집에서 자신에게 주어진 일보다 더 많은 일을 해야 했다. 그 집의 가족들 몫까지. 그러나 노예에게 주어진 것은 작았다.

주인이 죽으면 노예는 물건처럼 일체의 가산 및 가축과 함께 주인의 아들에게 인도되었다.

이 대가족 안에서는 이미 이전과 같은 평등을 찾아볼 수 없었다.

여기서 아버지는 아이들에 대한 명령자이고, 남편은 아내에게 권력을 가지며, 시어머니는 며느리에게, 나이 먹은 며느리는 젊은 며느리에 대해 권력을 가졌다. 그러나 가장 하위의 사람은 노예였고, 모든 사람은 노예를 마음대로 부렸다.

예전의 평등은 씨족과 씨족 사이에도, 집단과 집단 사이에도 없었다. 어떤 자들에게는 많은 가축이 있었으나 또 어떤 자에게는 적었다.

가축은 대단한 재산이었다. 소는 옷감이나 무기와 교환할 수 있었다. 최초의 청동 화폐가 펼쳐진 쇠가죽 모양으로 주조된 것도 어쩌면 당연한 일이다.

좀더 큰 재산은 노예였다.

노예는 돼지나 소나 양을 돌보았다. 밤이 되면 가축들을 튼튼한 울타리가 둘러쳐진 우리에 몰아넣었다. 그들은 곡식을 수확하는 일을 도왔고, 포도즙이나 올리브 기름을 짜기도 했다. 창고에는 황금빛 곡물을 산더미처럼 쌓아올렸다.

좋은 향의 기름은 두 귀가 달린 커다란 점토 항아리에 담아두었다.

노예는 자유민들을 도왔으며 가장 고통스러운 일을 도맡아 했다.

전쟁은 수지맞는 일이었다. 전쟁의 승리자는 노예를 얻었고, 노예는 더 많은 재물을 만들어 주었다.

그래서 자유민들은 노예들에게 가축의 사육과 토지의 경작을 맡겨 놓고 전쟁을 하러 나갔다.

## 성채의 함락

전쟁은 인간의 일을 더욱더 불어나게 했다. 공격을 하기 위해서는 칼이나 창이 필요했고, 전차도 필요했다.

발 빠른 말을 맨 전차는 병사를 태워 전장을 질주했다.

하지만 전쟁에서 공격과 수비는 서로 불가분의 관계에 있다. 창칼로 무장한 적의 돌격으로부터 몸을 지키기 위해서 병사는 머리에 투구를 쓰고, 왼손에는 방패를 들었다. 씨족의 공동체 마을은 거대한 석괴(石塊)로 된 튼튼한 벽으로 둘러싸였다.

씨족은 강해지고 풍성해지면질수록 더욱 방어에 고심해야 했다. 지켜야 할 것들이 생겼기 때문이다.

높은 구릉 위에는 수없이 많은 방과 창고가 있고 벽에는 튼튼한 문을 가진 큰 성채와 같은 집이 세워졌다.

성채 벽 위에서는 멀리까지 바라다볼 수 있다. 초원에 먼지 기둥이 일고, 태양에 번득이는 창 끝이 보이면 성채 안에서는 벌써 싸울 준비를 한다. 농부는 서둘러 소를 몰고, 목자는 가축의 무리를 감춘다. 그리고는 마지막 한 사람까지 완전히 집 안으로 들어가 버린다. 육중한 문이 닫히고, 벽과 보루에 붙어선 병사들은 빗발 같은 화살을 쏘아 대기 위해 적을 기다린다.

포위군은 성채 가까이로 다가와서는 그 주위에 진을 친다 성채가 쉽사리 함락되지 않는다는 것을 잘 알고 있기 때문이다.

높은 벽을 파괴하기까지는 한 달이 걸릴지도 모른다.

아침이면 성채의 문은 삐걱대는 육중한 소리와 함께 열린다. 그 문에서는 창을 곤추세운 한 떼의 병사가 싸움을 단숨에 결판내려는 듯이 달려나온다.

그들은 처절한 분노의 빛을 띠며 적의 번득이는 투구와 장식이 달린 말꼬리를 겨냥하여 칼을 휘두른다. 적은 물론이려니와 자기 자신도 돌보지 않고 지쳐 쓰러질 때까지 싸운다.

수비하는 쪽은 자기 집이나 아내나 자식을 수호하고자 염원한다. 맹렬히 공격하는 쪽은 아직 손아귀에 넣지 못한 재물에 욕심을 낸다. 밤이 깊어지면 살아남은 수비군은 성채로 돌아온다. 전투는 동틀 무렵까지 중지된다.

며칠이 지나간다. 방어군은 공격군과 계속해서 용감하게 싸운다. 그런데 적의 칼이나 화살보다 더 무서운 것은 바로 굶주림이다.

광 속에는 곡식 대신 먼지만이 남고, 귀가 달린 병에서 흘러나오던 기름은 말라 최후의 한 방울만 남는다.

그때 성채 안에서는 애처롭게 우는 소리가 들린다. 어린아이는 배고파 울고, 여자들은 남자들의 책망을 피하여 남몰래 눈물을 닦는다.

출격에서 돌아올 때마다 점차 성채를 지키는 병사의 수는 줄어든다. 그리고 마침내 퇴각하는 이들을 쫓아 적이 성채에 난입하는 날이 온다.

적은 높은 성벽의 단 하나의 돌까지도 그냥 두지 않는다.

지난날, 사람들이 생각하고 일하고 잔치를 벌이던 곳에는 오직 폐허와 시체 더미만이 남는다. 승리자들은 살아남은 어른과 아이를 노예로 삼기 위해 데리고 가 버린다.


### 고대인의 무덤은 말한다

러시아 남부 지방의 넓게 펼쳐진 초원에는 곳에 따라 지평선 근처까지 뻗쳐 있는 커다란 언덕만큼 높은 고총(古塚)이 있다.

그 지방에 살고 있는 사람들 중, 어떻게 이런 편평한 초원 속에 그런 언덕이 생겼는지, 대체 누가 만들었는지 기억하고 있는 사람은 아무도 없다.

만일 여러분이 집요하게 묻고 돌아다닌다면, 어쩌면 백 살쯤 되는 할아버지가 이것은 '타타르(몽고족의 한 갈래인 타타르족의 칭호)의 대장' 또는 그 딸들의 무덤이라고 대답할 것이다. 하지만 '타타르의 대장'이란 무엇이며 또 어느 시기에 여기 살고 있었는가에 대해서는 그 할아버지도 설명하지 못할 것이다.

할아버지는 이야기를 하는 도중에 꽤 오래 전에 어떤 지주(地主)가 보물을 찾기 위해 이 무덤들을 팠으나 아무것도 찾아내지 못했다는 일을 생각해 낸다.

그러나 여러분은 이런 할아버지보다는 아직도 고총 발굴을 계속하고 있는 고고학자에게 물었어야 했다. 그 할아버지는 자기가 살아 있는 동안의 일밖에는 알지 못하지만, 고고학자들은 자신이 태어나기 몇 세대 전의 일도 알고 있기 때문이다.

이 고총은 옛날에 이 초원에 살고 있던 사람들의 무덤이다. 무덤을 파 보면 그 제일 안쪽에 인간의 해골과 함께 나란히 점토 항아리와 석기, 그리고 청동으로 만든 도구나 약간의 말뼈 같은 잔재를 발견할 수 있다.

이런 것들은 저승길을 떠나는 망인(亡人)에게 주어진 수하물이었던 모양이다.

그 당시 사람들은 인간은 죽은 뒤에도 먹고 일해야 한다, 여자들의 영혼은 방추(紡錘)를, 남자들의 영혼은 창을 필요로 한다고 믿었다.

고대의 무덤은 어느 것이나 마찬가지로 망인 옆에다 그에게 속했던 약간의 물건을 놓아 주었다.

그러나 그 당시 사람들의 소지품이란 극히 적었으니 무엇을 '자기의 것'이라 할 수 있었겠는가. 기껏해야 목에 걸고 있던 부적이라든가 적을 위협했던 창 정도였다.

집 안의 물건은 모두가 공동 소유였다. 전 씨족이 협력해서 가정을 이끌지 않았던가. 그러므로 가장 오래된 무덤에는 부유한 자도, 가난한 자의 무덤도 없었다.

죽은 자는 모두 평등했다.

사자(死者)들의 빈부의 차는 훨씬 뒤에 이르러 생겨난 것이다.

러시아 동남부에 위치한 돈 강의 에리사베토프스카야 연안 근처의 묘지에 있는 무덤은 세 등급으로 구분할 수가 있다.

그중 가장 큰 무덤 속에는 칠을 하여 장식한 그리스 꽃병이며, 황금 장식이 달린 갑옷과 투구며, 호화로운 단검 등이 가득 들어 있다.

그보다 작은 무덤 속에는 간혹 황금 장식물을 발견할 수 있으나 칠을 하여 장식한 꽃병 따위는 전혀 보이지 않는다.

그러나 이 같은 것도 가난한 자의 것이라고는 할 수 없다.

만일 그 사자가 가난했다면 무덤 속에 검게 옻칠한 접시나 두텁게 만든 갑옷과 투구를 넣지 못했을 것이 아닌가.

그 묘지에는 아주 조그맣게 흙을 쌓아올린 무덤이 가장 많다. 이것은 가난한 자의 무덤이다. 좁은 구덩이에는 망인의 오른손 가까이에 창이, 왼손 가까이에는 목이 마를 때 물을 마실 수 있는 항아리 한 개가 있을 뿐이다.

'무덤처럼 말이 없다'는 말이 있다. 그런데 과연 이들 무덤은 말이 없는 것일까? 이들 무덤은 우리에게 최초로 이 세상에 빈부의 차가 생긴 시대의 일을 말해 주고 있는 것은 아닐까? 죽은 자가 산 자에게 하는 이야기다.

묘지에서 그리 멀지 않은 어떤 마을의 폐허를 찾으니 여기에서도 빈부의 차를 보여 주는 유적이 나타난다.

고고학자들은 이 마을에 두 종류의 울타리가 있다는 것을 발견했다.

그 하나는 외부에서 마을을 에워쌌고, 다른 하나는 강물 줄기를 따라 마을 중앙을 둥그런 고리처럼 에워쌌다.

이 마을의 중앙부에서는 옛날에 그리스에서 가져온 값진 접시와 꽃병의 파편 등이 많이 발견되었다.

그런데 내부 울타리와 외부 울타리 사이에서는 이와 같은 도자기 파편들을 거의 찾아볼 수가 없다. 그 부근에 나뒹굴고 있는 것은 그 지방에서 만든 지극히 평범한 항아리들뿐이었다. 이것으로 중앙부에는 가장자리보다 부유한 사람들이 살고 있었다는 것이 명백해진다.

그 후, 무덤 위에는 멀리서도 볼 수 있는 높은 봉분이 생겼다. 무덤은 이렇게 그 속에 묻힌 사람들에 대해서 말해 준다. 때로는 무서운 이야기도 들려준다. 즉 주인과 함께 산 채로 묻힘으로써 죽음을 당한 노예들의 이야기를.

또한 무덤은 부유한 씨족장의 권력에 대해 어떤 책보다도 사실적으로 말해 준다. 그 당시의 씨족장은 자기가 죽으면 노예도 함께 억지로 무덤 속까지 끌고 들어갔다.

왜냐하면 노예는 청동이나 황금으로 된 값비싼 물건들과 마찬가지로 그의 소유물에 지나지 않았기 때문이다.


### 인간이 만든 새로운 금속

몇천 년 동안 어두운 무덤 속이나 마을의 폐허 속에 묻혀 있던 귀중한 물건들이 지금은 박물관에 보존되어 있다.

오랫동안 인간의 눈으로부터 격리되어 있던 것이 이제는 누구든 자기의 눈으로 먼 과거를 볼 수 있게끔 공개 진열되어 있는 것이다.

박물관을 찾은 사람들은 진열장 앞에 오래 머물러 서서 황금 손잡이가 달린 칼과 섬세하게 세공한 사슬, 황금으로 만든 망아지의 머리와 소와 사슴 모양의 은그릇들을 바라본다.

그러한 물건 하나하나를 만들기 위해 얼마나 많은 노력과 기술이 필요했을까?

가장 단순한 청동 단검 하나를 만드는 데도 상당히 오래 걸렸을 테니까 말이다.

우선은 광석부터 구해야 한다. 천연동이 발밑에 뒹굴던 시대는 이미 지나간 지 오래이기 때문이다.

동광석을 얻기 위해서는 부싯돌의 경우와 마찬가지로 땅속 깊숙이까지 파고들지 않으면 안 된다. 그리하여 인간은 깊은

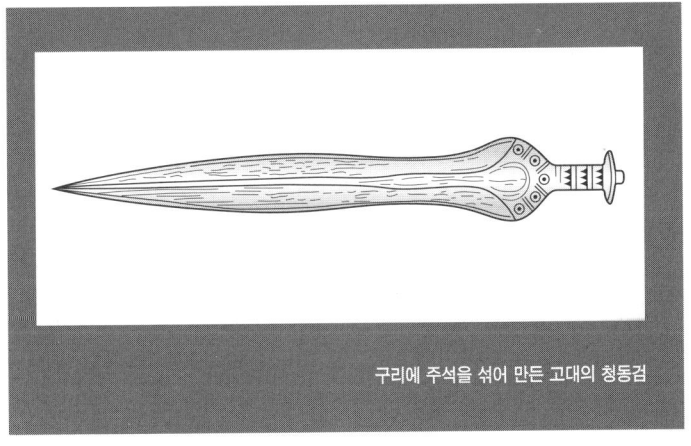

**구리에 주석을 섞어 만든 고대의 청동검**

수갱 속에서 곡괭이로 채취한 광석을 가죽 주머니에 넣어 가지고 올라왔다.

 광석을 쉽게 채취하기 위해서 인간은 수갱 안에다 불을 피웠다. 그리고 광석이 빨갛게 달아오르면 그 위에 물을 부었다. 물은 요란한 소리를 내면서 수증기를 일으키고, 그러면 광석은 금이 가면서 갈라진다. 이렇게 부서진 광석은 캐내기가 수월해진다. 불과 물이 갱부에서 일하는 곡괭이를 도왔다.

 그때의 수갱은 마치 분화구처럼 보였다. 그 갱구에서는 수갱 속의 불빛을 받은 수증기가 구름처럼 뿜어 나왔다.

 지금도 고대 로마 신화에 나오는 대장간의 신 불카누스(vulcanus)의 이름을 빌려 화산(벌컨 : vulcan)을 부르는 것은 우연이 아니다.

 광석을 채취하면 이번에는 그것을 정련하여 금속을 얻어 낸다. 이 또한 상당한 기술을 필요로 하는 작업이다. 단단하고도 세공하기 쉬운 금속을 만들기 위해 구리 광석에 주석(朱錫)을 섞었다.

 광석이 용해되면 화로 속에서 구리와 주석의 용화(熔化)가 이루어진다. 이것은 이미 단순한 구리가 아니라 청동이었다. 즉 인간의 손으로 만든 새로운 성질의 새로운 금속이었다.

 전에 조잡한 석기를 만들던 시대에는 한 인간이 쉽사리 다른 인간의 일을 대신할 수 있었다. 기술을 익힌다는 것이 그다지 어려운 일이 아니었기 때문이다. 수렵 종족에 있어서는 모든 남자들이 사냥꾼이었으며 또 누구든지 모두 자기를 위해 활과 화살을 만들 줄 알았다.

그러나 휘기 쉬운 연한 나무를 활 모양으로 구부려 그 양쪽 끝에 시위를 다는 일과 광석 조각을 번득이는 청동검으로 변조시키는 일은 비교도 안 될 만큼 기술적인 면에서 차이가 난다.

인간은 오랜 세월에 걸쳐 무기 만드는 기술을 익혔다. 기술은 종족의 재산이었다. 전해지고 상속받는 재산이었다.

때로는 마을 전체의 사람들이 도공이고, 무기 제작자며, 구리 세공사인 때도 있었다. 그리하여 그 영예는 멀리까지 퍼졌다.


## 자기 것과 남의 것

처음에는 어느 직공이나 오로지 자기의 집단, 자기의 마을을 위해서만 일했다.

그런데 점차로 무기 제작자나 도공들이 자신들의 제품을 곡식이나 다른 직공들의 제품과 교환하는 일이 많아졌다.

이로써 낡은 씨족 제도는 수갱에서 광물에 찬물을 끼얹었을 때처럼 금이 가기 시작했다.

전에는 마을 사람 모두가 평등했다. 그러나 지금은 한 가닥의 금이 부유한 씨족과 가난한 씨족을 구분해 놓았고, 또 다른 한 가닥의 금은 기술자와 농민을 구별해 놓았다.

직공이 집단 전체를 위해서 일하고 있는 동안에는 집단이 그 직공의 생활을 돌보아 주었다. 또한 사람들은 서로 협동하여 일하고, 그 수입은 나누어 가졌다.

그러나 기술자가 자신이 만든 칼이나 냄비 등을 다른 사람들 앞에 내놓기 시작하고부터는 수입을 동족들과 나눠 가지기를 꺼리게 되었다.

교환해 온 곡식이나 직물은 자신과 자신의 아들들이 남의 도움을 받지 않고 함께 일해서 얻은 것이었기 때문이다.

이리하여 인간은 자기의 것과 남의 것, 그래서 자기의 집과 동족의 집을 구별하기 시작했다.

즉 사람들은 남에게 의지하는 것이 아니라 독립하여 생활하기 시작한 것이다.

고대 그리스의 한 도시에서는 이러한 독립성에 대해 말해 주고 있는 마을의 폐허가 발견되기도 했다.

가장 높은 언덕 위에는 튼튼한 돌담을 쌓은 집 안에서 가장 부유하고 강한 일족이 호화롭게 살고 있었다. 바로 종족 전체의 군대 우두머리다. 이 일족은 돌담 안에 여러 가지 값진 물건을 간직해 두고 자기의 처자식과 손자들을 거느리고 살았다.

언덕 밑 평지에는 그보다 가난한 사람들, 즉 농부들이 오두막에서 살고 있었고, 변두리의 나지막한 언덕에는 무기공과 도공, 동공(銅工) 등 기술자들이 여기저기 흩어져 살고 있었다.

이 마을 사람들은 이미 서로를 평등한 동족으로서 대하는 것이 아니었으며, 농부들은 부유하고 권력 있는 종족을 부러워하면서 공손하게 인사했다.

그들은, 신은 강한 자를 수호하는 것이라고 믿고 있었다.

농부들은 기술자나 갱부들에 대해서도 형제처럼 생각하고 있지는 않았다. 불을 뿜는 땅속에서 광석을 꺼내 오는 이 그을음에 찌든 사람이 혹 마술사는 아닐까, 어떻게 이 사람은 발밑 땅속에 그런 것이 있다는 것을 알았을까, 어떻게 그 광석을 찾아낸단 말인가, 하는 의문을 가진 것이다.

분명히 누군가가 그에게 어느 곳의 흙을 파라고 가르쳐 주어 광석을 얻게 하고는 또 그것을 불가사의한 방법으로 구리나 청동으로 만들도록 도와 주고 있으리라. 갱부는 그 땅속에 보통 사람으로서는 가까이 다가갈 수 없는 신령스런 비호자를 가지고 있는지도 모른다.

그리스뿐만 아니라 어디서나 그렇게 생각하고 있었다. 그러한 대장간의 마술사에 관한 옛날이야기는 오늘날까지 전해져 내려오고 있다.

언어에도 옛날 사람들이 가난과 부유를 어떻게 생각하고 있었는가를 말해 주는 흔적이 아직 남아 있다.

사람들은 어디서 빈부의 차가 생기는지 그 원인을 모르는 채, 인간의 운명은 신에 의해 좌우되는 것이라고 생각했다.

가령 러시아어의 '부자(富者, 보가트이)'라는 말은 '신(보그)'이라는 말에서 나왔다.

이것은 인간들이 신은 부유한 자를 도와 주고 가난한 자에게는 오직 가난만을 베풀어 준다고 믿었던 시대에 생긴 말이다.

# 7장 확대되는 세계

### 사물에 대한 개념

일찍이 이전 세계는 인간에게는 동화 속 이야기에 불과했다. 아무것도 설명할 수 없었고, 무엇이나 이해할 수도 없었다.

모든 살아 있는 것들의 일거수일투족도, 인간을 파멸시킬 수도 행복하게 할 수도 있는 것도 모두 불가사의한 힘에 의해 움직여지는 것이었다.

그 당시의 인간은 경험이 적고 또 약하고 무력했으므로 밤 뒤에 낮이 오는지, 겨울 뒤에 봄이 오는지 아무런 확신을 가질 수 없었다.

인간은 태양이 하늘로 떠오르는 것을 도우려고 주술적인 의

**이집트의 주신인 아몬을 모시는 아몬 신전의 열주**
이곳에서 이집트의 왕 파라오들은 태양에 제를 올렸다.
이집트 지방 룩소르 소재.

식을 행했다. 태양의 화신으로 여겨지던 고대 이집트의 왕은 날마다 신전 주위를 돌았다. 그러면 태양을 평상시처럼 순환하게 할 수 있다고 생각했기 때문이다.

이집트인들은 가을이 되면 '태양의 지팡이'라는 축제를 가졌다. 이집트인들은 가을이 되면 눈에 띄게 힘이 약해진 태양이 여행을 계속할 수 있게 하기 위해서는 그 손에 지팡이를 쥐어 주지 않으면 안 된다고 생각했기 때문이다.

그러나 인간은 지속적으로 노동을 함으로써 차차 이 세계를 알고 물체의 성질을 알아 갔다.

돌을 갈고 깎으면서 원시의 기술자들은 자기 자신의 손과 눈으로 돌의 성질을 파악했다. 즉 돌이란 단단한 것이지만 세게 치면 쪼개진다는 것, 아무리 두들겨도 비명을 지르지 않는다는 것을 알았다. 돌에도 여러 종류가 있을 것이다. 이 돌은 말이 없지만, 다른 돌은 갑자기 일어나 말을 하지는 않을까? 이와 같은 생각이 오늘날의 우리에게는 우스꽝스럽게 생각되겠지만 원시인에게는 그렇지 않았다.

원시인은 아직 법칙이란 것을 끌어낼 줄 몰랐다. 그래서 원시인들의 눈에는 이 세계의 모든 것이 모험으로 가득 차 있었다. 원시인은 이 세상에 같은 돌이 두 개 있을 수 없다는 것을 알았다. 그리고 돌의 성질은 모두 같지 않다는 결론에 이르렀다. 돌로 새 가래를 만들 때는 이전 것과 꼭 같게 만들려고 노력했다. 그러면 흙이 잘 일구어질 것이라고 생각했기 때문이다.

이렇게 몇백 년이 지나고 몇천 년이 지났다. 인간이 다룬 가지각색의 많은 돌에서 조금씩 돌에 관한 하나의 개념이 형성되었다. 즉 어떤 돌이나 단단하다는 것, 곧 돌이란 단단한 것이라는 것을 의미한다. 말하는 돌은 하나도 없다. 다시 말해 돌은 말하지 않는 물체다.

이렇게 하여 과학, 즉 물질에 관한 확고한 개념이 최초로 움텄다.

기술자가 부싯돌을 단단한 돌이라고 말할 때, 그 기술자는 단순히 자기 손에 있는 부싯돌뿐만이 아니라 존재하는 모든 부싯돌을 염두에 두고 한 말이다.

다시 말해 그 기술자는 이미 자연의 그 어떤 법칙, 이 세계에 존재하고 있는 그 어떤 원칙을 알게 된 것이다.

"겨울 뒤에는 봄이 온다."

여러분이나 나는 이 사실에 조금도 놀라지 않는다. 겨울 뒤에 오는 것은 봄이지 가을이 아니라는 것은 당연한 자연의 이치가 아닌가. 그러나 우리의 조상들에게 있어 사계절의 추이는 장구한 관찰 뒤에 얻은 최초의 과학적 발견이었다. 인간은 겨울과 여름은 아무렇게나 되풀이되는 것이 아니라, 겨울 뒤에는 언제나 봄이 오고, 봄 뒤에는 여름, 그리고 가을이 찾아온다는 것을 이해했고, 그때야 비로소 햇수라는 것을 세기 시작했다.

고대 이집트 사람들은 나일 강의 범람을 관찰함으로써 이 계절의 반복을 발견했다. 그래서 나일 강의 범람으로부터 다음 범람까지를 1년으로 계산했다.

강물을 관찰하는 것은 신관(神官)의 소임이었다. 인간은, 강은 곧 신이라고 믿고 있었기 때문이다. 오늘날에도 강변에 우뚝 서 있는 이집트의 신전 벽에는 신관이 수위(水位)를 재던 눈금이 남아 있다.

7월이 되어 뜨거운 태양열을 받아 대지가 갈라질 무렵이면, 농부들은 얼마나 있어야 나일 강의 물이 많은 황토 도랑을 타고 흘러와 줄지 몰라 초조하게 기다렸다. 물이 흘러 들어와 줄까, 만약 신이 인간의 일을 노여워하여 물을 보내 주지 않으면 어쩌나?

신전에는 각지의 희생물이 바쳐졌다. 농부들은 마지막 남은 한 줌의 낟알을 가지고 와서 좀더 신에게 간곡히 기원해 달라며 신관에게 내놓았다.

아침마다 신관은 날이 새기가 바쁘게 물이 불었는지의 여부를 알기 위해 강변으로 내려갔다.

매일 밤 신관은 신전의 편평한 지붕 위로 올라가 무릎을 꿇고 별을 바라보았다. 신관에게 있어서 별이 있는 하늘은 하나의 달력이었다.

마침내 신관은 신전에서 엄숙하게 선언한다.

"신께서 기원을 받아들이셨다. 사흘 후면 물이 벌판을 축축하게 적실 것이다."

이리하여 인간은 한 걸음 한 걸음 서서히 미지의 세계를 점령해 갔다. 그곳은 이미 이야기의 세계가 아니라 지식의 세계였다. 신전의 지붕은 최초의 경험이 얻어지는 실험실인 셈이었다.

인간은 관찰하고 계산하고 그것을 통해 결론을 얻는 법까지 알게 되었다.

이 고대의 과학은 현대의 과학과는 닮은 점이 별로 없다. 그것은 아직 쉽게 떨쳐 버릴 수 없는 주술과 너무나 흡사했다. 인간은 별을 관찰했을 뿐만 아니라 별로써 점도 쳤다. 하늘과 땅을 연구하면서도 하늘과 땅의 신께 빌었다. 그러나 안개는 점차 걷혀 가고 있었다.


### 올림포스의 신들

이야기 세계의 안개 속에서 물체의 참 윤곽이 드러났다.

옛날의 원시인들은 돌에든 나무에든, 또한 어떤 동물에든 요정이 깃들어 살고 있다고 믿었다.

그러나 이와 같은 믿음에도 종말이 왔다.

인간은 이제 동물에 요정이 깃들어 살고 있다고는 생각하지 않는다. 짐승들의 온갖 정령은 인간으로 하여금 숲 속에 사는 숲의 영이라고 믿게 했다.

농부도 이제는 곡식에 요정이 있다는 생각을 하지 않게 되었다. 농부에게는 곡식의 모든 정령이 이삭을 성장시키는 풍요의 신과 하나가 되었다.

뿐만 아니라 옛날의 정령 대신 나타난 이 신들은 이미 인간의 세계에는 살고 있지 않았다. 인간의 지식은 점차 이들 신을 인간이 사는 곳에서 몰아내기 시작했다. 그리하여 이들 신은 아직 인간의 발이 미치지 않은 곳, 어둡고 신성한 풀이 무성한 물속이라든가 나무가 많은 높은 산봉우리 속으로 옮겨 갔다.

그러나 인간은 그곳에까지 찾아 들어갔다. 지식은 밀림 속을 비추었고, 산의 경사면에 가로 걸려 있는 안개를 헤쳐 몰아냈다.

그리하여 그 새로운 은둔지에서도 물러난 신들은 천계(天界)로 뛰어오르거나 바다 밑으로 잠기거나 땅속 깊이 숨어 버렸다.

신들이 인간들 사이에 모습을 나타내는 일은 더욱더 드물어졌다. 다만 전투나 성채를 포위하는 데 참가하기 위해서 신들

제우스와 올림포스의 여러 신들

이 어떤 모습을 하고 지상에 내려왔었다는 따위의 전설만이 입에서 입으로 전해질 뿐이었다.

칼이나 창으로 무장한 신들은 인간들끼리의 반목에 개입해 왔다. 신들은 언제나 최후에 이르면 그들이 지지하는 수령들을 검은 구름으로 가리고 적을 번갯불로 놀라게 했다.

그러나 이것은 아주 태곳적 이야기다.

이렇게 하여 인간의 경험은 신들을 가까이에서 멀리, 현재에서 과거로, 이 세계에서 '내세'의 세계로 퇴각시키면서 더욱더 사물의 본질에까지 침투해 갔고, 지식의 영역은 더욱더 넓어져 갔다.

신들과 교섭을 하는 일도 어렵게 되었다. 이전에는 누구나 기적을 만들어 내고, 마법의 의식을 행할 수 있었다. 의식도 간단했다. 가령 비를 부르려면 입에 물을 머금고 춤을 추다가 뿜어내면 된다고 생각했다. 구름을 물리치려면 지붕 위로 올라가 바람의 흉내를 내면 되려니 생각했다.

그러나 이제 인간은 그런 방법으로는 비를 부르지 못하고, 구름도 쫓을 수 없다는 것을 알게 되었다. 인간은 신들이 그렇게 쉽사리 주문대로 움직여 주는 존재가 아니라는 결론에 도달했다. 그리하여 보통 인간과 신들 사이에서 여러 가지 복잡한 의식이나 신에 관한 전설을 많이 알고 있는 신관이 중간 역할을 했다.

옛날의 마술사는 단순한 의전관(儀典官)이자 사냥의 축제 등에서 간사(幹事)에 지나지 않았다. 마술사는 요정들보다 사람들 쪽에 더 가까웠다.

그러나 신관의 경우는 다르다. 그들은 신성한 숲 속에서 신들과 이웃해서 살고 있으며, 별을 책으로 삼아 신의 뜻을 읽으려고 신전 지붕 위로 올라간다. 이 별의 책을 읽을 수 있는 것은 오직 신관뿐이다. 신관은 또한 싸우기 전에 동물의 내장으로 승패를 예언하기도 한다. 신관은 인간과 신 사이의 중개인이다.

신들은 점차 보통 인간들 곁에서 멀리 떨어져 갔다. 신들이 모든 자를 평등하게 대하고 있던 시대는 지나갔다. 자기 자신이나 자기 자신의 생활을 돌이켜보고 인간은 이미 옛날과 같은 평등은 존재하지 않음을 깨달았다.

"이렇게 하지 않으면 안 된다."고 신관은 가르쳤다. "즉 인간은 모든 것을 신의 심판에 맡기지 않으면 안 된다. 신들은 왕이나 수령이 백성을 지배하듯이 세계를 지배하고 있다." 그러나 모든 인간이 다소곳이 신관의 가르침에 귀를 기울인 것은 아니었다. 신의 뜻 앞에 절하기를 원치 않는 사람들도 있었다. 마침내 시간이 흐르자 그리스의 한 시인은 이렇게 읊었다.

제우스의 정의(正義)는 어디 있다는 것인가?
착한 자들이 괴로워하고,
악한 자들이 행복을 얻고 있다.
아들은 아버지의 죄로 인해 벌을 받고 있다.
인간들 속에 실재하는

오직 하나의 신인
희망에게만 기원하자.
다른 일체의 신들은 모두
천상으로 사라져 버렸으니까.


넓어지는 세계

원시인들은 진실과 전설, 지식과 미신을 구별하지 못했다. 우유에서 크림이 분리되듯이 지식이 미신에서 분리되는 데에는 오랜 세월이 걸렸다. 현재까지 남아 있는 노래나 전설 가운데도 종족이나 수령들의 역사와 신이나 반신반인(半神半人)의 용사들에 대한 이야기, 진짜 지리(地理)와 허구적 지리, 별에 관한 최초의 과학적 지식과 옛날의 전설과를 구별하기란 어렵다.

고대 그리스인들은 그 가장 오래된 노래인 《일리아스》와 《오디세이아》를 우리에게 남겼다. 이것은 그리스인들이 어떻게 트로이 성을 포위하고 공략했는지, 그리고 그중 오디세우스가 고향 이타케로 돌아가기까지 얼마나 오랫동안 해상에서 떠돌아다녔는지를 노래한다.

트로이 성 아래서 신들은 인간들과 더불어 더러는 공격군에 가담하고 더러는 방어군의 편이 되어 싸웠다. 신들은 사랑하는 자가 멸망에 이르게 될 때면 곧 그를 빼돌려 상처받기 전에

다른 곳으로 피신시켰다. 신들은 올림포스 산상에서 주연을 베풀며 싸움을 계속할 것인지, 아니면 서로 증오하는 인간들을 화해시킬 것인지에 대해 의논했다.

이들 고대의 이야기에는 진실과 허구가 함께 섞여 있으므로 어디까지가 역사이고 어느 대목이 허구인지 알 수가 없다. 그 옛날 그리스인들은 정말로 트로이 성 아래에서 싸운 적이 있었을까? 또 트로이 그 자체가 과연 실재했던 것일까?

이와 같은 것에 대해서는 학자들 사이에서도 여러 가지 논의가 있었다. 그러나 마침내 고고학자들의 삽이 일체의 의문을 해결해 주었다.

고고학자들은 《일리아스》에서 가리키는 대로 소아시아에서 출발하여, 반드시 거기 있어야 한다고 생각되는 곳에서 트로이의 폐허를 발굴했다.

《오디세이아》의 이야기가 전부 허구는 아니라고 생각한 지

《일리아스》, 그리스군의 트로이 성 공격 장면
이탈리아 나폴리 국립미술관 소장.

리학자들은 그것을 증명해 주었다. 지리학자들은 지도상에서 오디세우스가 지나간 자취를 더듬어 갔다. 여러분은 지도를 펼쳐 놓고 그 위에서 시름을 잊는 나무 열매를 먹고사는 사람들의 나라도, 바람의 신 아이올로스의 섬도, 오디세우스의 배가 그 사이를 빠져나갔을 때 거의 파괴될 뻔했던 스킬라와 카리브디스를 찾아낼 수 있을 것이다.

시름을 잊는 나무 열매를 먹고사는 사람들의 나라는 아프리카의 트리폴리 연안이고, 바람의 신 아이올로스의 섬은 현재의 파리라고 불리는 군도이며, 스킬라와 카리브디스는 시칠리아 섬과 이탈리아 사이의 해협에 해당된다.

《오디세이아》 전부가 허구라는 것은 아니지만 《오디세이아》를 바탕으로 하여 고대 세계의 지리를 연구하려고 생각한다면 그것도 큰 오산이다.

이 최초의 여행기 속의 지리는 전설의 의상을 입고 있기 때문이다. 거기에 나오는 산들은 괴물로 화했고, 밭에 살고 있던 미개인들은 사람을 먹는 외눈박이 거인이 되어 있다.

이 당시의 인간들이 정확히 알고 있었던 것은 오직 태어난 장소뿐이었다. 상인들이 배를 타고 바다를 항해한 것은 사실이다. 그러나 그들은 해안에서 멀리 나가는 모험은 하려 들지 않았다. 대양으로 나간다는 것은 두려운 일이었기 때문이다. 그도 그럴 것이 그 당시는 나침반도 해도도 없이 태양이나 별에 의지하여 항로를 찾으며 주먹구구식으로 항해했다. 기껏해야 섬 위의 바위라든가 해안의 키 큰 나무가 등대를 대신했을 뿐이다.

　바다는 그 속에 숱한 위험을 감추고 있었고, 폭이 넓고 접시를 닮은 배는 조금만 파도가 일어도 몹시 흔들렸다. 뻣뻣한 돛대 또한 마음먹은 대로 다룰 수가 없었다. 바람은 인간의 뜻은 아랑곳없이 배를 깃털처럼 가지고 놀았다.

　그러나 마침내 배는 모래사장에 닿았다. 지친 선원들은 배를 모래사장으로 끌어올렸다. 선원들은 육지에서 비로소 휴식을 취할 수 있었다. 그렇지만 그 마음은 편치 않았다. 낯선 나라는 바다보다도 무서웠기 때문이다. 다른 선원들에게서 들은 식인종의 모습이 눈앞에 어른거렸고, 어느 짐승이나 모두 커다란 괴물로만 보였다.

　선원들은 그 땅의 깊숙한 곳으로는 들어갈 엄두조차 내지 못했다.

　그러나 새로운 여행으로 그들은 점차 세계를 넓혀 갔다. 뚜렷하지 않던 경계, 전설의 한계는 점차 멀리 뒷걸음질쳐 갔다. 그러나 선원 가운데 가장 용감한 사람은 바다 저쪽, 대양이 시작되는 문까지 가 보기도 했다. 그들의 눈에 대양은 마치 우주와 같이 끝이 없는 것으로 보였다. 그들은 돌아와서 이 세계의 끝까지 갔다 왔는데, 이 대륙은 사방이 대양으로 에워싸여 있다고 말했다.

　몇천 년이라는 세월이 흘렀다. 인간들은 유럽에서 인도, 중국에서 유럽으로 항해했다. 대양을 건넌 항해자들은 그곳에도 사람이 살고 있다는 사실을 발견했다.

그런데도 전설은 꽤 오랫동안 지리학의 길동무가 되어 왔다.

아메리카를 발견한 콜럼버스조차 지상의 어딘가에 높은 산이 있어서, 그 위에는 천국이 있다고 믿었다. 콜럼버스는 스페인 여왕에게 천국에 가서 그 부근을 자세히 살펴보고 싶다는 편지를 써 보내기도 했다.

15세기 러시아 사람들은 우랄 산맥 저쪽에 곰처럼 동면하는 인간이 살고 있다고 믿었다. 실제로 《극동의 알려지지 않은 왜인(矮人)에 대하여》라는 옛날의 수기가 오늘날까지 남아 있기도 하다. 이 수기에서는 입이 머리 꼭대기에 달린 인간들과 머리 없이 가슴에 눈이 달려 있는 인간들에 대해 자세히 이야기하고 있다.

우리로서는 이런 일이 우스꽝스럽게 생각되지만, 우리 자신 역시 아직 손이 미치지 않는 세계에 대해서는 마찬가지로 괴물의 존재를 허용하고 있다. 다만 지상의 일에 대해 잘 연구해 온 덕에, 현대에 있어서는 괴물의 이야기나 환상의 세계가 달이나 화성으로 옮겨지지 않으면 안 되었다.


최초의 배우와 가수, 그리고 시

매세기마다 인간의 생활 속에서 벌어지는 신비한 일과 불가사의한 일은 점점 줄어들었다. 기술자는 주문에 쫓기기보다

**루트를 켜고 있는 바쿠스제(상)**
푸생 작, 파리 루브르 미술관 소장.
그리스 신의 디오니소스를 로마에서는 바쿠스·바카스·바커스 등으로 불렀다.
**디오니소스를 칭송하는 춤을 묘사해 놓은 브론즈(하)**

자신의 팔이나 눈을 점점 더 신뢰했고, 태양이 떠오르면 골짜기의 안개가 사라지듯이 불가사의한 것들은 서서히 사람들의 생활 속에서 사라져 갔다.

각종 의식과 신이 내린 유희와 춤, 노래 속에 오랫동안 남아 있던 마술은 사람들의 이성이 눈떠 감에 따라 그 자신의 집에서조차 가차 없이 쫓겨났다.

노래나 춤 속에 있던 마술적 요소는 사라져 버리고, 춤과 노래만이 남았다.

한동안, 과실을 베풀어 주는 디오니소스에게 영광을 돌리던 고대 그리스 농민들의 유희는 신이 내린 마술적인 유희였다. 합창대는 디오니소스의 죽음과 부활에 대해 노래 불렀다.

그리고 겨울이 죽음의 잠을 깨고 자연이 다시 소생하여 인간에게 곡식과 과실주를 베풀어 주는 것을 돕기 위해 빌었다.

그들은 동물의 탈을 쓰고 마을의 제단 주위에서 춤을 추었다. 선창자는 디오니소스의 고통에 대해 노래 부르고, 합창은 후렴을 이어받으며 그것에 화답했다.

이 고대의 마술적 유희는 연극과 매우 흡사했으며, 선창자의 모습이나 분장자의 모습에서 이미 미래의 배우를 연상케 했다. 선창자는 단순히 신의 고통에 대해 노래를 부를 뿐만 아니라, 그 동작도 흉내내었다. 자기의 가슴을 치기도 하고, 소리 내어 울면서 하늘을 향해 팔을 치켜들기도 했다. 신이 부활하면 함께 출연한 분장자들은 벅찬 환희에 몸을 맡기면서 서로가 서로의 흉내를 내거나 웃으며 광분했다.

다시 몇 세기가 지나자 마술은 마술적 동작에서도 사라져 버렸다.

그러나 동작 그 자체만은 남아서 인간들은 이전처럼 춤추고 노래하고 유희를 즐겼다. 이것은 신들의 괴로움을 나타내는 것이 아니라 인간들의 괴로움을 그려 내는 것이었다. 사람들은 무대를 보면서 위대하고 용감한 행위에 감격하고, 악덕과 우둔을 비웃으며 울고 웃었다.

이렇게 해서 고대 합창대의 선창자는 비극 배우가 되고, 우스꽝스럽게 탈을 쓰고 분장한 자들은 희극 배우나 피에로가 되었다.

이 선창자는 최초의 배우였을 뿐만 아니라 최초의 가수이기도 했다. 선창자는 처음에는 합창대와 더불어 노래했지만, 나중에 가서는 혼자 노래하기 시작했다.

노래는 의식을 벗어났다. 가수는 신이 내린 유희 때에만 노래했으나 족장이 정다운 벗들과 술잔치를 벌이는 자리에서도 노래를 불렀다. 가수는 현악기를 퉁기며 예부터의 습관대로 말과 음악과 동작을 일치시키면서 춤을 추기도 했다. 가수 자신이 선창자이기도 하고 합창자이기도 했다. 그는 노래하면서 후렴도 불렀다.

그렇다면 가수는 무엇에 관해 노래했을까? 그는 신들의 노래, 영웅들의 노래 외에도 가장 강력한 적마저 도주시킨 자기 종족의 족장에 관해서도 노래했다. 또 전당에서 쓰러진 병사와 형제들을 위한 복수의 노래도 불렀다.

이 노래들은 주문도 마술도 아니다. 이것은 새로운 위업을 불러일으킬 위업에 대한 이야기다.

그런데 사랑과 봄과 슬픔에 대한 노래는 어떻게 불렀을까? 그런 노래들은 어디서 생겨났을까? 마찬가지로 이 노래 또한 옛날 사람들이 결혼하거나 매장할 때에, 추수나 포도의 수확 때에 행한 의식에서 나온 것이다. 합창은 합창과 짧은 노래를 서로 교환한다. 물레 앞에 앉은 처녀가 이 노래를 생각해 낸다. 아기를 업어 주면서 어머니가 그것을 받아 부른다.

봄의 노래를 봄에만 부른 것은 아니다. 사랑의 노래도 결혼 때만 부른 것은 아니다.

그렇다면 영웅이나 사랑에 대한 노래를 처음으로 지어낸 자는 누구일까?

우리는 최초의 칼, 또는 최초의 물레를 누가 만들었는지 모르는 것처럼 노래의 작자 또한 누구인지 알 수가 없다. 분명한 것은 도구나 노래나 말이 오랜 세대에 걸쳐 많은 사람들에 의해 만들어졌다는 사실이다. 가수는 자신이 부르는 노래를 스스로 만들지는 않았으나 자기가 들은 것을 다른 사람에게 전했다. 노래는 가수에게서 가수에게로 전해지는 사이에 성장하고 변화했다. 작은 시냇물에서 큰 강물이 이뤄지듯이 노래에서 시문학(時文學)이 태어났다.

우리는 《일리아스》의 저자를 호메로스로 알고 있다. 호메로스란 누구인가? 호메로스에 대해서는 전설만이 전해질 뿐이다. 호메로스는 그가 찬양하고 노래한 영웅들과 마찬가지로 전설적인 인물이다.

영웅들에 대한 노래가 처음 만들어졌을 때, 가수는 아직도 그 씨족과 굳게 결부되어 있었다. 사람들은 모든 일을 서로 협동해서 했고, 노래 또한 그 종족의 협동적인 노작이었다. 가수는 자기가 작자라고는 생각하지 않았다. 이어받은 노래를 자기가 개정하고 수식했을 때조차도 그것을 만들어 낸 자가 자신이라고는 생각하지 않았다.

그런데 보라. 인간은 '자기 것'을 구별하기 시작했다. 종족은 붕괴되고 옛날 같은 일체성은 소멸되어 버렸다. 기술자는 자기 자신을 위해서 일했고, 이젠 자기가 씨족의 일부이자 씨족을 위한 충직한 도구라고는 생각하지 않았다.

다시 몇 세기가 지나서 그리스 시인 테오그니스는 이렇게 노래했다.

나는 이 시(時)에 봉함을 했노라.
이것은 내 예술의 열매.
이제는 아무도 훔쳐 가지 못하고,
바꿔 넣지도 못하리니,
사람들은 말하리.
메가라의 테오그니스의 시라고.

씨족 제도 시대의 인간으로서는 이런 말을 할 수 없었을 것이다.

인간은 더욱더 빈번하게 '나'라는 말을 쓰게 되었다. 일하는 것은 자기가 아니라 자기를 통해 무엇인가가 일하는 것이라고 생각되던 시대는 아득한 옛날이 되어 버렸다.

가수는 아직도 자기에게 노래를 불어넣어 주는 뮤즈 신을 찬양하면서 노래의 천부적인 재능은 신이 자기에게 내려 준 것이라고 말하지만, 그래도 이미 자기 존재에 대한 의식(意識)을 잊지 않고 있었다.

"뮤즈 신은 내게 말을 내려 주셨다. 나에 관한 기억은 잊혀지지 않으리라."

그리스 여류 시인 사포의 이러한 말 속에는 낡은 것과 새로운 것이 결부되어 있다. 사포는 아직도 뮤즈의 신이 그녀에게 노래를 주었다고 믿는다. 갱부가 산속에서 광석을 발견하듯이 그녀 자신이 언어 속에서 언어를 발견한 것은 아니라고 믿는 것이다.

그러나 이들 언어 속에는 이미 자기의 이름은 잊혀지지 않으리라는 것을 알고 있는 창조자, 즉 시인의 자부심이 깃들어 있다.

인간은 이렇게 하여 성장한다. 그리고 인간이 높은 곳에 올라가면 갈수록 그 주위의 지평선은 더욱더 넓게 열린다.

**동 완**
- 만주건국대학 정치학과 졸업
- 고려대학교 교수 역임
- 대한민국 학술원 회원
- 역서 : 《부활》, 《유년 시대》, 《청년 시대》, 《대위의 딸》, 《톨스토이 명언집》 외 다수

판권본사소유

( 밀레니엄북스 96 )

# 인간의 역사 1

초판 1쇄 인쇄 | 2006년 9월 22일
초판 1쇄 발행 | 2006년 9월 29일

지은이 | 미하일 일린 지음
옮긴이 | 동   완
펴낸이 | 신 원 영
펴낸곳 | (주)신원문화사
책임편집 | 박 소 연

주   소 | 서울시 강서구 등촌1동 636 - 25
전   화 | 3664 - 2131~4
팩   스 | 3664 - 2130

출판등록 | 1976년 9월 16일 제5 - 68호

* 잘못된 책은 바꾸어 드립니다.

ISBN  89 - 359 - 1377 - 4   04900
ISBN  89 - 359 - 1376 - 6 (세트)